한 망명자의 기록

— 지명관에 대하여 —

본 도서는 한림대학교 일본학연구소 발전기금에 의해 간행되었습니다.

한 망명자의 기록

— 지명관에 대하여 —

호리 마키요 지음

양기웅 · 안정화 옮김

이 책을 한국의 민주화를 위해 싸웠던
그리고 앞으로도 계속 싸워 나아갈
사람들에게 바친다.

— 한일병합 100년이 되는 해에 —

망명 중의 지명관(필자의 결혼식, 머리말 참조)

지명관과 만났을 무렵의 필자(머리말 참조)

케임브리지 대학에서 김대중과 필자(가운데는 한국인 유학생, 본문 91쪽 참조)

한국 귀국 후의 지명관(필자의 집에서 담소, 본문 91쪽 참조)

김대중의 연설을 듣고 있는 청중
(사진 제공=연세대학교 김대중도서관 본문 187~188쪽 참조)

광주 사건 당시의 시가
(사진 제공=PHOTO DESK, 본문 89~91, 188~191쪽 참조)

지명관의 『한국으로부터의 통신』 전 4권(본문 제2장 참조)

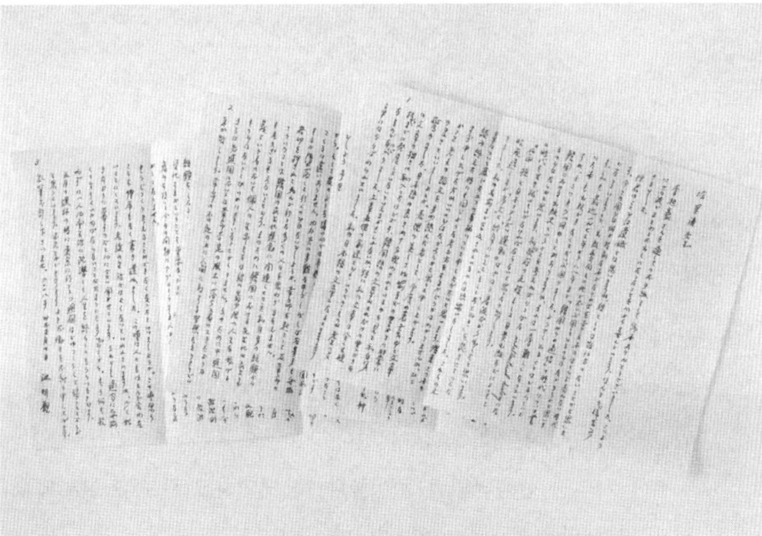

지명관이 필자에게 보낸 편지(본문 107~108쪽 참조)

일러두기

1. 본문 중 설명과 주석은 지은이에 의한 것이고 옮긴이의 주석은 따로 표시했다.
2. 각주에서 출처 및 인용 서명은 우리말로 옮겨 넣은 것이다. 처음 언급되었을 때 원제목을 같이 썼다.
3. 첨부한 지명관 선생님의 시는 「국화」를 제외하고는 모두 일본에서 망명 생활을 할 때 쓰인 것이다.

"역사가는 희망을 말하는 사람으로 절망을 말하는 사람은 역사가가 아닙니다. 지금 여기에서 오래된 역사를 생각해 봐도 좋고 한일관계의 역사를 생각해 봐도 좋고, 혹는 1945년 이후의 한국 현대사를 생각해 봐도 좋겠지만 '거기에서 절망을 하는 것이 아니라 희망을 말해야만 한다. 미래에 희망이 보인다는 입장에 서는 사람이 역사가이다'라고 그(프리드리히 마이네케, 독일 역사가)는 말합니다. 오늘날 우리들은 곧잘 절망을 이야기하고 미래에 대해서 희망이 없는 것처럼 생각하고 있지만 한일 양국의 역사를 되돌아보면서 나는 역시 희망을 말하고 싶습니다."

(지명관, "한국 현대사와 일본," 『국제문화론집』 제33호,
모모야마가쿠인대학 종합연구소, 2005년 12월)

머리말

나는 2009년 10월, 춘천시 한림대학교에서 인사말을 하기 위해 "지명관, 그 인물과 업적"이라는 제목으로 원고를 준비한 적이 있다. 머리말을 대신해서 그 원고의 내용을 싣는 것에 대해 양해해 주시길 바란다.

이번에 한림대학교 일본학연구소가 중심이 되어 현대 한국이 낳은 위대한 지식인, 지명관의 인물과 사상 그리고 그 업적을 세상에 알리는 기획이 실현되었습니다. 이것은 단순히 한 인물에 대한 비평이나 칭송이 아니라 한국 사회가 겪어 온 현대사를 새롭게 학문적으로 검토하는 정말 소중한 기회라고 생각합니다. 그리고 이런 기획에 이웃나라의 연구자도 함께할 수 있게 해 주신 것에 대해서 대단히 감사하게 그리고 영광스럽게 생각합니다.

저는 지명관 선생님을 40여 년 전, 학생 시절부터 가까이 접해 왔습니다. 저는 지 선생님이 일본에 망명하신 직후에 하야시 시게루林茂(전 도쿄대학 교수, 일본 정치사 전공, 일찍이 경성제국대학에 재직) 선생님의 소개로 처음 만나 뵈었습니다. 그후 저의 하숙집에서 캔 맥주에 변변치 않은 꼬치안주로 환담을 나누던 일 그리고 저의 결혼식에서 축사를 해 주신 일 등이 어제 일처럼 떠오릅니다.

이 만남에 대해 연구자로서, 더 나아가서는 한 시민으로서 더할 나위 없는 행복이었다고 감사히 생각하고 있습니다. 선생님과의 만남이 없었더라면 저의 학문은 분명 지금의 몇 분의 일에도 미치지 못하는 빈약한 것이 되었을 것입니다. 그런 감사의 마음을 『한 망명자의 기록 — 지명관에 대하여 —』라는 일종의 지적 평전知的評傳에 담아 여러분의 비평을 들을 수 있기를 희망해 왔는데 다행스럽게도 그 희망이 한국어 번역 출판이라는 형태로 이루어지게 되었습니다. 이런 행운을 주신 한림대학교와 한림대학교 일본학연구소의 여러 선생님들과 관계자 여러분들께 뭐라고 감사를 드려야 할지 모르겠습니다.

저로서는 한국어 평전을 먼저 읽어 주셨으면 하는 바람입니다만 그에 앞서서 지 선생님과 저의 관계 그리고 평전의 전체적인 의도에 대해 말씀드리면서 평전에 대한 간단한 소개를 대신하고 싶습니다.

저는 선생님의 격려를 받으면서 일본 정치사와 사상사에 대한 글을 써 왔습니다. 그 분량은 하잘것없는 것이지만 거기에는 선생님께서 시사하셨던 바와 같은 일본의 연구자가 전념해야 할 과제와 그 방법은 어떠한 것이어야 하는가를 모색하는 자세가 담겨 있었던 것은 아닌가 하고 생각합니다.

한국과 마찬가지로 일본에도 선생님으로부터 영향을 받은 연구자들이 많이 있지만 저는 무엇보다도 학문은 살아 있는 것이 아니면 안 된다, 사회와 맞닿아 있고 사회를 호흡하고 있는 것이어야만 한다고 배웠습니다. 학문은 마땅히 그런 것이어야 하겠지만 그것이 좀처럼 실천되지 못하는 것이 일본에서 하는 연구, 특히 역사학이나 정치학의 현 상황입니다. 국민국가론이든 근대 극복이든 오리엔탈리즘이든 상관없이 다른 사람들이 관심을 가지고 있는 문제들에 휩쓸려 갔다가는 5년 주기 또는 5년도 지나지 않아서 유통기한이 끝나 버리고 마는 테마나 유행을 좇는 경향이 눈에 뜨입니다.

자신들이 처해 있는 상황에서 문제를 이끌어 내는 것이 아니라 빌려온 것으로 끝내고 마는 사람들이 많은 것입니다. 시류를 놓치지 말라는 식의 업적주의나 다른 사람들과 같은 것을 하고 있다는 전체주의적인 안도감이 만연하고 있습니다. "왜 이런 테마가 아니면 안 되는 것일까?", "무엇을 위해서 매달리고 있는 걸까?"가 느껴지지 않는 연구가 많습니다. 저는 이런 연구자들의 태도를 의문스럽게 여기고 있습니다. 이렇게 해서는 학문이 인간의 행복을 추구하는 데 당당하게 일조하지 못하기 때문입니다.

이런 경향의 다른 한편에서는 통계적인 처리로 정치를 해명할 수 있다는 착각도 생겨나고 있습니다. 철학자 칼 포퍼Karl Popper[1)]가 경고한 것처럼 숫자나 통계 그 자체에는 사상이 없기 때문에 그것을 의미 있게 만들어 줄 주체가 거기에 존재하지 않으면 안 되는데 어느 나라의 분석 방법이 인기가 있다고 하면 그것을 습득하고 소개하는 일에 안간힘을 쓰고 있습니다. 이런 점이 몹시 마음에 걸립니다. 저는 "견실한 학업과 뜨거운 의지가 있을 때 비로소 무엇인가를 말할 수 있는 것은 아닌가!" 라고 생각을 하는데 이것은 모두 지 선생님으로부터 받은 가르침입니다.

선생님께 배운 더 큰 가르침은 인간적으로 어떻게 자신을 유지하고 다른 사람을 소중히 여길 수 있는가라는 삶의 자세의 문제입니다. 어려운 상황 속에서도 자신과 타인을 지탱해 줄 정신이 있을 때 비로소 무엇인가를 이룰 수 있다는 삶의 자세를 배운 것이 저에게는 더할 나위

---

1) 1902~1994, 영국의 철학자 - 역자.

없이 소중한 일이었습니다.

제가 30대 초반에 미국에서 학생들을 가르치다가 귀국한 직후의 일입니다만 피로가 쌓여서 망막열공網膜裂孔이라는 병에 걸렸습니다. 양쪽 눈의 수술을 받고 다행히 오른쪽 눈은 어떻게 시력을 유지할 수 있어서 지금까지 공부를 계속할 수 있는 행운을 얻었습니다. 상상하시는 것처럼 그 당시에는 일생일대의 사건이었는데 지 선생님은 그때에도 저를 마음으로부터 격려해 주셨습니다. "내일 일은 걱정하지 마라. 내일 걱정은 내일에 맡겨라. 하루의 괴로움은 그날에 겪는 것만으로 족하다"는 성경의 말씀을 담은 친절하고 따뜻한 편지였습니다. 저는 기독교인은 아니지만 이 격려를 통해서 운명을 받아들이고 자신이 할 수 있는 만큼의 일을 한다는 삶의 방식을 배운 것입니다.

선생님의 인생은 이처럼 주위에 대한 배려와 애정과는 떼려야 뗄 수 없는 것이라고 생각합니다. 이러한 배려가 정의감과 한국 지식인들의 전통적인 에토스ethos 등과 일체가 되어 한국 사회의 자세를 비판하는 펜을 쥐게 했고 동아시아의 장래에 대한 제언을 만들어 낸 것이라고 먼저 말씀드리지 않을 수 없습니다.

그렇다면 선생님은 어떻게 해서 이런 따뜻한 마음을 가지게 되신 것일까라는 의문이 생기게 되는데, 그것은 선생님의 생애와 한국의 민주화 운동 속에서 얻어진 고투의 소산이라고 생각합니다. 저는 그 사상적인 저작뿐만 아니라 지명관이라는 사람의 마음 한 자락을 접했다는 점에서 정말 행운아였습니다. 여기까지 말씀드리고 다시 저의 학생 시절로 돌아가면, 당시에 선생님 자신은 심신이 모두 피로에 지쳐 있었고 조국의 앞날이 내다보이지 않는 상황 속에서도 과감하게 스스로를 채찍질하면서 군사정권과 싸우셨습니다. 그것이 『한국으로부터의 통신韓國

からの通信』과 수많은 시론이 되어 나타났습니다.

영국의 철학자 프랜시스 베이컨Francis Bacon이 말한 것처럼 정치학의 좋은 저작물들은 모름지기 투쟁의 산물입니다. 『한국으로부터의 통신』을 비롯한 선생님의 저작물들은 시대의 귀중한 증언이며 또한 정치학의 고전이 되리라고 생각합니다.

이렇게 힘든 나날을 보내시던 선생님과 현실을 떠나 책상 앞에서 공부만 하고 있던 저와의 조합은 생각해 보면 이상한 일이었지만 실제로 그랬습니다. 선생님은 여러 가지 형태로 지도를 해 주셨는데, 그중에서도 일본인들의 정신 밑바닥에는 전쟁(제2차 세계대전) 전과 다름없는 국가주의적인 발상이 뿌리 깊게 남아 있는데 그것을 어떻게 극복해 갈 것인가가 과제 중에 하나는 아닐까라고 말씀하신 것이 제 공부의 기본 바탕이 되었습니다.

그 이후, 저는 이 문제에 주의를 기울이면서 일본의 파시즘을 주제로 글을 쓰게 되었습니다. 또한 국가주권의 틀을 넘어서지 못하는 일본인들이 어떻게 하면 발상의 전환을 이룰 수 있을 것인가라는 테마를 바탕으로 영국의 정치학자이며 노동당의 중진이었던 해럴드 래스키Harold Laski의 발자취를 좇았습니다.

래스키는 제1차 세계대전의 참화 앞에서 국가주권이란 무엇인가라는 문제를 제기하고 다원적 사회론을 전개했던 사람으로 유명합니다. 이윽고 유럽에 파시즘의 행보가 강화되어 가자 그는 이 위기를 문명사회에 대한 위협으로 받아들이고, 그것을 타개하기 위해서 '동의에 의한 혁명'을 제언하고 반파시즘과의 투쟁에 몸을 바쳤습니다. 동의에 의한 혁명이란 러시아 혁명과 같은 유혈 소요가 아니라 각국의 특권계급이 양보를 하면서 과학이 가능하게 만든 윤택한 경제를 모든 사람들이 공유하게 만드는 커다란 사회변혁을 말하는 것입니다. 래스키는 이 사상을 『*Where Do We Go from Here?*』(1940)라는 저서 속에서 표명했습니다.

저는 이것을 『파시즘을 넘어서－한 정치학자의 투쟁－ファシズムを越えて－一政治學者の戰い－』(早稻田大學出版部, 2009년 11월)이라는 제목으로 번역했는데 원래는 우리들은 여기에서 어디로 가고 있는가? 즉, 무엇을 해야 할 것인가라는 제목입니다. 곧바로 연상되는 것은 미국의 공민권 운동을 지도하다가 암살당한 마틴 루터 킹 목사Martin Luther King, Jr[2])가 1967년에 똑같은 제목의 책을 출판해서 사람들을 고무시켰다는 점입니다. 현실을 산다는 것은 사상과 이념 속에서 산다는 것이므로 그들은 같은 사상적 지평에 서 있었던 셈입니다.

지 선생님이 현실 속에서 살아 있는 학문을 하라고 말씀하신 것과 래스키 등에 대한 관심은 직결되어 있었습니다. 래스키의 저작은 펭귄 총서의 베스트셀러가 되었고 래스키와 밀접한 관계였던 루즈벨트 대통령을 비롯해서 많은 미국 사람들이 읽었습니다. 이 책에서 용기를 얻은 영국 국민들은 훌륭하게 투쟁을 했고 파시즘에 유린당하고 있던 유럽 각지의 민중들도 계속해서 해방에 대한 희망을 가질 수 있었습니다.

『한국으로부터의 통신』 등과 같은 지 선생님의 활동은 래스키나 킹 목사와 마찬가지로 사람들의 고뇌에 가득 찬 생활, 부정이 만연한 사회, 국가주권의 틀을 벗어날 수 없는 현실 앞에서 그것을 극복하기 위해 노력했다는 점에서 그들과 활동했던 시대와 장소는 달라도 사람들에게 희망을 전하는 활동이었다는 점은 같습니다.

선생님의 경우에는 그것이 우선 군사정권으로부터 조국을 해방시키

2) 1929~1968, 미국 침례교 목사, 흑인권리신장 운동가, 1964년 노벨평화상 수상 - 역자.

고 민주화를 실현하는 일이었고, 문민정부가 된 후에도 끊임없이 민주주의의 발전을 추구하면서 한국을 자유롭고 안정된 번영을 향수할 수 있는 사회로 만드는 것이었습니다.

이 과제는 단순히 한국의 내정변혁으로 끝나는 것이 아니라 다른 요소들도 포함하고 있었습니다. 그것은 이웃 나라 일본과의 화해와 제휴의 기반을 만드는 민주화의 실현이었습니다. 상호 이해를 향한 과정을 문화적·정신적으로 만드는 작업이었습니다.

저는 이러한 노력을, 중국을 포함한 동아시아의 공존과 연대의 중심에 서는 한국 사회의 건설을 염두에 둔 것이라고 이해했습니다. 선생님께서 『한국으로부터의 통신』을 비롯한 저작 활동과 일본 각지의 크고 작은 여러 집회에서 하신 발언과 대학 강의 등을 통해서 고투하셨던 것은 "Where do we go from here?"라는 문제제기와 책무를 한국 사회의 일원으로서 어떻게 이룰 것인가, 이 책무를 어떻게 이웃 사람들에게 전달하고 공유할 것인가라는 문제와 직결되어 있었다고 생각합니다.

군사정권에서 해방되는 것만이 과제였다면 그 목적은 거의 달성되었다고 할 수 있을지도 모릅니다. 하지만 선생님의 시야는 훨씬 넓었고 그 시선은 훨씬 더 앞을 응시하고 계셨습니다. 그래서 선생님께서는 이런 활동 속에서도 특히 한국의 문화와 정신의 소재를 탐구하셨고 동아시아 평화의 조건을 모색하셨던 것입니다.

한국의 문화와 정신은 본래 온화하면서도 강인한 인간적인 목소리를 가신 것이라고 생각합니다. 이 점을 이웃 나라 사람들에게 이해시켰던 것이 선생님의 사상과 학문이었습니다. 그리고 정치나 경제의 밑바탕에 이런 문화와 정신이 존재한다는 것을 상대방에게 인식시키고 인간을 인간답게 만드는 문화적·정신적 재산을 함께 발전시켜 가지 않겠는가라는 주장을 하신 것입니다.

선생님은 이런 문제제기를 할 때 세계적으로 활동을 하는 지식인들, 즉 신학자인 라인홀드 니버Reinhold Niebuhr,[3] 역사가인 아널드 토인비 Arnold Toynbee, 철학자인 한나 아렌트Hannah Arendt[4] 그리고 일본의 철학자 미키 기요시三木清[5]와 작가 오에 겐자부로大江健三郎[6] 등과의 대화를 통해서 많은 것을 섭취하셨고 그것을 또다시 자신의 과제에 맞게 발전시키신 것입니다.

지 선생님의 문제제기는 한국의 3・1 운동선언이 그랬던 것처럼 보편적이고 인간적인 사상과 정신에 뿌리를 둔 것입니다. 이런 자세를 통해 용기를 얻은 많은 일본인들 사이에서 한일관계를 새롭게 짊어질 사람들이 등장할 것이고, 그들이 서로에 대한 이해와 협력을 더 깊게 만들어 갈 것입니다. 물론 지금까지 한국을 논한 일본 사람들은 적지 않습니다. 그러나 그 사람들은 단지 한국을 가리켜 '떠오르는 용'이라고 말하는 정부나 비즈니스계의 대변인이든가, 한국을 덮어놓고 싫어하는 사람이든가, 쓸모없는 논의들이었습니다. 마찬가지로 한국 쪽의 일본론도 그랬다고 말할 수 있습니다.

선생님 이전에는 두 사회의 각기 다른 장점과 문제점을 다각적으로 볼 수 있는 논평인이 존재하지 않았습니다. 그들의 관찰은 책상 위나 접대 속에서 생긴 것이었기 때문입니다. 나를 모르면서 상대를 아는 것, 상대를 모르면서 나를 아는 것은 불가능합니다. 선생님의 이런 장점을 만든 것은 부득이하게 일본에서 장기체제를 할 수밖에 없었던 한국사

3) 1892~1971, 미국의 개신교 신학자 - 역자.
4) 1906~1975, 유태인 철학 사상가 - 역자.
5) 1897~1945, 일본의 철학자 - 역자.
6) 1935~ , 일본의 소설가, 1994년 노벨문학상 수상 - 역자.

의 얄궂은 운명이었지만 이런 운명이 두 나라의 미래에 다리를 놓을 인물을 낳았다는 것은 커다란 의미가 있습니다. 그리고 선생님께서 귀국하신 후에 한림대학교 일본학연구소의 소장이 되어 일본을 이해하는 일의 선두에 서신 것은 한국 학문사에 영원히 새겨질 업적입니다.

또한 저는 한국에서 일본을 연구한다는 것은 사실은 한국을 연구하는 일이라고 생각하고 있습니다. 자국에 대한 깊은 사랑과 인식이 없이는 다른 나라를 이해하는 것도 어차피 불가능하기 때문입니다. 이 연구소가 일본에 대한 연구를 선도해 가는 일뿐만 아니라 한국의 지적 중심이 되는 것이 지 선생님의 활동과 이념을 이어 갈 가장 좋은 길이라고 생각합니다. 저희들도 그 길을 함께 걸어갈 수 있는 다음 세대를 만들기 위해 노력하겠습니다.

이상 선생님께서 하신 일이 한국 사람들과 저희 이웃 나라 사람들에게 얼마나 커다란 의의가 있었던가에 대해서는 선생님의 말씀과 행동을 제 나름대로 정리한 평전을 읽어 주시면 감사하겠습니다. 내용은 선생님의 말씀과 행동을 그대로 옮긴 것입니다. 제 자신의 노력은 하잘것없는 것이지만 앞으로 쓰여질 지명관에 대한 글들을 기대하면서 정리해 보았습니다.

지명관은 한국뿐만 아니라 아시아가 낳은 실천적 지식인이며 양심입니다. 사실은 영어권의 필자가 등장해서 아시아 땅에 이처럼 힘 있는 사상과 정신이 존재하고 있다는 것, 그리고 그것을 계승하고 발전시키려는 각오가 아시아 사회에서 약동하고 있다는 것을 세계에 널리 알려 주었으면 합니다. 이것은 흔히 말하는 협소한 아시아주의가 아닙니다. 세계의 저변에 흐르는 아시아의 지식을 확인하고 싶은 것입니다. 그 일환으로 이번에 한림대학교 일본학연구소의 기획으로 졸저 『한 망명자의 기록 — 지명관에 대하여 — 』의 한국어판이 간행되는 것을 기쁘게 생각할 따름입니다.

지 선생님의 존재를 자랑스럽게 생각하고 그 행적을 각기 맡은 자리에서 더 발전시켜 나가야만 한다고 생각하는 사람으로서 이런 기회를 얻게 된 것에 대해 일본학연구소의 소장이신 서정완 선생님과 번역을 기획해 주신 양기웅 선생님, 번역을 맡아 주신 안정화 선생님께 깊은 감사의 뜻을 전합니다. 지 선생님을 비롯해서 출판을 기해 열린 이 심포지엄에 참여해 주신 여러분들의 눈부신 활약과 연구소의 번영을 기원하면서 이 변변치 못한 인사말을 마치고 싶습니다.

차례

제1장

지명관의 발자취

들어가는 말

1987년 '민주화 선언'이 이루어지기까지 오랜 기간에 걸쳐 한국의 군사정권과 싸우면서 오늘날과 같은 사회를 실현시키는 일에 공헌한 한국인은 적지 않다. 목숨을 잃은 사람들도 적지 않다. 그러나 지명관池明觀만큼 이 투쟁을 통해서 한국의 실정을 알리고 일본의 주요 언론의 관심을 환기시키고, 그후에도 계속해서 두 나라와 사회 사이에 다리를 놓아 서로 간의 깊은 이해와 화해를 향한 노정을 만들어 온 한국인은 없지 않을까?

일본에서 막 망명생활을 시작하신 지명관 선생을 뵌 지도 약 40여 년이 되어 간다. 태만한 학생이었던 나는 대학교수가 된 후에도 선생님을 만날 때마다 격려를 받곤 했다. 나에게 지 선생님은 선생님이라고밖에는 달리 부를 도리가 없는 존재이다. 그러나 지금부터는 이 익숙한 호칭을 그만두고 평전의 대상으로 삼고자 한다.

지명관은 항상 한민족韓民族을 자랑스럽게 여기면서도 편협한 내셔널리즘과는 전혀 거리가 먼, 아시아 특히 동아시아의 현 상황과 장래를 걱정하는 국경을 초월한 새로운 형태의 아시아 지식인이다. 2006년 8월 15일에 한 인터뷰 "종전의 날에 생각한다"(『고치신문高知新聞』) 등은 그 점을 단적으로 보여 주고 있다.

> "또다시 8·15를 맞이했다. 61번째 종전기념일이다. 전쟁이 끝나고 평화의 날을 맞이했다면 양손을 들고 기뻐해야 할 일이지만 동아시아의 현 상황을 바라보면 안이한 낙관론은 허용될 것 같지 않다.

7월 5일 이른 새벽부터 북한이 7발이나 되는 미사일을 발사해서 세계를 놀라게 했다. 국제연합 안전보장이사회는 북한 비난 결의안을 통과시켰는데 이것은 무엇보다도 이 지역이 지금도 평화와 발전으로부터 거리가 먼 곳에 있음을 상징적으로 보여 주고 있다고 할 수 있다.

그뿐만이 아니다. 이 지역을 차지하고 있는 주요 국가인 한국·중국·일본의 정상들 사이에서는 진지한 대화가 끊긴 지 오래이다. 그것은 고이즈미 준이치로小泉純一郎 수상이 A급 전범을 기리는 야스쿠니 신사靖國神社를 참배한 것을 둘러싸고 한국과 중국이 이의를 제기하고 있기 때문이라고 한다. 동아시아의 미래상에 대한 세 나라 정상들의 공통된 인식이 결여되어 있기 때문이라고 생각한다.

이것은 일본이 일찍이 아시아를 지배했던 역사를 떠나서는 생각할 수가 없다. 지나간 역사로부터 배우고 새로운 역사를 구축할 수 없다면 실패는 당연한 것이다. 전후의 역사에서 일본은 8·15를 '패전'으로 간주하던 사고방식에서 '종전'으로 생각하는 사고로 발전을 했다. 그러나 아시아에서는 중국과 한국이 모두 여전히 그 역사를 '해방'으로 간주하고 있다.

패전이라는 말에는 승리를 얻지 못한 것에 대한 분통함이 담겨 있다고 할 수 있을지 모른다. 해방이라는 말에는 분명, 억압한 자에 대한 원망이 깃들어 있다.

그렇기 때문에 나는 동아시아의 미래를 생각할 때, 앞으로는 우리 모두가 망설임 없이 종전이라는 단어를 사용할 수는 없을까 하는 생각을 한다. 서로가 그 전쟁에 대해서 어리석은 짓이었다고 돌이켜 생각하면서 지금 우리는 그런 시대를 지나서 새로운 동아시아 시대를 맞이했다고 생각하는 것이다.

여기에서 종전이라는 말은 단순히 1945년 8월 15일의 역사를 가리키는 것이 아니라 오늘날 우리들이 직면한 단어, 가야만 하는 길을 가리키는 말이 된다. 동아시아에는 더 이상 전쟁이 없고 평화와 번영이 있을 뿐이라는 말이 된다.

발상의 전환이란 이런 것이다. 실제로 한·중·일 세 나라의 관계가 역사적으로 커다란 전환기에 접어들고 있는 것은 아닐까?

근대 이전에는 일찍이 중국이 동아시아의 패권을 쥐고 있었다. 그것은 무력적이기보다는 다분히 문화적인 것이었다. 근대 이후에는 그것이 일본으로 옮겨 갔는데 일본의 패권은 유럽의 지배와 마찬가지로 군사력을 배경으로 한 것이었다. 어느 쪽이든 지배자를 정점으로 한 피라미드 같은 계층질서였다. 그것은 근본적으로 지배자와 피지배자의 대립과 대항을 피할 수 없는 것이었다.

동아시아의 현대사는 이런 과거의 역사를 뛰어넘어 한·중·일의 대등한 관계를 만들어 낼 수 있을까? 그것이 가능하다면 그것은 이 지역에 지배와 피지배의 관계가 아닌 서로 함께 협력하는 관계를 처음으로 확립한다는 것을 의미하게 된다.

중국의 대국화大國化가 역사적인 필연이었다고 한다면 이 같은 관점에서 그것을 받아들여야만 한다. 그것은 동시에 동아시아 국가들이 중국을 향해서 대등한 관계를 구축하자고 강력히 요구하는 것을 의미할 것이다. 오늘날의 동아시아의 혼란을 이러한 새로운 시대를 앞두고 암중모색하는 모습으로 이해하면 어떨까?

그것이 진정한 평화와 번영을 함께 추구하는 움직임이라고 한다면 한·중·일 이외의 나라들과 지역들에, 특히 약한 지역에 협력과 조력의 손을 내밀어야 하는 것은 두말할 것도 없다.

8월 15일이기에 이런 꿈을 꾸는 것이 허용될지도 모르겠다. 현대사의 방향을 바라보며 낙관적이 되고 싶다. 낙관 없이는 행동도 있을 수 없다고 생각하기 때문이다. 역사적 비전을 구축하는 것과 그것을 실현하기 위한 행동은 먼저 시민으로부터 시작되어야 한다는 점도 강조해 두고 싶다."

다시 말하자면 지명관은 망명이 장기화된 인연으로 일본 사회를 남보다 한층 더 이해할 수 있었고, 구미의 사상과 조선의 전통적인 사상을 배경으로 한국과 일본 사회를 적절하게 비평할 수 있었던 유례가 드문 관찰자였다. 그리고 무엇보다도 기독교인으로서의 신실한 삶의 자세와 관용적인 인격으로 한국과 일본의 많은 시민들을 우정과 신뢰의 끈으로 연결시켜 준 선의의 사람이었다.

그는 한 사람의 지식인으로서 박정희 쿠데타로 시작된 한국의 군사독재체제와 싸웠고 민주화 달성에 몸을 던졌으며 그후에도 문민정부의 민주주의 발전에 종사했을 뿐만 아니라 여전히 화해가 어려웠던 한일 양국 사이에서, 더 나아가서는 한·중·일 세 나라의 사이에서 이해와 협조를 만들어 내기 위해서 계속 노력을 해 왔다. 반세기에 이르는 고난에 가득 찬 활동과 사색의 발자취는 민주주의와 우호를 지향하는 모든 사람들, 그중에서도 한국과 일본 더 나가서는 중국 시민들에게 더욱 기억되어야 할 일이다. 주변에는 지명관에 대해서 아는 사람들도 많고

『경계를 넘는 여행자 — 지명관 자서전』[7]가 존재함에도 불구하고 그 인물과 사상을 내 나름대로 엮어 보는 바이다.

형식은 일종의 지적 평전으로 가능한 지명관이 이야기하는 것 같은 형식을 취했다. 나의 시도는 준비와 비판성이 결여되어 있고 사회사社會史로서의 평전과도 거리가 멀지만 그에 대한 본격적인 전기를 쓸 젊은이가 나타날 때까지 징검다리가 되는 셈이다.

또한 지명관에 대한 이토 도라마루伊藤虎丸의 글이 있으므로 참고하시기 바란다.[8]

평안북도에서 태어나다

지명관은 1924년 양력 10월 11일(음력으로는 이 해 9월 13일 출생이지만 신고한 날짜에 따름) 조선의 북서쪽, 즉 중국과의 국경에서 그다지 멀지 않은 평안북도 정주읍 덕산면에서 태어났다. 1919년에 있었던 3・1 운동으로부터 이미 5년 정도가 지났지만 이곳에서도 여전히 불안한 공기가 감돌고 있었다. 아버지인 지응하池應河는 가난한 소작농이었는데

---

7) 『境界線を超える旅 — 池明観自伝』(岩波書店, 2005년 8월). 잡지 『세카이(世界)』에 2004년 8월부터 2005년 4월까지 총 9회 연재. 2005년 8월 이와나미쇼텐(岩波書店)에서 같은 이름의 단행본 간행. 2006년 6월 한국어판 출판.

8) "지명관 교수 약연보(略年譜) 및 체재시기 일본어 저작목록・목차 및 대서(代序)," 도쿄여자대학 기요(紀要) 『논집(論集)』 제45권 제2호, 1995년 3월. 1924년부터 1994년 10월까지의 연보는 다시로 야스미코(田代安見子) 씨 작성. 1966년 4월부터 1994년 11월까지의 저서와 논문은 히구치 요코(樋口容子) 씨 작성.

어느 날 먼 친척의 정미소에서 일을 하다가 기계의 벨트에 휘감겨서 높은 곳에서 떨어져 늑막을 앓게 되었고, 그것이 원인이 되어 명관이 3살 되던 해 돌아가셨다. 외아들을 책임져야 할 기독교인 어머니 최원하崔元河가 30세를 조금 넘겼을 때의 일이었다. 어머니는 사과 과수원에서 허드렛일을 하는 사람들이 사는 방을 빌려 마을 사람들을 상대로 두부를 팔면서 생계를 꾸릴 수밖에 없었다.

아주 추운 어느 날 어머니와 아들이 불기가 없는 방에서 서로 잠들지 못하고 있을 때, 어머니는 명관을 끌어안고 "이처럼 추워서 잠 못 자는 고통을 너와 나만 알지 아무도 모를 거야. 그러나 하느님은 아실 거 아니야" 하고 말했다. 명관은 그저 울고 있었다. 그리고 '하느님이 계신다면 어째서 이토록 불쌍한 우리를 도와주시지 않는가?' 하는 생각을 했다.[9] 지명관은 이런 고난 속에서 신을 믿는다는 것에 대한 의문을 상황에 따라 거듭하는데, 이날의 의문이 그 첫 물음이었다.

어머니와 아들은 가난을 견디기 어려웠지만 조선의 교회에는 여성의 재혼을 인정하지 않는 불문율이 있었다. 초등교육도 충분히 받지 못한 어머니였지만 현명하고 엄하게 명관을 가르쳤다. 명관이야말로 유일한 희망이었기 때문에 명관도 어린 마음에 어머니를 기쁘게 해 드리자고 결의를 하고 있었다. 명관이 정주보통학교(초등학교)에 입학한 것은 1931년이었다. 이곳에서 졸업할 때까지 6년 동안 담임을 맡게 될 정품인을 만났다. 정품인은 가와카미 하지메河上肇[10]의 『자본론입문資本論入門』 등을 읽고 있었던 민족적 마르크스주의자로, 명관에게 공립고등보통학교

9) 지명관 자서전 『경계를 넘는 여행자 — 지명관 자서전』. 이하 자서전에서 인용된 글은 특별히 출처를 기록하지 않는다.
10) 1879~1946, 일본의 경제학자이자 사회사상가 - 역자.

(중학교)에 진학할 것을 권했고 경제적으로도 원조를 해 주었다. 정품인은 1937년 3월 중학교 입시를 앞둔 마지막 수업에서 60명 정도의 학생들 중에서 상급학교에 진학하지 못하는 대다수의 아이들을 먼저 위로했다. 이어서 시험을 보는 아이들에게 "나도 사실은 공부를 더 하고 싶어"라며 한숨 섞인 말을 한 후, 두 자루씩 연필을 건네주고 말했다. "처음에 이 빨간 연필로 쓰기 시작하는 거다. 그러다가 연필심이 부러지거나 다 닳으면 그 다음에는 무슨 연필로 써도 좋다. 빨간 연필, 이것으로 이 선생의 마음이 너희들의 성공을 기원하면서 뜨겁게 타고 있다는 것을 되새기기 바란다. …" 정품인의 이야기에 진학을 하는 학생들뿐만 아니라 모두가 소리를 내며 울었다.

평양고등보통학교에 진학하다

지명관은 평양의 북쪽, 만수대 언덕에 있던 평양고등보통학교에 진학을 했다. 수재가 모이는 곳이었다. 그와 어머니 그리고 정품인의 기쁨은 틀림없이 컸을 것이다. 그런데 입학 후 얼마 지나지 않아서 중일전쟁이 시작되었고 다음 해인 1938년이 되자 교육에 대한 압제도 현저해졌다. 한국어는 학교 안에서 일절 금지되었는데 무심코 한국어가 튀어나왔을 경우에도 일본인 교사에게 처벌을 받았다.

그는 이 중학교 시절을 한마디로 "감옥이라고 생각할 정도로 쓰라린 마음으로 되새기고 있다"고 했는데 그것은 군사교련 시간에 배속장교에게 자주 얻어맞았던 것보다도 말을 빼앗긴 것에 대한 고통 때문이었다. 일본어로 쓰인 것밖에 읽지 않는 대다수의 동급생들과 달리 그가 숨어서 이광수의 소설 등 한국의 문학작품을 읽었던 것은 한국어가 배제되어 가는 것에 대한 저항이기도 했다.

지명관은 뒷날(1981년 9월부터 반년 동안) 일본인 학생들을 대상으로 한 한국어강좌에서 일본어로 번역하여 간행하는 것을 목표로 이광수의 『유정』을 지도한 적이 있었는데 강의 중에 "나는 중학교 시절에 눈물을 흘리면서 이 작품을 읽었다. … 남정임이 항일독립운동가의 딸이라는 설정 속에는 시대의 한 저항의식이 나타나 있다"라는 말을 했다고 한다.[11)]

한편, 어머니는 지명관의 진학과 더불어 평양으로 이사를 하고 방을 빌려서 하숙을 운영했는데 얼마 지나지 않아서 식량을 구하러 베이징에 가지 않으면 안 되었다. 그는 중학교를 중퇴할 생각을 했지만 어머니가 허락하지 않았기 때문에 어머니만 1940년 10월까지 베이징에서 학비를 변통할 방법도 없고 평양으로 돌아올 수도 없는 생활을 했다. 중학교 시절이 지옥 같았던 또 다른 이유였다.

그는 이런 상황 속에서 요절한 서정시인 김소월(1902~1934)의 작품을 읊조렸다. 견디기 힘든 삶과 눈에서 어른거리는 어머니의 모습을 앞에 하고, "산산이 부서진 이름이여! / 허공중에 헤어진 이름이여! / 불러도 주인 없는 이름이여! / 부르다 내가 죽을 이름이여!" (김소월 「초혼」)라고 읊었다. 고독감에 시달리면서는 "나 보기가 역겨워 / 가실 때에는 / 말없이 고이 보내 드리오리다 / … 나 보기가 역겨워 / 가실 때에는 / 죽어도 아니 눈물 흘리우리다"(김소월 「진달래꽃」)라고 읊었다.

---

11) 이광수, 『유정(有情)』, 지명관 감역, 高麗書林, 1983년 10월.

어릴 때부터 가난에 시달렸고 중학 시절에는 사는 이유를 찾기 어려워서 방황을 했던 지명관은 이 위기를 민족적 기독교 교회와의 만남을 통해서 가까스로 넘길 수 있었다. '민족적 지도자가 되지 않으면 안 된다는 교회의 요청에 부응하고 싶다'는 생각이 있었기 때문이었다.

태평양전쟁 그리고 해방

1941년 12월 8일, 태평양전쟁이 시작되었다. 그가 17살 때였다. 다음 해인 42년 3월에 그는 평양고등보통학교(학교 이름은 평양 제2중학교로 바뀌었다)의 졸업식을 맞이했지만 새 학생복을 입고 참석하라는 이야기를 듣고 졸업식에 참석하지 않았기 때문에 우편으로 졸업증서를 받았다. 그는 한국에서 탈출하고 싶다는 생각으로 어머니가 있는 베이징으로 가서 베이징대학에 입학할 생각도 했었지만 이루어지지 않았다. 1년 동안 그곳에서 체류를 한 후에 1944년 4월, 신의주사범학교 강습과 1년 과정에 진학을 했다. 10월에는 글자 그대로 심심산골, 학생으로는 화전민 자녀들이 20여 명 남짓한 낭림산맥 산골에 있는 초등학교에 교육실습을 가게 되었다.

이때, 이 학교에서 정품인과 재회를 하고 정품인의 따뜻한 인간성을 다시 한 번 느끼게 된다. 지명관은 '소설 같은 것을 쓰고 싶다. 이런 선생님의 이야기를 쓰고 싶다'고 생각했는데, 정품인과의 재회 6개월 후인 45년 4월에 모교였던 정주보통학교(정주조일定州朝日 국민학교로 이름이 바뀌었다)에 부임을 하게 되었다. 여기에서는 동료 일본인 교원들의 추악한 인간성에 괴로워하기도 하고 기가 막혀 하기도 했다.

8월 15일은 일본인뿐만 아니라 한국인들에게도 가혹한 시대가 다가오고 있음을 의미했다. 9월이 되자 정주 거리에는 소련군이 진주를 하게 되어 일본인 부녀자들은 비참한 경험을 하게 되었다. 소련의 지원을 받은 김일성이 북조선인민위원회 위원장으로 취임하였고 김일성 이외의 민족주의적 지도자는 민족의 반역자로 간주되었다. 미래에 대한 불안과 공포가 사람들 사이에서 확대되고 있었다. 해외에서 투쟁하고 있던 이승만이나 김구를 큰소리로 비판하지 않으면 안 되었다. "누가 옳은지 잘 모르겠지만 어쨌든 나는 매일 교단에서 이승만, 김구 양 선생님을 찬양해 왔다. 그런데 오늘부터 두 사람을 규탄하지 않으면 안 된다고 한다. 여러분도 알다시피 일본과 일본 천황을 찬양하다가 해방 후, 나는 이루 말할 수 없는 부끄러움을 느꼈다. 교사로서 이런 경험을 또다시 되풀이해야 한다니 너무나 견디기 어려운 일이 아닌가."

그는 눈물을 흘리면서 학생들에게 이렇게 말하고 학교를 떠났다. 그리고 46년 9월에 설립된 김일성대학 교육학부에 들어가서 기숙사 생활을 시작했다. 지명관 22세 때의 일이었다. 12월에 정품인이 평양으로 왔다. 대학 교육에 의문을 느끼고 있었던 지명관은, 김일성대학의 학생이 된 것을 기뻐하면서 장래를 맡긴다고 말하는 정품인에게 반박을 했고 "너는 매우 반동적이다"라는 말을 들었다. 이날의 논의를 마지막으로 정품인과 만나지 못했는데 "내가 아버지 이상으로 그리던 선생과 이렇게 헤어지고 아무런 소식도 모른 채 나도 이제 이 세상을 등지고 마는 것일까. 이런 생각이 들 때마다 나는 주체할 수 없는 심한 외로움을 되씹게" 되는 이별이 되었다.

정주에 계시는 어머니의 곁을 떠날 때 이미 움트고 있던 남쪽을 향한 탈출계획은 김일성대학 시절에도 그의 뇌리를 문득문득 스쳐 지나갔는데, 그러는 동안 중학교 동기생이었던 채재선이 나타났다. 채재선은 경성제국대학 물리학과에서 공부를 한 후, 충청북도 충주사범소학교에서 수학교사를 하고 있었는데 지명관을 남쪽으로 데려가기 위해서 평양으로 왔다고 했다. 지명관은 치안대의 검색을 피하기 위해서 김일성대학의 학생모를 쓰고 트럭 짐칸에 올라탔다가 한밤중에 황해도 연안에 있는 해주에서 배로 38선을 넘었다. 월남이었다. 수용소에서 반공청년단이 하는 조사를 마치고 서울로 가도 된다는 허락을 받아 충주에서 채재선과 공동생활을 시작했는데, 남쪽의 상황을 알면 알수록 남하라는 선택에 회의를 품기 시작했다.

1947년부터 충주사범부속소학교의 교사가 된 지명관은 1년의 임기가 끝나자 일자리를 찾아서 서울로 향했다. 월남한 사람이라고 신원을 의심받은 것인지 취직이 곤란했고 앞날은 절망적이었다. 그때 우연히 서울대학교의 학생모집 요강을 보았는데 48년 가을에 시험을 보고 종교학과에 입학을 했다. 24세의 신입생은 철학과를 지망했지만 제2지망인 종교학과에 합격을 했다.

대학 안에서는 공산주의와 반공이 대립을 하고 있어서 동요가 끊이지 않았다. 얼마 뒤에 어머니도 월남을 하셨고, 서울에서 길을 가는 부인들을 상대로 뜨개질을 할 때 쓰는 대바늘을 팔기 시작했다. 그는 산등성이에 있는 판잣집에서 통학을 하고 있었는데 대학로에 오면 괴로움에 젖어 "신이여, 인생이란 이렇게도 괴로운 것인가요?" 하고 독백을 하곤 했다.

연구실은 우울했지만 소중한 장소이기도 했다. 혼자서 조용히 공부를 할 수 있는 방에서 쇠렌 키르케고르Søren Kierkegaard[12])를 탐독했다. 독일어 텍스트를 가지고 일본어 번역을 참조해 가면서 "인간이 뛰어나면 뛰어날수록 그는 자기 죄 때문에 고뇌하는 법이다"라는 부분에 밑줄을 그어 가면서 읽었다. 그는 말한다. "내게 만약 사상이라는 것이 있다면 그것은 당시에 키르케고르를 읽음으로써 시작된 것이라고 할 수 있을지 모르겠다."

그는 키르케고르를 어떻게 받아들였을까? 지명관의 저서『한국과 한국인韓國と韓國人』(アドニス書房, 2004년 3월)에는 이렇게 적혀 있다.

"'자신에게 절망하는 것, 절망하여 자기 자신을 벗어나려고 하는 것, 이것이 모든 절망의 정식이다'라고 쓰여 있는『죽음에 이르는 병』은 나 자신에 대해서 말하는 것처럼 생각되었다. … 키르케고르의 1835년 7월 9일 일기의 다음과 같은 말이 가슴에 꽂힌 채 잊히지 않았다. '한 그루의 고독한 전나무처럼 나는 나 혼자만으로 들어앉아 하늘을 향하여 서 있다. 그림자를 드리우는 것도 없이 산비둘기만이 내 가지에 잎을 만든다.' 이리하여 매일 키르케고르에 몰두하는 나날이었다."

한나 아렌트의 키르케고르론을 길잡이로 삼는다면 그때 그의 속마음을 다음과 같이 상상할 수 있을지도 모르겠다. "키르케고르에게 주체적이고자 하는 정열은 죽음에 대한 불안을 자각함으로써 작동하기 시작한다." 절망적인 생활 앞에서 죽음을 생각하는 것이 '행위'가 된다. 즉, 세계로부터, 타자와 함께 있는 일상생활로부터 자신을 떼어 놓는 죽음이라는 사건을 상상하는 것이 주체적이고자 하는 정열을 작동하게 만든다. 여기에서 순간을 진지하게 받아들이려고 하는 '키르케고르로부터

12) 1813~1855, 덴마크의 철학자 - 역자.

시작된 열광적인 결의'도 생기게 된다. "실존, 즉 리얼리티를 보증하는 것은 순간뿐이기 때문이다."

지명관은 절망하면서도 진지하게 살려고 했다. 주위의 상황을 생각할 때, "죽음을 출발점으로 하는 새롭고 진지한 생에 대한 접근은, … 삶이나 인간의 실존, 그 자체를 반드시 함의하지는 않는다. 실제로 니체 그리고 그에게 배운 야스퍼스만이 그런 긍정을 자신의 철학적 사고의 근본에 놓았다"(아렌트. 나중에 언급하는 것처럼 그는 말년에는 야스퍼스의 제자 아렌트에 끌리게 된다).

지명관이 키르케고르 후에 카를 야스퍼스Karl Theodor Jaspers[13]에 몰두했는지 어떤지는 자서전에서는 확실히 나타나지는 않지만 야스퍼스의 철학이 그에게 힘이 되었을 가능성에 대해서도 염두에 두고 싶다. 야스퍼스의 경우는 주체적이 된다는 것은 곧, 철학 외의 것으로 향하는 것이었다. 마술魔術[14]도, 고전주의도 싫어했던 야스퍼스는 현상학자 에드문트 후설Edmund Husserl[15]이 말하는 의식 분석을 거부했다. 지명관의 경우도 절망 속에서도 한계상황을 극복해 가는 것, 즉 철학하는 의미를 과거나 미래를 향한 도피가 아니라 현실에 직면하는 것이라고 말하고자 했던 것은 아닐까? 이런 것들을 고려한다면 야스퍼스가 『철학으로 가는 길』에서 서술한 다음의 구절이 그의 내면세계와 유사한 것일지도 모른다.

"이 세상에서 이 세상의 고통을 맛보고, 이 세상에서 사랑을 하면서 이성理性의 길을 찾아내는 것, 사상을 활동하게 만드는 것, 이것이야말

---

13) 1883~1969, 독일의 철학자 - 역자.
14) 야스퍼스는 "상징주의란 끊임없이 미신이나 비유, 유미주의나 교조주의의 마술로 전락된다"라고 말하고 있다. - 역자
15) 1859~1938, 독일의 철학자, 현상학의 창시자 - 역자.

로 철학 그 자체의 진리성을 결정하는 시금석이다.”

야스퍼스는 인간이 자기 자신만을 직접적인 대상으로 삼아 버린다면 타자의 존재를 놓치게 될 뿐만 아니라 자기 자신 안에서도 아무것도 끌어 낼 수 없게 된다는 위험성을 지적하고 있는데, 지명관은 이 시기에 타자의 존재를 포함한 인간이란 무엇인가라는 문제를 제기하면서 희망, 즉 야스퍼스가 말하는 신성神性이 나타나기를 기다리고 또 기다렸을 것이다.

신성에 대하여 야스퍼스가 말한 것은 이런 것이다.

“칸트와 더불어 자기 자신을 초월하고 ‘나는 무엇을 희망할 수 있을 것인가?’라고 묻는 것만으로는 더 이상 충분하지 않습니다. 인간은 자신들에게 결여되어 있는 확신을 어느 때보다 더 결정적으로 갈망하고 있습니다. 그것은 영원한 것이 존재한다는 것, 그로 하여금 비로소 그 자신이게 하는 존재가 존재한다는 것에 대한 확신입니다. 신성이 존재한다면 또한 모든 희망도 가능해지는 것입니다.”

지명관이 야스퍼스의 이런 주장에 고무되었을 것이라는 것은 충분히 상상할 수 있는데 그의 그후 인생을 생각하면 야스퍼스의 철학 중에서 더욱 강조된 것은 앞에서 말한 타자와의 관계, 소통의 문제이다. 야스퍼스의 철학적 사색에서 일관되게 보이는 것은 그것들이 소통을 촉진하는 것인가, 저해하는 것인가, 그것들은 고독에 유혹을 느끼는 것들인가, 소통을 향해 각성된 것들인가라는 의문이었다. 이 점에 대해서 야스퍼스는 “개개인들이 혼자 고립되어서는 인간이 될 수 없다. … 다른 사람과 함께 오직 나의 모습은 서로를 열어 보여 주는 운동 속에서 분명해질 수가 있다”라고 한다.

한국전쟁 속에서

한국전쟁이 발발한 1950년 6월 25일은 일요일이었는데 대학 3학년이었던 지명관은 항상 그랬던 것처럼 연구실에서 키르케고르에 심취해 있었다. 돌아가는 길에 동대문 근처를 지날 때, 전투기 두 대에서 기관총을 쏘는 소리를 들었다. 대학교는 27일부터 휴강이 되었다. 그는 모친을 남겨 두고 배로 한강을 건너서 일단 남하를 했다.

다음날 아침 강 건너 서울에서는 북한군의 포성이 들려 왔다. 마산 근처까지 왔을 때, 함께 남하를 하고 있던 친구 채재선과 함께 국민방위군에게 잡혀서 지명관은 군대로 끌려갔고 채재선은 건강상의 문제로 방면되었다. "강가 모래 위를 열을 지어 걸어가면서 곤봉으로 얻어맞고 나서 둑에 서서 멍하니 나를 쳐다보고 있는 채재선의 모습이 눈에 잡혔다. 이렇게 해서라도 살아야 하는가 하는 절망을 되씹고 있었다." 지명관은 이데올로기라는 것은 도대체 무엇을 위한 것인가 하고 통감하지 않을 수 없었다. 둘도 없는 친구는 이렇게 이별을 하고 2년 후에 채재선은 전쟁 중에 죽었다. 그의 나이 27세였다.

지명관은 부산 동래에 있는 국민방위군훈련소에서 취사를 담당하기 시작했고 스스로의 모습을 견디기 힘들어서 최전선 장교로 지원하려 했다. 그러나 대학동기생이었던 훈련소 소장부관 등의 만류에 설득을 당해 그후 대구 제3경비대대에 입대하게 되었다. 여기에서는 군대에 으레 있기 마련인 포로들의 처형, 자국군 도망병 총살 등 눈 뜨고 볼 수 없는 일들이 벌어졌다. 특히 도망병을 총살한 사정이 그의 눈에 지워지지 않고 각인되어서 전쟁의 잔인성을 생각할 때마다 "나는 지금도 때때로 이런 생각에 시달리곤 한다. 이른바 동족상잔의 시대를 살아온 나는 정상적인 인간이겠는가 하는" 하고 말한다.

그가 25살 때에 발발한 한국전쟁은 장기화의 양상을 보였다. 1951년 6월 그는 육군중위가 되었고 55년 7월에 제대를 할 때까지 주로 동해안 최전선에 주둔하고 있던 제3사단에서 근무를 했다. 그러는 동안 고급장교들의 추악한 행위나 군대의 불합리한 생활과 태도를 보고 들었는데 이 경험이 그가 군대가 세상을 지배하는 일을 고찰하고 비판하는 일의 기점이 되었다. 지명관은 이렇게 말하고 있다.

"전쟁터란 어디나 그런 것일까. 이렇게 살아가는 것이 거기에서는 정상적인 삶의 방식으로 통한다. 남에게는 엄격하고 자신에게는 관대하다. 내 목숨을 연명하는 것이 최우선이다. 이러한 전쟁터 경험 때문에 1961년에 군사 쿠데타가 일어났다는 소식을 들었을 때, 나는 이 사태는 한국 현대사에서 가장 불행한 결과를 낳을 것이라고 예상했다. 무엇보다 그런 군인들이 정치를 바르게 할 리가 없다고 생각했기 때문이었다."

신앙으로의 회귀

그에게 있어 한국전쟁은 신앙과 신학으로의 회귀를 가져온 사건이기도 했다. 해방 전부터 일본 통치 하의 교회에는 발걸음을 멀리하고 있었다. 해방 후 한때 교회로 돌아갔지만 공산주의의 지배 속에서 다른 많은 사람들과 마찬가지로 교회를 떠나게 되었고, 1947년 월남 후에는 가려고도 하지 않았다. 그러나 최전선에서 생활을 하면서 천막교회에 출석하는 일이 마음을 가라앉게 해 주었다. 또한 전쟁의 의미를 생각하게 만들었다. 대학 시절부터 읽고 싶었던 라인홀드 니버의 『인간의 본성과 운명*The Nature and Destiny of Man*』을 미국인 군사고문으로부터 선물로 받았다.

니버는 『도덕적 인간과 비도덕적 사회』에서 희망은 절망에서 태어나고 새로운 사회는 파국에서 태어난다고 말하던 신학자였다. 니버는 안락한 특권을 가지고 있는 계층의 '진화론적 천년왕국설'에 대해서, 그리고 부르주아적 사회진화론이 혁명적인 발상을 받아들이지 않는 것에 대해서 비판을 가하고 오늘날의 사회의 잔학성에 괴로워하고 있는 민중에게 '종교는 절망의 언저리에 세워진 희망의 성채'라고 말했다.[16)]

그는 1953년 5월 22일에 선물받은 600여 페이지가 넘는 『인간의 본성과 운명』을 한국전쟁의 휴전이 실현되기 20일 전에 다 읽었는데 이 책을 통해서 커다란 위안과 용기를 얻었다. 전쟁터에서 비인간적이 되지 않기 위해서는 신앙이 없으면 안 된다는 것을 뼈저리게 느낀 것이다.

그는 감동을 받고 미국인 장교들의 군사우편으로 니버에게 감상을 적어 보냈다. 니버에게서도 답장이 왔다. 몇 번의 편지 왕래 후에 니버로부터 『기독교적 리얼리즘과 정치적 문제』라는 책이 도착했다. 자신의 유약함은 신에게 맡기고 통역장교로서의 일상적인 임무에서 의의를 찾자고 결심한 그는 미국군 참모에게 한국군 병사들의 보급품 문제를 위해서 전력을 다해 줄 것을 부탁하는 등, 전선에 있는 병사들의 처우를 개선시키기 위해서 노력을 기울였다.

지명관은 종군 중뿐만 아니라 그후에도 기회가 있을 때마다 니버를

---

16) 지명관, "한국 사상사에 있어서의 민중 신학," 『복음과 사회(福音と社會)』, 농촌전도신학교기요(農村傳道神學校紀要), 제18호, 1988년 10월.

읽었다. 찰스 브라운Charles C. Brown이 쓴 니버의 지적 평전 『니버와 그의 시대*Niebuhr and His Age*』는 니버를 이해하는 실마리를 제공해 준다.

라인홀드 니버는 1892년 미국 미주리 주에서 태어났다. 그는 오랫동안 뉴욕 유니온 신학대학원에서 교편을 잡았고 1971년 매사추세츠 주에서 서거했다. 사도 바울의 "괴로운 일을 당하여도 낙심하지 아니하며"라는 말을 자주 인용하곤 했다. 니버는 기독교 현실주의의 대표자였지만 전문 분야에만 매달리지 않고 많은 문제를 두루 살펴보았고 "우리들은 모두 옛 아브라함처럼 갈 곳을 모른 채 나아간다. 인간 역사의 드라마는 신의 섭리와 우리들의 결단에 의해서 결정되는 것이다"라고 말했는데 그의 기독교 현실주의는 이런 자세 위에서 전개되었다.

기독교 현실주의란 과도한 낙관주의와 과도한 비관주의 양쪽 모두를 멀리하면서 인간으로서 노력을 하는 입장이다. 니버 자신의 말을 빌리면 "이 시대, 혹은 다른 어떤 시대에서라도 그 도덕적 고투로 생기는 어떤 사회질서가 기독교 신앙에서 말하는 하느님의 나라에 근접하고 있는 것이라고 생각해야 하는 것은 아니다. 그 왕국은 … 결코 달성되지 않는다. … 활력이 있는 기독교는 초월적인 신을 예배하지만, 신의 의지는 역사 속에서는 결코 완전하게 수행되지 않는다. 그러나 동시에 기독교는 역사 속에서 신의 의지를 실현시키려고 시도할 것을 요구한다"는 것이다.

니버는 1930년대 후반에 키르케고르를 접하고 키르케고르가 '나의 명제는 주체성, 즉 정신성이 진리라는 것이다'라고 한 그 정신성에 주목을 했다. 키르케고르는 '절망이란 유한한 자기의 시점으로 세계를 파악하려고 하는 시도의 궁극적 결과이고, 신앙이란 절망의 반대편에 있는 가능성이다'라고 쓰고 있는데, 니버와 지명관도 가능성으로서 신앙을 추구하고 있을 때에 모두 키르케고르를 언급한 것이다. 지명관이 이 글에서 위로를 받은 것은 틀림없이 이러한 운명관 때문일 것이다.

니버에 대해서 조금 더 언급을 하면 성서는 신의 위치를 빼앗으려고 하는 인간들의 노력도 죄(종교적으로)이고 오만한 자가 그 권력을 가지고 타자에게 정의롭지 못한 일을 강제하려는 시도도 죄(도덕적으로)라고 한다. 니버는 이 죄의식에 근거해서 대표작 『인간의 본성과 운명』의 맺음말을 다음과 같이 쓰고 있다.

"인간의 운명을 진정으로 발견할 수 있는 곳은 자연이나 역사의 흐름으로부터 벗어나고자 하는 노력이나, 그 속에서 성취를 앞당기려고 하는 노력이 아니다. 그것은 신의 고통스러운 참여가 있기 때문에 역사적인 고투를 의미 있는 것으로 받아들이는 것과, 삶과 죽음 그 밖에 다른 어떤 것들도 우리들을 그리스도에 있어서의 신의 사랑으로부터 떼어 놓을 수 없다는 신뢰, 더 나아가 '회개는 우리들의 희망을 파괴하지 않고 우리들의 오만만을 경감한다'는 겸허한 지혜 속에 발견되는 것이다."

또한 니버의 유명한 기도문 중에 '신이여, 바꿀 수 없는 일에 대해서는 받아들이는 냉정함을, 바꾸어야만 하는 일에 대해서는 바꾸는 용기를, 그리고 그 둘을 구분할 수 있는 지혜를 우리들에게 주소서'라는 것이 있는데, 다음의 말과 함께 기억에 남는다. 이 말은 필자가 좋아하는 말이기도 하다. "인간이 정의를 실행하는 능력은 민주주의를 가능하게 한다. 그러나 인간이 정의롭지 못한 일로 기울어지는 경향은 민주주의를 필요로 한다."

니버는 또한 마태복음 6장 3절, "내일 일을 위하여 염려하지 말라. 내일 일은 내일 염려할 것이요, 한 날 괴로움은 그날에 족하니라"를 중요하게 여겼다. 이 말은 우리들의 역사적인 책무에는 역사적인 성취나 정당화에 대한 고려 없이, 신의 눈에는 그 자체로 본질적이고 절대적인 유효성이 있다는 것일 것이다.

한편, 니버는 다면적으로 세상사를 판단할 수 있는 리얼리스트였다. 경제적인 문제에 대한 논의에서도 그 특징을 발휘했는데 다음과 같이 주장을 하고 있다. "우리들은 … 순수하게 기아에 대한 인도적 관심이나 유럽의 정치적 자유 확보에 대한 관심에서 원조를 하는 것이 아니다. … 우리들은 자신들의 건전한 경제 활동을 위해서도 원조를 해야만 하는 것이다. … 예를 들어 고립주의자가 아무리 분노를 한다고 해도 마셜 플랜Marshall Plan[17)]이 승인되기를 기대할 권리가 우리들에게 있는 것은 국익의 동기가 관대함이라고 하는 동기와 일치하기 때문이다."

이러한 리얼리즘은 지명관이 당초에 반대했던 한일기본조약체결에 대해 훗날, 이 조약의 의미를 경제적인 성과의 면에서 평가한 것과 근본적으로 공통점이 있을 것이다.

그가 니버를 접한 것은 앞에서 말한 것처럼 한국전쟁 때였는데 이 전쟁에 대해서 니버는 "우리가 직면하고 있는 위험은, 몇 십 년에 걸쳐서 소위 '자유' 세계의 가능한 모든 도덕적 · 정치적인 자원을 요구하는, 오랫동안 승패가 나지 않는 싸움"이라고 했다. 공산주의 세력과의 싸움을 지지한 것으로 미국의 도가 지나친 행동에 대해서 경계를 촉구하기도 했다. "초대국超大國은 너무나 강력한 까닭에 적에게 멸망을 당하는 일이 없다. 그러나 그들은 자신들의 오만에 의해서 쉽게 무너지는 경우가 있다. 사람들은, 우리나라가 이 중대한 시기에 고대의 예언자들이

---

17) 제2차 세계대전 후, 1947년부터 1951년까지 미국이 서유럽 16개 나라에 행한 대외원조계획이다. 정식 명칭은 유럽부흥계획(European Recovery Program, ERP)이었지만 당시 미국의 국무장관이었던 마셜(G. C. Marshall)이 처음으로 공식 제안하였기에 '마셜 플랜'이라고 한다 - 역자.

바빌론 파멸의 징조로 본 것과 같은 자만함에 빠져 있는 것은 아닐까 하는 불안을 품고 있다."

젊은 날의 지명관이 이 같은 논의에 시사를 받은 것은 분명하다. 지명관은 다음과 같이 말한다.

"세계의 움직임이나 사건을 주로 냉전과 핵무기 아래의 공존이라는 프레임으로 생각한다면, … 그것은 두 세력으로 분할되어 세계가 신음하고 있는데도 그것을 그대로 유지하겠다는 논리가 된다. 결국 그것은 강대국들의 논리라고 말할 수 있지 않을까?" 냉전 하의 강대국이 계속 현상 유지를 기도하면서 단지 공존을 주장하는 것은 진정한 의미의 평화가 아니라 단순한 휴식에 지나지 않았다. 후진국들에게 이 현상 유지는 어떤 의미를 가질까? 지금 이대로 역사를 정지시킨다고 한다면 그 속에서 불행해질 나라나 사람들이 다수라는 현실을 더 깊이 생각해야만 한다.

지명관은 또한 베트남 전쟁에 대해서도 언급했는데 이 전쟁이 미국의 국가이익이라는 시점에서 많이 논의되었던 것에 비해서 지명관은 "아시아 자체의 고뇌의 문제로 고려되는 일은 거의 없다"는 것에 주의를 기울인다. 기독교 윤리는 냉전이 만들어 낸 대국을 위한 현상 유지적 공존을 비판하고, 아시아의 고뇌에, 아시아인의 필요와 상황에 대해서 책임을 져야만 한다. 미국은 "냉전 조건 하에서 그들이 시행한 정책 때문에 많은 나라들의 장래에 일어날 사태 혹은 불행에 대해서 책임을 느끼지 않아도 좋은 것일까?"라고 지명관은 규탄을 했는데, 불행을 당한 나라들 중의 하나가 한국이었던 것은 말할 필요도 없다.[18]

니버에 대해서도 조금 더 이야기하자면 그의 저작의 매력은 "초자연

18) 지명관, "아시아와 신학의 제 문제," 『아시아 종교와 복음의 논리(アジア宗教と福音の論理)』, 1970.

적인 존재에 대해서 어떤 결정적인 신앙을 가지지 않는 사람들조차, 경험이나 역사에 대한 자신의 해석에서 의미 있는 차원을 새롭게 발견하는 것처럼, 기독교적 통찰이 싫든 좋든 간에 현대의 경험에 타당한 것이라는 방식으로, 기독교적 통찰을 다시 언급하는 일에 성공을 했다는 것이다."[19] 앞서 말하면 지명관의 저작도 역시 그러했는데 신앙인이 아닌 사람들도 그의 투쟁 속에서 생긴 해석이나 통찰로 사건의 새로운 의미를 발견하게 되었던 것이다.

니버에 대해서 많은 페이지를 할애한 것은 지명관도 역시 니버의 삶의 자세에서 여러 면을 받아들였고 인간의 행동을 신을 향한 신뢰에 포함시키고자 노력한 점에 미리 주목하고 싶었기 때문이다.

4 · 19 학생혁명에 직면해서

한국전쟁에서 군 · 민간 쌍방의 사망자는 250만 명이 넘었다. 전선에서 스스로의 퇴폐를 두려워하고 조국의 미래에 어두운 그림자가 드리워진 것을 보고 있던 그가 휴전이 실현되었을 때에는 30살이 되어 있었다. 1,300년 동안 통일을 유지해 오던 민족은 한국전쟁으로 분열이 고착되고 말았다. 그는 "한국전쟁이 가져온 최대의 후유증은 남북 모두 통일에 대한 희망을 거의 단념한 것에 있을지도 모른다"고 생각했다.

1956년 그는 예비역에 편입되었고 여학교에서 영어를 가르치면서 서

19) 아서 마이어 슐레진저(Arthur Meier Schlesinger Jr). 그의 니버론에 대해서는 『*The Politics of Hope*』, 1962 참조.

울대학교 대학원에 진학을 했다. 그는 석사과정을 마친 후, 1960년 9월 덕성여자대학에서 철학을 강의하게 되었다.

1960년이 되는 해에 일본은 미일안전보장조약의 체결을 둘러싸고 크게 동요하고 있었고 한국에서도 커다란 정치적인 변동이 생겼다. 4·19 학생혁명이었다. 3월 대통령·부대통령선거에서 벌어진 부정을 규탄하는 학생들의 힘에 의해서 4월 26일, 이승만은 정권에서 쫓겨났는데 지명관은 월남을 한 사람으로서 이승만 정권을 지지하는 것이 옳다고 생각하고 있었고 또한 종교를 중심으로 서양사상을 연구하고 싶다는 생각도 강했기 때문에 이런 움직임을 방관적으로 보고 있었다. 이것은 그 후 그의 정치적 태도와는 대조적인 자세였다고 할 수 있다. "1961년에 군사정권이 등장하자 나는 정치적으로 강하게 저항했기 때문이다. … 나는 정치권력에 대해서 매우 비판적이게 됐다. 군사정권에 대해서는 더더욱 그랬다. 아카데미즘이라고 할까, 그것을 고집하려고 했던 자세를 머지않아 벗어 버리고 나는 될 수 있는 대로 저널리즘을 이용하여 권력에 대항해 싸우게 됐다. 이러한 자세 전환은 1960년에 일어난 4·19에 의한 게 아닌가 생각한다."

지명관은 월간 『새벽』 1960년 6월호에 사회참여를 표명하는 글을 썼다. "프로테스탄트의 4·19"라는 제목으로 이승만 정권에 기생을 해왔다는 느낌이 강했던 개신교 교회를 비판함과 동시에 아카데미즘을 표방하고 일신의 평안을 누리려고 했던 자신을 규탄하고 있었다. 여기에서 그는 그 뒤의 행보를 선언했다.

이런 계기 중의 하나로 알베르트 슈바이처Albert Schweitzer[20]의 『문화

---

20) 1875~1965, 독일의 의사·신학자·사상가, 1952년 노벨평화상 수상 - 역자.

의 몰락과 재건』을 한국어로 번역해 출판했던 일이 있었다는 점도 염두에 두어야만 한다. 이 책을 출판한 것은 1959년 3월이었는데 번역에 즈음해서 슈바이처에게 받은 편지에는 이렇게 적혀 있다.

"… 세계 모든 인간에게 한층 더 인간적인 인간이 된다는 것이 문제다. 깊은 인도人道야말로 참다운 문화다. …"

또한 지명관은 "기독교가 세계에서 일어나는 모든 일을 설명해 주는 것이 아니다. 왜 정의로운 사람이 고통받지 않으면 안 되는가. 왜 오히려 악한 인간이 번성하는가. 또는 왜 전쟁이 일어나는가를 설명해 주는 것은 아니다"라는 것, "신앙이란 이와 같은 모순을 견디면서 살아가는 힘을 주는 것"이라는 것을 슈바이처에게 배운 것이다.[21]

4·19 혁명으로부터 1년 후, 1961년 5월 16일에 일어난 군사 쿠데타는 그가 예상조차 하지 못한 일이었다. 한국은 역사적으로 문관이 지배를 하던 나라였기 때문이었다. 그러나 이승만 정권이 무너진 후에 정권을 담당하는 구심력이 없어진 상태에서 민중의 욕구는 거리에 흘러넘치고 있었다. 대학 교수들의 무능이 규탄을 받았고 부패한 사회를 다시 세우는 것은 군인들이라는 목소리도 나오고 있었다.

궐기한 일부 군인들은 처음에는 장도영 육군참모총장을 받들고 있었지만 이윽고 장도영은 추방되고 박정희 소장이 정권을 쥐었다(그 내막 및 군정의 전개과정에 대해서는 김형욱의 『권력과 음모』(1981) 등을 참조. 김형욱에 대해서는 뒤에서 다시 논하기로 한다). 박정희 등이 선전했던 악습일소, 민생고 해결 등의 성명에 대해서 대학생들도 기대를 걸고 있었지만 서울대학교 종교학과 강사를 겸하고 있던 지명관은 교실에서 군인에 의한 권력 지배에 대해서 니버를 인용하면서 덕 없는 힘은 폭력에

21) 지명관, 『승리와 패배의 역설(勝利と敗北の逆說)』, 新教出版社, 1990년 11월.

불과하다고 말했다. 지명관은 덕성여자고등학교에서 2년 반 동안 교사직을 계속하면서 퇴직을 당한 교장을 대신해서도 일을 하고 있었는데 결국 사직을 당했다. 비상계엄령 하였던 6월 3일에는 서울대학교 강사직도 내놓아야만 했다.

군사정권이 교육을 지배한 결과였다. 그리하여 그는 저널리즘 속에서 생활을 하게 되었는데 언론의 장을 제공해 준 것은 고향 선배이며 전 생애에 걸쳐서 둘도 없는 친구였던 선우휘였다. 1964년 당시 조선일보의 편집국장을 하고 있던 선우휘는 고향에 있던 정주보통학교의 2년 선배였고 정의감이 강한 수재였다. 일찍이 선우휘가 경성사범학교 본과를 졸업하고 1종 훈도訓導[22])로 모교에 돌아왔을 때, 지명관도 이 학교에 2종 훈도로 돌아와서 두 사람은 숙직실에서 함께 자는 경우가 많았다. 선우휘는 월남한 후에 지원을 해서 정훈政訓장교가 되었고 제대 후에는 한국일보의 논설위원이 되었다. 그는 그후에 조선일보로 옮겨 갔는데 지명관은 선우휘와 이인삼각二人三脚으로 인생을 살아왔다고 할까, 선우휘를 모델로 살아왔다고 할 수 있다.

그는 선우휘로부터 집필을 권유받고 조선일보나 잡지 『사상계』에 5 · 16 군사 쿠데타는 민주적 혁명이었던 4 · 19 학생혁명을 부정하는 것이고 군사정권이 4 · 19 혁명을 계승하고 있다고 자칭하는 것은 잘못된 것이라는 필진을 펼쳤다. 그는 그후에도 더욱 혹독한 논조로 군사정권을 비난했기 때문에 체포를 당하는 것은 불가피한 일로 보였다.

이때, 선우휘는 슬기롭게도 동아일보에 연락을 해서 다른 집필자들

---

22) 일제강점기에 초등학교 교원을 일컫던 말. 지금의 1급 정교사에 해당한다 - 역자.

에게 비슷한 논조의 기사를 많이 쓰게 했고 덕분에 지명관은 위기를 모면할 수 있었다. 선우휘는 조선일보의 주필 시절에 곧잘 이렇게 말하곤 했다고 한다. "게릴라 전법이야. 때로는 그들의 지시대로 사설을 써 줄 수밖에 없는 것 아니겠어? 그런 때 다른 논설위원들은 주저하지. 그러면 내가 적당히 써 줘. 난세를 살아간다는 것은 그런 것 아닌가."

그후 그는 선우휘의 이런 터프한 삶의 방식에서 시사를 받은 점도 많았다. 그는 선우휘나 동료들과 술을 마시고 기염을 토하면서 통쾌한 맛을 느꼈다. 이것은 서로 '마음을 통하지' 않고서는 난세를 살아갈 수 없었기에 한 일이었지만 역시 '그릇된 시대에서의 그릇된 삶'이었다고 말한다.

1964년 7월, 당국의 명령으로 고등학교와 서울대학교 강사직에서 물러난 지명관에게 몇 개의 교육기관에서 강사직이 주어졌고 가을이 되자 월간 『사상계』에서 편집주간으로 불러 주었다. 『사상계』는 한일조약반대운동의 선두에 서 있던 잡지로 서울의 중심인 종로에 진을 치고 있었는데 주요 대학 교수들의 집합장소이기도 했다.

『사상계』의 사장은 장준하였다. 그는 1943년 일본에 체류할 때 학도병으로 소집을 받자 중국으로 도망을 가서 중경重慶에 있던 임시정부에 합류를 했다. 장준하는 45년 11월 귀국을 해서 김구 주석의 비서가 되었다. 장준하는 망명 애국지사로 지난날의 중국 들판의 겨울을 잊어서는 안 된다며 한겨울에도 코트나 내복이 없이 지내던 카리스마적인 존재였다.

장준하는 지명관이 전에 근무한 적이 있었던 사립소학교의 전임교원이었고 출신지도 같은 평안북도였지만 두 사람의 관계는 대의에 의한 것이었다. 지명관은 사소한 감상조차 억제하고 있던 장준하에게서 '내가 만난 가장 고결한 인격'을 보고 있었다.

장준하는 박정희를 '도적 두목'이라고 불러서 투옥을 당하기도 하고 박정희의 유신헌법 개정운동을 했다고 해서 15년 징역을 선고받는 등 투쟁으로 시종일관했다. 그런데 1975년 8월, 등산 중에 뜻밖의 죽음을 맞이하게 된다.

박정희 군사 쿠데타 후에도 장준하와 같은 민주 인사들의 투쟁은 존재했다. 그러나 그것은 철저하게 억압되었다. 지명관은 일본 기독교 잡지 『복음과 세계』의 1971년 7월호에 "60년대의 한국 지식인"이라는 제목의 글을 발표하고 당시의 한국 지식인에 대해서 4·19 혁명(이때에는 대학교 교수진들도 가두데모에 참가했다)을 거쳐 1961년 5·16 군사 쿠데타 이후에 지식인들은 후퇴를 했다고 논평했다.

군사정권의 억압 앞에서 저항을 하던 사람들이 좌절을 하고 패배감과 무력감을 느끼던 속에서도 김지하 등과 같은 일부의 젊은 서정시인들은 비장한 각오로 '피투성이의 포복葡匐,' '행동의 시詩'라며 계속해서 외쳤던 것처럼 '역사를 개척하려고 하는 순교자적 자세를 품고' 있던 사람들도 존재했다. 그러나 이런 소수를 제외하고는 1960년대 후반 반지성주의가 지배하던 시대의 지식인들은 '비지식인화'되었다. 지식인들은 한국 사회에 나타난 근대화의 물결과 소비경제의 대두에 휩쓸려서 소시민화되었고 자기보전의 본능에 좌우된 것이다.

지명관은 자신이 그렇게 살아왔듯이 지식인으로서의 역할을 다했다. 그것은 1964년 서울대학교 학생들이 지식인들에게 기대하던 것이었다. "어떤 사회라도 그 사회의 지성인들은 대중을 정신적으로 이끌어야 할 의무를 가지고 있다. 그들은 대중에게 사회의 진로 혹은 운동의 방향을 알려 줘야만 한다." 하지만 이런 기대는 좌절되었고 물질적 향유 속에서 체제내화体制內化된 지식인들에게는 이런 소리가 들리지 않았다. '남은 자'로서 투쟁을 계속하고 있던 학생세력은 지식인들을 비판했다. 1969년 9월 고려대학교 학생들은 박정희의 개헌 시도에 반대하면서 호소했다.

"아첨을 해서 배를 불리고 백성의 내일을 매장시키려고 하는 장의사들이여, 가라. 한가하고 유복한 장사꾼, 지배계급의 충실한 호신병들이여, 가라, 저 골고다의 계곡으로 사라져라. 무기력한 붓끝은 무기력한 백성을, … 만들 뿐이 아닌가. 우리들은 언론까지 좌절하고 무기력하게 되어, 그저 아첨하기에 여념이 없는 오늘의 한국 현실에 대해서 큰소리로 통곡한다."

학생들의 고립 무원한 싸움은 70년대에 들어서도 바뀌지 않았고 지식인들은 계속 고발을 당했다. 71년 3월 정부가 군사 교련을 실시한다고 발표했을 때, 학생들은 절규했다. "옛 군주시대에도 사관은 사실 보도에 사력을 다했다. … 헌법에서 민주주의 제도를 채택하고 있는 한국 언론의 태도는 과연 무엇인가. 이제 우리들은 지쳐 버렸다. 어떻게 그들이 지성인이라고 할 수 있단 말인가."

지명관 역시 지식인들의 배신과 사회적인 책임을 저버리는 것에 대한 반성을 촉구하지 않을 수 없었다. "확실히 오늘날의 한국 지식인들은 이 시대에 안주를 해서 민중의 불신을 사고 있다. 그들은 그 길을 어디까지 가려고 하는 것일까? 그들은 이 엄숙한 역사의 질문 앞에 오늘도, 내일도 서지 않으면 안 될 것"이라고 말하고 있다.[23)]

그는 『사상계』에서 지식인들의 순교자적인 투쟁을 호소했지만 현실

---

23) 지명관, 『한국 현대사와 교회사(韓國現代史と敎會史)』, 新敎出版社, 1975년.

은 항랑했다. 이러한 상황 아래 장준하 사장은 지명관을 포함한 세 사람의 직원에게 일본을 보고 오라며 일본으로 보냈다. "앞으로 한일협정 시대를 살아가야 할 테니까"라는 것이 장준하의 판단이었다.

도쿄 방문과 미국 체재

1966년 12월 11일, 그들은 도쿄東京에 도착했다. 지명관의 나이 42세 때의 일이었는데 일본 방문은 처음이었다. 도쿄에서 오사카大阪, 교토京都 그리고 나라奈良로 이어지는 여행이었다. 그는 옛 도시들의 아름다움뿐만 아니라 신칸센新幹線 창문을 통해 본 산하와 정연한 전원 그리고 공업 발전에 감동을 받았다. 야간통행금지가 없는 밤의 자유를 실감할 수 있었다. 또한 신쿄新教출판사의 아키야마 노리에秋山憲兄 사장이 안내를 한 시나노마치信濃町 교회에서는 그후로도 오랫동안 교제를 계속하게 될 모리오카 이와오盛岡巖 신쿄출판사 편집장과 오가와 게이지小川圭治 도쿄여자대학의 교수를 만나게 되었다.

지명관은 "이 10일간의 일본 방문으로 내 인생의 후반부가 결정되었다고 해도 지나치지 않을 것이다. 이것은 숙명적인 것이고, 기독교적으로 말한다면 하나님의 인도하심이라고 할 수 있을지도 모른다"고 말하고 있는데 그야말로 예상치 못했던 일본 체험이었다.

귀국한 지명관은 심기일전하고 싶었던 것인지 옛 직장이었던 덕성여자대학교에 복직을 타진했다. 학장은 바로 받아들여 주었을 뿐만 아니라 그에게 미국 유학을 권했다. 그래서 한국전쟁이 한창일 때 편지를 주고받았던 라인홀드 니버에게 연락을 했고 니버가 유니온 신학교의 학장에게 추천을 해 주어서 1967년 9월 미국으로 건너가게 되었다.

한국중앙정보부의 명령으로 떠나기 전 한동안은 매일 아침 9시부터 오후 5시까지 중앙정보부로 출두를 해야 했지만 조선일보 선우휘의 도움으로 그 상황을 모면할 수 있었다. 뉴욕에 도착해서 할렘 가를 지나 유니온 신학교 기숙사로 가는 동안 미국 사회의 한 단면이 눈에 날아들었다.

미국에 대해서는 역사적으로 그리고 선교사의 활동을 통해서, 더 나아가서는 한국전쟁에서 함께 싸웠던 사이였기 때문에 '선한 미국'이라는 환상을 가지고 있었는데 그것이 급격히 무너져 가는 것을 느꼈다. "미국 유학을 하고 느낀 것은 미국은 한국을 세계의 100개 이상의 나라들 중의 하나로밖에 보고 있지 않다는 것"이었다.[24] 그것은 일본과의 만남을 통해 적敵으로서의 일본이라는 이미지가 사라진 것과는 대조적인 느낌이었다.

유니언 신학교의 생활 자체에는 매우 만족했다. 그는 아시아의 근대화와 종교문제를 생각하기 위해 이슬람의 사례에 대해서 공부했다. 또한 폴 리먼Paul Lehman의 수업에서 배운 기독교 윤리와 양심의 문제에 대해서는 그후로도 몇 번이나 반추하게 된다. 리먼은 "코이노니아koinonia(사귐)는 양심의 진보를 위해서 지불해야만 하는 대가"라고 가르쳤다.

지명관은 또한 뒷날, "인간의 생활을 인간적으로 존재하게 만드는 것이 신의 의지이다. 그리고 이 의지처럼 되도록 노력하는 것이 기독교

24) 지명관, "한국현대사와 일본－1945년부터 오늘날까지," 모모야마가쿠인대학(桃山學院大學) 종합연구소, 『국제문화논집(國際文化論集)』 제33호, 2005년 12월.

윤리, 그가 말하는 코이노니아 윤리의 과제"라고 말한 것처럼 신학은 구체성을 가지지 않으면 안 된다는 것을 리먼에게 배웠다.

이것은 아시아 땅에서는 현재 아시아 사람들이 필요로 하는 것과 그 조건을 신학적 고려 속에 넣는 것이 중요하다는 인식이었다. 그것은 빌헬름 파우크Wilhelm Pauck가 말한 신학의 "목적은 주어진 시간과 장소에 있는 인간의 필요와 조건에 대해서 그것에 상응하는 성서적인 의미를 부여하는 것"이라는 신학이 짊어져야만 하는 시대성을 받아들인 것이었다.

일 년에 걸친 미국 체재 중에 그는 충격적인 사건을 조우하게 된다. 1968년 4월 4일 일어난 킹 목사의 암살 사건이었다(또한 9월 5일에는 로버트 케네디 대통령 후보가 암살되었다). 그는 40일 후, 조선일보에 킹 목사의 암살에 대해 기고를 했는데 미국의 양심이 죽었다고 말하는 사람들 사이에서는 킹 목사를 죽인 것에 대한 수치심이 싹틀지도 모른다고 논평했다.[25] 또한 유니언 신학교의 흑인 교수 라헬 링컨이 말했던 미국 흑인의 비극에 대해서도 써 보냈다. 그리고 그는 킹 목사가 살해된 장소인 테네시 주 멤피스의 로렌 호텔을 방문했는데 호텔에 있는 작은 화강암 비석에는 "서로 이르되 꿈꾸는 자가 오는도다. 자 그를 죽여 … 그 꿈이 어떻게 되는 것을 우리가 볼 것이니라"라는 창세기 37장 19~20절(요셉 형제들의 말)의 글귀가 새겨져 있었다는 것 등을 조선일보에 기고했다.

그는 유학을 마치고 덕성여자대학의 주선으로 유럽, 팔레스타인, 동

25) 같은 해 4월 6일, 저명한 미국 칼럼니스트 제임스 레스턴(James Reston)은 "킹 목사의 외침은 어디에" (『워싱턴*Washington*』)라는 글에서 암살 사건의 진정한 범죄성을 논하고 있다.

남아시아를 돌아보고 일본에도 1개월 동안 체재할 수 있었다. 그가 귀국한 것은 1968년 12월 18일이었다. 미국에서 한 체험과 귀국하는 길에 일본에서 많은 사람들과 이야기를 나누었던 일이 그에게 커다란 변화를 일으키고 있었다. "… 나는 어렴풋이나마 동북아시아의 운명 같은 것을 느끼기 시작했다. 불과 1년 사이에 엄청나게 변했구나 하는 생각이 들었다." 그리고 일본의 자유로운 분위기 속에서 공부를 더 하고 싶다는 생각이 거세게 끓어오르고 있었다.

박정희 대통령은 1969년에 헌법을 개정하고 1971년에는 3선을 이루어 냈다. 다음 해 72년 12월에는 남북대화를 위한 기반 구축이라는 명목으로 통일주체국민회의를 만들어 또다시 자신이 대통령으로 선출되게 했다. 반영구적 정권을 노린 박정희와 일본 친한親韓세력의 유착이라는 이야기가 비판적인 지식인들의 입에 오르내리기는 했지만 '10월 유신' 쿠데타라고 불리는 계엄령 하의 강권정치 앞에서 목소리를 높이는 것은 불가능한 상황이었다.

1972년 2월 그는 도쿄대학으로 유학 갈 생각을 했다. 도쿄대학이 그를 받아들이도록 도움을 준 것은 스미야 미키오隅谷三喜男 교수 등이었는데 특히, 스미야에게서는 그후에도 공과 사에 걸친 지원을 받게 된다. 공적인 면에서는 스미야 미키오의 『한국의 경제韓國の經濟』(1976)가 그 중 하나이다. 한국에서는 이 책이 지하운동을 하는 사람들에 의해 번역되어 민주화 운동을 위한 성전으로 읽혔다. 이 책의 집필을 의뢰한 사람 중의 하나이기도 했던 지명관은 스미야에 대해서 이렇게 회상하고 있다.

"그것은 아무리 학문적이라고 해도 투쟁을 위한 텍스트였고 현실에 대한 고발이라는 성격을 가지고 있었다. 오늘날의 한국 사회와 경제를 그 책만큼 염려한 책을 알지 못한다. 세계경제의 변천, 지금도 뼈아픈 남북한의 현실 그리고 한국 경제의 병폐를 생각하면서 지금이야말로 다시 읽어야만 할 책인지도 모르겠다. 한국을 사랑했고 남한과 북한에 대해서 걱정을 하던 일본의 양심적인 지식인의 글로서 말이다."[26]

지명관의 일본 체재는 한국에 남겨 둔 가족을 생각하면 경제적으로는 상당한 모험이었지만 그는 또다시 선우휘로부터 용기를 얻었다. 지명관은 마루야마 마사오丸山眞男[27]의 『일본의 사상日本の思想』을 읽고 감동을 받았고 나카에 조민中江兆民[28]의 생애에 막연한 관심을 가지고 있었기 때문에 선우휘에게 "나는 일본에 가서 근대 일본의 강권정치에 저항하고 고뇌하고 또 굴복하면서 살아온 일본 근대 지식인에 대해서 공부하고 싶어. 그리고 … 지금 고뇌하면서 살고 있는 한국 지식인의 삶에 대하여 공부하고 책을 쓰고 싶은 거야"라고 말했다. 그것을 들은 선우휘는 "지금은 발표할 수 없어도 언젠가 발표할 날이 올 것 아닌가"라고 격려해 주었다. 1972년 10월 31일, 선우휘의 도움으로 여권을 손에 넣은 그는 김포공항을 날아올랐다. 지명관이 48세 때의 일이었다.

한국 민주화 운동에 참가하다

일본에 간 지 한 달도 지나지 않았을 때, 서울대학교의 후배인 오재

26) 지명관, "스미야 선생에 대한 추억," 『스미야 미키오 저작집(隅谷三喜男著作集)』 제4권, 2000년 7월.
27) 1914~1996, 일본의 정치학자이며 사상가 - 역자.
28) 1847~1901, 일본 메이지 시대의 자유 민권 사상가 - 역자.

식이 그가 머물고 있던 분교구 오가와초 도미자카文京區小川町富坂의 세미나 하우스에 갑자기 나타났다. 아시아기독교협의회의 간사였던 오재식은 도쿄에 주재하면서 노동운동 지원에 종사하고 있었다. 오재식은 단도직입적으로 이야기를 꺼냈다. "도쿄에 있는 우리들이 국내의 민주화 운동을 지원하고 그 투쟁을 전 세계에 알려서 국제적인 지원을 끌어낸다. 그것을 위해 세계의 교회 조직을 동원할 수 있을 것이다. 이 움직임에 나도 참여해야 하는 것 아니냐!"는 것이었다.

지명관은 이 제안을 물리칠 수가 없었다. 이때부터 도쿄에서의 생활은 한국의 민주화를 위해서 투쟁하는 것으로 전면적으로 바뀌게 되었다. 지명관은 성서 속의 "그 뜻대로 부르심을 입은 자들에게는 모든 것이 합력하여 선을 이루니라"라는 로마서의 말씀을 가장 좋아했다고 하는데 그것은 우연에는 좌우되어도 그것에 불만을 품는 일이 없는 삶의 자세를 의미하고 있다.

이 결단은 지명관의 모친이 자주 입에 담았고 또한 그 자신이 자식들을 위해서 입에 올렸던 "신이 모든 것을 합력合力하여 선을 이루게 해 주신다. 시련을 낙관적으로 받아들이라"는 가르침을 실천한 것이다. 그는 말한다.

" '신을 사랑하는 자들'은 신에 대한 절대적인 신뢰로 지금의 상황이 어떻든 간에 신이 '모든 것이 합력하여 선을 이루게 해 주신다'는 신념을 가지고 사는 것이다. 이것은 역사에 대한 철저한 낙관론이라고 해도 좋다. 그리하여 지금의 괴로움도 슬픔도 이겨 낼 수 있다. 결코 운명에 굴하는 일은 없다. 괴로움이나 슬픔을 시련이라고 생각하고 이것이 내일을 위한 축복, 은혜라고조차 생각하는 것이다. 여기에서 인생에 대한 강한 긍정과 적극적인 삶의 자세가 생긴다. … 이것은 뛰어난 인간 긍정이기도 하고 전 인류사에 대한 긍징이기도 하다. 지금의 전생, 비참, 죄악을 넘어서 아득히 먼 저곳의 평화와 정의와 사랑의 날을 희망하면서 모든 것이 합력하여 선을 이루도록 신과 함께 일하는 것이다. 신앙이란 이처럼 커다란 환상 속에서 살아가는 것일 것이다. … 가령 반동이 있더라도 두려워하지 않는다. 신께서 '모든 것이 합력하여 선을 이루게 해 주신다는 것'을 믿고 있기 때문이다. 그렇게 세계사를 밝고 따뜻한 눈, 신념에 가득 찬 신앙의 눈으로 바라보지 않으면 안 된다." 무력함을 한탄하면서 무위無爲로 지낼 수는 없다고 말한 것이다.[29]

지명관은 주어진 환경 속에서 시민적 신앙의 증표를 마음에 새겼다. 그 발자취가 보잘것없고 때로는 실수를 내포하고 있을지라도 오히려 안심할 수 있는 것이라고 말한다.

"나의 과거를 돌아보면 그때는 그것이 해야만 하는 행동이라고 생각했는데 지금 생각하면 실수투성이입니다. 그러나 거기에서 매일 매일 배워 가고 싶습니다. 우리들이 할 수 있는 일은 아주 작은 것입니다. 그 작은 일들을 이루어 가는 것입니다. 그러고 나면 다음의 능력이 주어지고, 그리고 성장해 가는 것입니다." "신은 우리들의 잘못조차도 이 역사 속에서 거두어 쓰신다는 신과의 깊은 관계 위에 놓여" 있다는 것이다.[30]

지명관은 오재식이 방문한 날부터 일본인들 사이에서 지원자를 찾았다. 그리고 그 테두리는 점점 넓어져 갔다. 그것은 그의 인격과 더불어 한국의 민주화를 자신의 문제라고 인식했던 사람들이 있었다는 것에

---

29) 『승리와 패배의 역설』.
30) 지명관, "안에 있으면서도 밖을 향하는 눈을 가지고 현대 일본을 본다," 『교회부인(教會婦人)』 제318호, 1989년 6월 1일.

기인한다. 그런 교제망 속에서도 선우휘가 소개한 이와나미쇼텐岩波書店 『세카이世界』의 편집장 야스에 료스케安江良介와의 만남은 그 의미가 컸다. 야스에는 지명관에게 『세카이』의 지면을 제공하고 처음에는 “베트남전쟁과 한국”(1973년 3월호)에 대해서 논평을 하게 했는데 그후에 나타나는 「한국으로부터의 통신」(이하 ‘「통신」’이라고도 한다)의 출발점이 되었다. 지명관은 이 잡지에서 ‘김순일,’ ‘이대선’ 그리고 야스에가 이름 붙여 준 ‘T・K생生’ 세 개의 필명을 사용했고 잡지 『복음과 세계』에 기고할 때에는 본명을 쓰는 것을 원칙으로 삼았다. 『세카이』와의 관계는 경제적인 이유로도 중요했다. “나는 마음속으로 원고료를 받으면 일본 생활에 다소라도 도움이 되리라고 여겨 기뻐했다”고 한다.

지명관은 한국의 민주화를 지원한 일본의 대표적인 인물로 야스에를 들어 이렇게 말하고 있다. “내가 일본에서 무엇인가를 쓸 수 있었던 것은 그의 이끌림을 받았기 때문이라고 생각하고 있다. 내가 「통신」을 『세카이』에 쓰는 것 때문에 한국에 돌아가지 못하고 가족과 만나지도 못하고 있는 데 대해서 그는 언제나 함께 아파해 주었다. 한국의 민주화 운동이든, 나 자신의 사적인 문제이든 가리지 않고 언제나 무엇이든 협력해 주었다.”

정이 많은 사람이기도 했던 야스에와의 관계는 1996년 야스에가 서거할 때까지 계속되었는데 위의 글 속에는 주의를 기울여야만 하는 이야기가 포함되어 있다. 그것은 『세카이』에 게재한 「한국으로부터의 통신」 때문에 귀국을 할 수 없었다는 점이다. 그 직접적인 계기는 나중에 말하겠지만 아마도 김대중 납치 사건을 청와대의 각본에 의한 것이라고 쓴 사실(1973년 10월호) 때문이었을 것이다.

「한국으로부터의 통신」은 1973년 5월호부터 1988년 3월호까지 15년 가까이 계속되었다. 야스에의 생각은 일본을 발신기지로 한국의 상황을 바깥 세계에 알림으로써 과거 일본이 조선을 침략한 것에 대한 속죄의 첫걸음으로 삼아야만 하고 이것이 근대 이후 조선사에 대한 일본의 첫 공헌이 되지 않겠는가라는 것이었다. 나중에 그 내용을 살펴보겠지만 「통신」의 소재가 된 한국의 생생한 정보는 일본인, 미국인, 독일인, 캐나다인 등 총 수백 명의 사람들이 현지에서 보낸 것이었다. 한국 내에서는 '선 통일 · 후 민주'라는 움직임이 있었지만 그들은 남쪽의 민주 회복이 선결되어야 한다는 생각을 관계 조직이나 개인들에게 알렸다. '선 민주 · 후 통일'이라는 전략으로 국내 운동이 좌경화되는 것을 방지해야만 민주화 운동이 '좌익의 공격'이라며 탄압받는 것을 막을 수 있었기 때문이었다.[31]

김대중 납치 사건

「한국으로부터의 통신」(그후 이와나미신쇼岩波新書에서 4권의 책으로 나왔다)에 게재한 글 때문에 한일관계와 그의 신상에 중대한 영향을 미치는 사건이 벌어졌다. 한국의 유력한 정치가였던 김대중이 1973년 8월 8일 대낮에 도쿄 구단시타九段下에 있는 그랜드팔레스호텔에서 한국 정부관계자들에게 납치를 당한 것이었다. 미국 정부도 이 사건에 주목을

31) '좌익의 공격'이라는 말을 설명하기 위해서는 한국의 지하조직, 통일혁명당 등에 대해 언급해야겠지만 일단 『여명의 타종봉(打鐘棒)』(김종태 외, 1975)을 참조하기 바란다.

했는데 결국 김대중은 8월 13일, 한국에 있는 자택 앞에 상처투성이의 모습으로 나타났고 지명관은 「통신」에 이 사건의 각본은 청와대가 만든 것이라고 썼다(1973년 10월호). 그리고 "이 사건에 의해서 내 신상에도 커다란 변동이 일어나게 되었다. 한국 안에 있는 친구들도 일본 내의 친구들도 한목소리로 나는 귀국해서는 안 된다"고 말했다.

그의 친구들 사이에서 지명관의 체재연장을 위해서 경제적 기반을 마련해 주고자 하는 움직임이 시작되었다. 김대중 납치 사건은 결과적으로 한국 민주화 투쟁을 위한 세계적인 연락망 구축을 한 걸음 더 전진하게 만들었는데 이상한 것은 김대중 자신은 이 사건에 대해서 침묵했던 것이다. 지명관은 지금도 이 사건의 진상과 역사적인 의미에 대해서 묻고 있는데 그것은 한국과 일본의 우호 증진을 위해서도 중요한 사건이라고 인식하고 있기 때문이라고 말한다.

"무엇보다도 지금도 의아하게 생각하는 일이 있다. 김대중은 1998년에 대통령이 되어 5년간이나 지난날의 정보 전체에 접근할 수 있는 위치에 있었는데도 왜 이 사건의 진상을 밝히려고 하지 않았을까. 그는 모든 자료를 차지했지만 다만 후세를 위하여, 역사를 위하여 보관하고 있는 것일까. 그도 아니면 무슨 묵계라도 있는 것일까. 나는 1973년의 김대중 사건에 대한 그의 침묵을 현대사의 수수께끼 중 하나라고 생각한다. … 1973년 김대중 사건이 해방 후 한일관계사에서 어떤 의미가 있는지 규명을 해야 하는 것이 아닐까. 일본의 일반 국민이 근대 이후 한국 문제에 이처럼 인도적인 관심을 보여 준 적이 있었을까. 이런 의미에서 이 사건은 한일관계에는 커다란 변화를 초래했다고 생각한다. 무엇보다 한국과 일본은 좋건 나쁘건 가까워졌고 함께 역사에 대응해야 하는 시점에 이르렀다. … 그래서 1980년 전두환 정권으로 말미암아 김대중의 생명이 다시금 위기에 처했을 때, 일본에서 거의 거국적으로 '김대중을 구출하라'는 목소리가 세차게 일어났던 것이다. 한일 현대사에 있어서 김대중은 뜻하지 않게 커다란 역사적인 역할을 담당하게 된 것이다. … 동아시아의 미래를 위하여 한국 그리고 김대중은 좀 더 성실히 대응할 필요가 있다."

지명관이 이렇게 문제를 제기해도 김대중이 이미 세상을 떠난 지금, 납치 사건의 진상에 대해서 누가 답을 할 수 있을까? 한일 현대사의 깊은 어둠의 하나로 남겨져 버리는 것일까?

한편, 한국의 민주화 운동은 한국 내의 기독교 세력으로부터 일반적인 세력 속으로 번져 갔는데 그러한 전개는 도쿄와 그 밖에 여러 나라에 있던 민주 인사들이 세계의 여론과 세계의 교회를 향해서 호소한 노력의 덕분이기도 했다. 리버럴한 사람들 사이에서는 한국 기독교 세력이야말로 '혁명적 전위前衛'가 될 수 있지 않겠느냐는 시선도 있었다. 박 정권도 기독교 세력을 가리켜 '반정부, 즉 좌익'이라며 탄압을 가하는 일은 주저하게 될 것이라는 관측에서였다.

그러나 모든 교회가 정치적인 저항 세력이 된 것은 아니다. 지명관은 유니언 신학교 시절에 배운 에클레시아의 에클레시올라Ecclesiola in ecclesia(교회 속의 작은 교회)라는 폴 리먼의 사상에 의거해 투쟁할 필요가 있다고 생각했다. 투쟁하는 작은 교회를 만들고 전체 교회를 가까이도 멀리도 하지 않으면서 활동을 한다. 큰 교회 전체는 급진적인 정치 활동에 나설 수 없지만 투쟁하다가 상처입고 쓰러진 작은 교회의 사람들의 고통을 함께 느끼고 지원해 주는 것은 가능하다. 이런 논리였다.

「한국으로부터의 통신」은 이런 상황 속에서 일부이기는 하나 한국어로 번역되어 북한에서도 독자적인 책자로 만들어졌고 1976년에는 미국

판으로도 간행되었다. 그리고 이보다 앞서 지명관 등 세 사람이 도쿄에서 협의하고 1973년 5월 한국에서 발표한 '1973년 한국 기독자 선언'이 한국 교회 운동의 '발화점'이 된 것도 간과할 수 없다. 이러한 움직임에 도움을 받으면서 한국의 목사들은 '긍지가 있는 백성'으로서 대통령 긴급조치령 하의 '한국의 겨울'에 계속 저항했다.

박 정권 하의 한국을 어떻게 파악할 것인가에 대해서는 여러 가지 시선이 있는데 지명관은 「한국으로부터의 통신」을 집필하고 있던 시절에는 자주 파시즘이라는 표현을 사용했고 박 정권이 와해된 후에는 전체주의 국가에 이르지 못한 독재국가라는 해석을 하고 있다. 한나 아렌트의 『전체주의의 기원』에 의해서 촉발된 이해법이었는데, 전체주의에서는 이의나 저항 등이 존재하지 않은 채 단 한 사람(지배자)의 무류성無謬性 아래에서 인간의 존엄이라고 불리는 모든 것의 흔적이 지워져 버린다. 박 정권 하에서는 민주화를 위해서 투쟁하는 노동자나 학생들이 쉽게 체포를 당하고 석방이 되는 독재국가 특유의 양상을 드러냈지만 국민의 독재 반대 투쟁이 있었고 그 투쟁이 국제적인 연대 속에서 전개되었기 때문에 (박정희가 아무리 국가를 폐쇄시키려고 해도 폐쇄시키는 것은 불가능했다는 점) 전체주의 국가는 되지 않았다는 해석이다. 지명관은 이 점에 있어서 남북한이 서로 다른 길을 걸었다고 보는 것이다.

박 정권에 대한 한국의 민주화 투쟁이 한창이던 1979년 10월, 박정희는 부하의 총탄에 의해 사살되었다. 이 뜻밖의 사건에 대해서 지명관은 다음과 같이 논평하고 있다. "세계적인 네트워크로, 그야말로 총 한 방 쏘지 않고 민중의 혁명을 성공시키기 위해서 함께 협력할 수 있었던 예는 세계사적 차원에서도 드문 일이 아닐까?" 그와 동시에 "독재자의 갑작스러운 죽음이 민중의 완전한 승리의 결과가 아닌 만큼 …"(1979년

11월호)이라며 유보를 하기도 했다.

그가 말하는 것처럼 한국의 민주화 투쟁은 아무리 높게 평가한다고 해도 충분치 않을 것이다. 거기에 바친 희생이 얼마나 숭고한 것이었는지 아무리 말을 해도 부족하겠지만 궁정宮廷 혁명적인 폭력에 의해서 박정희가 쓰러진 것의 의미에 대해서는 앞으로 더 고찰할 필요가 있을 것이다.

또한 박정희 대통령이 암살된 직후에 지명관은 아주 솔직한 어조로 "나는 79년 10월 26일에 한국에 정변이 일어나자, 또다시 일본 매스컴이 이것 보란 듯이 '로마적인 추악醜惡'[32])을 내놓고 있는 것 같은 생각이 들었다"라고 서술하고 있다. 이것은 박정희를 한국 통일의 일종의 카리스마라고 평가하고 최규하 국무총리의 지도 아래 반정부세력도 함께 노력해서 하루라도 빨리 국민의 불안이 진정되기를 희망한다는 아사히신문朝日新聞의 사설에 대한 논평이었다.

"여기에는 민주주의를 열망하면서 싸우고 고문을 받고 투옥을 당하고 한없는 고통을 참아 온 사람들의 바람에 대해서는 한마디도 언급이 없었다." 이런 자세는 아사히신문 사설에 한정된 것이 아니었다. 일본의 매스컴은 강권정치 아래에 있는 한국 국민의 고통이나 사회의 왜곡 등에는 아랑곳하지 않았고 체제 측의 동향과 이 정변이 일본에 미칠 영향에 대해서 억척스럽게 탐색할 뿐이었다. 일본 외무성 관리는 이 갑작스러운 죽음에 대해서 작은 '한국판 2・26 사건[33])'이라는 등의 논평을

32) '로마적인 추악'이란 철학자 시몬느 베이유가 사용했던 표현으로, 지배자 로마가 군사적인 힘을 이용해서 이스라엘인들을 지배하면서 보여 준 추악함을 말한다. - 역자

33) 1936년 2월 26일부터 2월 29일 사흘 동안 걸쳐 일본의 청년 장교들이 일으킨 사건. 이들은 일본 육군 황도파(皇道派)의 영향을 받아 천황의 친정(親政)을 주장했지만 미수로 끝나고 말았다. - 역자.

했다.

지명관은 "나는 이런 일본의 매스컴에 대해서 피해자 의식적인 발상과 자기중심적인 발상이라는 단어를 떠올리지 않을 수 없었다. 이 두 가지가 하나임은 물론이다. 그리고 이 두 가지는 오랜 일본의 역사를 통틀어서, 특히 근대 이후 일본의 아시아와의 관계에서 불변의 요인으로 작용한 것"이었다고 지적하고 있다.[34)]

요컨대 지명관은 이처럼 일본에서 볼 수 있는 이런 권력을 가진 자, 있는 자로서의 시점과 사건에 대한 대응, 즉 한국의 정변을 보고서는 그것이 일본의 권익에 영향을 미칠까 두려워 한국의 현상 유지를 염원하고 그를 위해서 친일파를 찾아 돌아다니는 역사를 지배하는 쪽의 대응에 대해서 "일본적 경험의 틀 속에서만 아시아의 격동을 파악하려고 한다. … 일본인은 항상 그 민중을 간과하고 권력에 믿음을 두고 그것에 가담해 버린다"라고 비판한 것이다.[35)]

일본의 기독교인들에게 던지는 질문

앞에서 말한 것처럼 그는 '우연'이 인생에 작용하는 힘을 그대로 받아들이고 그것이 '유익'이 되도록 노력했다. 1973년에 시작된 그의 일

---

34) 1945년 10월 이후의 한반도를 둘러싼 반세기에 걸친 아사히신문의 사설은 호리 마키요, "한일상호인식 — 아사히신문을 단서로 한 일본 측의 논의"(한림대학교 한림과학원 일본학연구소, 『한림일본학 연구』 제2집, 1997)에서 분석하고 있다.

35) 지명관, 『현대사를 살아가는 교회(現代史を生きる教會)』, 新教出版社, 1982년 5월.

본 체재는 한국의 민주화를 위해서뿐만 아니라 일본 사회에도 중요한 영향을 미쳤다. 그중 한 가지는 일본의 교회 관계자들에게 기독교인으로서의 자세에 대해서 의문을 제기한 것이다. 예를 들면 일본 기독교 교단이 1967년 3월 26일 부활절에 전쟁에 대한 책임에 대해서 고백했을 때, 그는 '아시아 교회의 고뇌 — 일본 기독교단의 전쟁 책임 고백을 둘러싸고'라는 제목으로 아시아에 있는 모든 교회의 존재방식, 그중에서도 일본 교회의 자세에 대해 다음과 같이 논평했다.

"아시아의 교회들은 과거에 자국주의적인 태도에 지배를 받아 왔다. 자국의 교회와 역사에만 초점을 둔 고백은 다른 아시아 교회들의 자국주의 때문에 냉담하게 받아들여지기 쉽다. 일본 기독교 교단의 전쟁 책임에 대한 고백은 분명 자기반성을 위한 것이었을 테지만 여전한 자국주의, 즉 일본이 또다시 우려하는 방향으로 나아가고 있는 것을 걱정하는 것에 동기가 있는 것 같다. 일본의 교회도 과거의 고난 속에서 민족적인 고립에 빠졌던 것도 사실인데 한국 교회의 발자취에 비추어 이 고뇌를 공감을 가지고 이해하고 싶다. 그러기 위해서는 일본의 교회도 독일의 교회가 슈투트가르트Stuttgart 전쟁 책임 고백에서 보여 준 것과 같은 '마음으로부터 용서를 구하는' 일뿐만 아니라 전 세계적인 교류 속에 있는 교회들과의 '마음으로부터의 유대'를 확인하고, 이 유대에 대해 '넘칠듯한 큰 기쁨'을 표명할 수 있어야만 한다. 그러나 일본 기독교단의 고백은 이런 것이 아니었다. 일본 교회는 작고 가난하고 무력한 아시아의 교회들을 돕고 자국주의 극복의 선두에 서지 않으면 안 된다."

지명관이 이렇게 주장한 것은 일본의 교회들을 일방적으로 지탄하기 위한 것은 아니었다. 한국과 일본의 교회들이 서로 다른 길을 걸으면서도 공감을 느끼며 대화를 엮어 내기를 바란 것이다. 그리고 무엇보다도 그 자신이 "한국 기독교인의 한 사람으로서 앞으로의 일본 기독교 교단의 전쟁 책임 고백에 죄에 대한 유대의식을 가지고 참여하고 싶기" 때문이었다.[36)]

그는 일본 교회가 아시아와의 연대를 모색하는 방도에 대해서 "아시아에 있어서의 일본의 신학 교육"이라는 논문에서 다음과 같이 설명하고 있다.

오늘날 아시아 기독교의 문제를 생각할 때, 일찍이 베를린 자유대학의 하인츠 골피처Heinz Gollvizer 교수가 유니언 신학대학교에서 한 말 — "오늘날 중심이 되는 신학적 질문은 신이 존재하는가, 하지 않는가와 같은 형이상학적인 문제가 아니라 오히려 베트남 전쟁에 반대하는가, 찬성하는가라고 하는 것이다" — 은 시사하는 바가 크다. "한 시대가 어떤 질문을 가지고 있는가는 그 시대의 성격을 단적으로 보여 주는 것이다. 그때 어떤 대답을 내놓는가보다 그 물음 자체가 더욱 극적인 의미를 가지고 있기" 때문이다. 역시 아시아에서도 시대의 과제에 정면으로 맞서는 일이 무엇보다 중요하기 때문에 그때 "아시아의 압도적인 비기독교적인 풍토에서 기독교의 말씀을 어떻게 세속적인 언어로 말할 것인가는 중요한 문제이다."

이러한 인식과 준비 아래에서 지명관은 아시아 속에서 아시아를 부정하고 경멸해 온 일본인들은 아시아를 자기에게 동화시키려고 하거나 지배와 수탈을 타자를 구제하는 일이라고 생각할 것이 아니라 오히려 타자와 동화하려고 해야 한다고 말한다. 그의 저서 『현대사를 살아가는

36) 『아시아 종교와 복음의 논리(アジア宗教と福音の論理)』.

교회』(1982)에는 이렇게 쓰여 있다.

"일본인들의 발상 속에서 아시아를 향한 전환이 가능하다면 그것은 스스로 타자와 동화하려고 하는 것으로 레비스트로스Claude Lévi-strauss의 표현을 빌리자면 자신을 부정하고, 그 밑바닥에 있는 자기 안의 타자를 통해서 밖에 있는 타자와 일치함으로써 보편성을 추구하는 것이라고 할 수 있다. 그것은 똑같은 고통을 느낌으로써 비로소 가능하다고도 할 수 있을 것이다. 그럼으로써 루소Jean-Jacques Rousseau[37)]가 말하는 인간과 인간 사이의 원原 체험 같은 것이 생겨나는 것인지도 모른다. 그것은 특권과 차별을 부정하는 것이고 자아의 오만으로부터 벗어나 서로 다른 큰 차이에도 불구하고 그것을 인정하고 유지하면서도 근원적으로 일치하는 것이다."

그에 의하면 이러한 아시아를 향한 발상의 전환은 종래의 서양적 지성주의나 서양적 진보사관에 의심을 가지는 일이고 청일전쟁 시기에 일본인이 가지고 있던 의전義戰의식을 부정하는 일로 이어진다. 의전의식이란 청나라는 오래된 문명을 일본은 새로운 문명을 각각 대표하는데 새로운 문명인 일본이 청나라에게 진다면 동양은 암흑에 빠지므로 오래된 문명을 새로운 문명에 동화시켜서 동양을 구제하지 않으면 안 된다는 것이다. 이토 히로부미伊藤博文[38)]를 암살한 안중근이 그랬던 것처럼 학대당하는 사람들에게 청일전쟁은 의로운 전쟁이 아니라 명백한 일본의 침략이며 동양의 파괴였다고 생각되었지만 일본에서는 의로운 전쟁으로 비쳐졌다. 이 의전의식이 대표하고 있는 것처럼 타자를 자기에게 동화시키고자 하는 충동을 부정적으로 다시 볼 필요가 있다.

37) 1712~1778, 프랑스의 사상가, 소설가 - 역자.
38) 1841~1909, 메이지 시대의 정치가, 초대 한국 통감을 지냄 - 역자.

이는 이런 재검토가 가능해진다면 다른 나라의 교회와 기독교인들이 강권정치나 차별 등과 싸우고 있을 때, 다소나마 연대의 방향으로 나아갈 수 있지 않겠는가 하는 문제제기이기도 하다. 또한 일본의 교회가 '소외된 자를 찾아가는 교회의 자세'를 보여 주길 바란다는 말이기도 하다.

지명관은 일본 교회의 성서적 율법주의에 대해서도 언급하고 있다. 아널드 토인비에 의하면 문자로 쓰인 언어를 이해하는 방법에는 그리스・로마적인 방법과 시리아적인 방법이 있다. 시리아적 읽기 방식은 성전이나 고전에 매우 철저한 현미경적인 방식인데 이 방법에는 결점이 있다. "주어진 말을 절대시한 나머지 그것이 생생한 언어가 되지 못한다. 따라서 우리들의 인생으로부터 적힌 것으로 가는 것이 아니라, 적힌 것이 우리들의 인생으로 들어오는" 것이 된다.

"(이처럼 어떤 의미에서 성서적 율법주의는) … 성서의 말씀으로부터 부름을 받고 그것에서 용기를 얻어 인생을 어떻게 전개할 것인가라는 점이 약해집니다. 그렇기 때문에 그다지 예언자적이지 못하게 되는 것입니다."[39]

물론, 그는 일본 교회를 비판적으로만 보고 있지는 않았다. 앞에서 말한 것처럼 한일 양국 교회의 대화의 가능성에 희망을 걸고 있었다. 1969년 4월 10일에는 수원군 제암리에서 일본의 '속죄의 모임つぐないの會'이 송금한 1,000만 엔으로 건설할 교회의 기공식이 열렸다. 제암리는 3・1 운동이 일어난 1919년 일본 군인들에 의해서 마을 전체가 전소되고 감리교 남자 신자 27명과 2명의 여자가 살해된 곳으로 "선열의

39) 지명관, "눈물짓는 예수 그리스도 — 지명관 선생 석별 설교," 1994년 8월.

피를 팔아서 교회를 세우는 것에 반대한다"라는 항의도 있었다. 그는 이런 항의에 대해서도 언급하고 특히 제암리를 둘러싸고 복잡하게 뒤얽힌 문제의 정체를 파악하는 일은 어렵지만 이 일을 계기로 두 나라 교회들이 대화를 하게 될 수도 있다는 기대를 하고 있었다.

"… 특히 제암리의 이 새로운 사건으로 인해 한국 교회들이 한국의 보통 사람들과는 달리 일본 교회들의 속죄의 아픔에 대해 공감을 느끼고 화해의 의의에 대해서 깊이 이해했다는 것은 두 나라 교회 모두에게 예상치 못한 의미를 가지는 일은 아닐까? 앞으로 한국 교회와 일본 교회의 교류는 속죄와 용서의 문제를 넘어서 순수하게 '공동의 대화'를 탐구하는 일에 있을 것이다"라고 썼다.40)

사실 지명관은 1980년대 중반부터 한일 두 나라의 교회 사이에 교류가 원활해지고 있다는 것을 인정하고 있다. 그가 처음 일본에 왔을 당시에는 한국과 일본 교회들은 서로 교류가 없었고 일본 교회에는 한국에 대한, 또는 조선에 대한 인식이 "전혀 없었다." 그리고 3년 후에 다시 일본에 왔을 때 한 대학에서 "일본은 아시아의 문제를 생각하지 않으면 안 된다"고 호소를 해도 한 사람도 이에 응답하려는 학생이 없었고 교회에서 이야기를 해도 고독감만 느낄 뿐이었다. 그러나 1989년에는 "이제는 의식적인 부분에서 있어서는 변화를 했다고 절실하게 느끼고 있습니다"라고 쓸 정도로 발전이 있었다.41)

한국 교회와 일본 교회의 교류에 대해서 언급했으므로 한국의 한恨의

---

40) 『아시아 종교와 복음의 논리』, 제암리를 둘러싼 일본군의 교회 전소 사건은 당시 17개의 교회에 이르렀다. 그 폭거와 배경에 대해서는 오키노 이와사부로(沖野岩三郎)의 "조치에서 경성까지의 길 위에서(鳥致より京城までの途上)," 『와레라(我等)』 제5권 제5호, 1922년 5월 참조.

41) "안에 있으면서도 밖을 향하는 눈을 가지고 현대 일본을 본다."

문제와 기독교에 대해서도 언급하면, 한恨이란 김지하가 설명하고 있는 것처럼 억압된 슬픔이 축적되고 폭력에 의해 응결되어 감으로써 "언제든지 앙갚음 식의 폭력으로 나타날 가능성을 가지고 있는" 것이다. 지명관에 의하면 한국의 한을 의식화시키고 로고스화[42]시킨 것은 미륵신앙이며 동학이며 일본 통치 하에 있던 기독교였다. 물론 일본에도 한이 존재했지만 의식화, 로고스화되지는 않았다. 거기에는 몇 개의 해석이 가능한데 일본에도 "국내의 지배구조로 한이 응결되어 있었지만 다른 피지배층을 설정함으로써 그 한을 해독하고 해소시켜 버리는" 구조가 있었고 '아시아를 이용했던 점'도 있었다. 아시아를 침략하고 아시아를 복종시킴으로써 국내의 불만을 발산시키려고 한 셈이다.

한의 존재에 대해서 한국에서는 기독교 교회와 기독교인들이 억압받는 자의 입장에서 명료하게 사회에 작용을 했지만 일본에서는 신자들이 지식인층이었기 때문에 억압에 대한 "해방의 염원이 부재했다는 점에서 비非정치화"되었고 한국 기독교가 히브리 문화의 역사적・종말론적 지평에 멈춰 설 수밖에 없었던 것에 반해 일본은 헬레니즘 문화의 우주적・형이상학적 지평으로 옮겨 갔고 민중의 한에 접촉할 수 없는 종교적 성격이 있었다고 지명관은 보고 있었다.[43]

한국 교회에 대해서는 '제3장 신앙과 사상'에서 이야기하고자 한다.

---

42) '로고스'란 사물의 존재를 한정하는 보편적인 법칙을 인식하고 이를 따르는 인간의 분별과 이성을 말한다. - 역자.

43) 지명관・세키타 히로오(関田寛雄)의 대담서평 "피억압의 장에서 신학을 하다 ― 『민중의 신학』을 둘러싸고," 『책의 광장(本のひろば)』 제312호, 1984년 6월호.

지명관은 각지의 교회에서 강연 등을 계속하는 한편, 기독교에 관련된 책들을 저술했고 도쿄여자대학을 비롯한 후쿠오카의 세이난가쿠인西南學院 대학 등과 시민교실 등에서 한국 문화사를 중심으로 하는 한일 비교문화론을 강의하면서 학생・시민・전문연구자들의 무지를 깨우치는 데 많은 에너지를 쏟았다. 일본 사회에 있어서는 또 하나의 중요한 씨 뿌림이었다.

그는 1979년에 쓴 『한국문화사』 이후부터 모국의 역사를 변증하는 것에 심혈을 기울였는데 그의 비교문화사론은 그 자신이 인정하고 있는 것처럼 결점도 내포하고 있었다. 변증사학이 협소하다는 것에 대한 자각은 신채호, 최남선, 함석헌 등의 항일사학을 재검토하고 일본의 독특한 아름다움에 대해서 언급하면서 얻어졌는데 그전까지는 일본사와 한국사를 대면시키고 후자에 더 큰 문화적 의미를 부여하려고 했던 것이다. 간단하게 말하면 임진왜란 전해인 1591년, 일본에 보낸 조선의 국서 중에 한 구절, "嗚呼伐國之聞 仁者所恥聞"에서도 볼 수 있는 것처럼 남의 나라를 정벌하는 것을 마땅히 부끄럽게 생각하는 모국의 문화와 전국시대戰國時代[44]의 죽이고 빼앗는 강도짓이 무사의 관례라고 시치미를 떼는 일본의 문화를 대조시키면서 무武에 대한 문文 사상의 우위를 주장한 것이다.

이것은 바로 연상되듯 일본의 식민지 지배에 대한 비판임과 동시에 당시 한국 군사정권에 대한 비판을 의도한 것이었다. 무사와 군인의 폭

44) 일본 무로마치(室町)시대 말기, 즉 15세기 후반부터 16세기 후반까지 군웅이 할거하여 서로 다투던 시대 - 역자.

력적인 지배와 유교적 문치文治를 대비시키고 전자를 부정하는 것에 노력을 기울임으로써 자국의 역사·사회·문화의 우위성을 변증하고자 하는 민족적 의식으로 기울어진 것도 부정할 수 없는데 이런 점에서 일종의 대항對抗사관이라고도 할 수 있다.

본래는 각각의 사회와 역사에 고유의 가치가 있다는 점을 존중하고 서로 문화적 교양과 이해의 폭을 넓히는 일을 지향해야만 했다. 일본 문화는 중국에서 한반도를 경유해서 일본으로 유입되었다는 일본 문화의 경유적 성격을 말하는 것이 아니라, 예를 들면 일본의 미인화에서 볼 수 있는 독자적인 아름다움은 일본 고유의 역사 속에서 평가되고 감상되어야 하는 것처럼 단순한 변증사학으로는 역사를 바르게 파악할 수 없다고 인식하는 것일 것이다. 이러한 자각을 토로한 지명관의 논문 "『변증사학』이라고 하는 것"은 월간 『한국문화韓國文化』 2003년 4월호에 연재되었는데 그의 논리는 이런 것이었다.

신채호는 미완의 저작 『독사신론』(1908)이나 『조선상고사』(1925)에서 조선 민족의 위대함을 주장했다. 신채호는 위대함의 연원을 단군조선의 전성시대(기원전 10세기경부터 5,600년간 계속되었다고 한다)에서 찾았고 이 시대에는 조선 민족이 중국 양자강과 회하淮河 지역까지 진출했다고 했다. '지나 36국'에게 조공을 바치게 하고 "조선의 교화敎化가 지나, 흉노 등의 각 민족에게 넓게 전파되고 있었다"고 쓰고 있다.

최남선은 신채호와 마찬가지로 상고단군시대를 황금시대로 규정하고 있었는데, 또한 일본도 단군문화의 일부분이라고 시사하고 있었다. 그리고 통일신라 이후의 역사, 특히 근세 조선의 왕조사를 경시하고 암울한 것으로 봄으로써 역사의 왜소화를 초래했다.

함석헌은 성서적인 역사관을 가지고 일본 통치 하의 조선사를 변증

할 수 있다고 생각했다. 그가 쓴 『성서적 입장에서 본 조선역사』(1934~35년 『성서조선』에 연재, 해방 후 완성)에서 엿볼 수 있는 것처럼 조선사는 고난의 역사였고 그렇기 때문에 더욱 이 민족은 이런 고난에 의해 정화될 것이라고 생각했다. 그러나 함석헌도 조선사를 한결같이 암울한 것으로 간주했고 그 시대와 문화가 가졌던 독특한 가치를 잊고 있었다고 했다.

지명관이 비교문화사에서 특히 커다란 의미를 찾고 있었던 것은 사실이다. 앞으로의 시대를 위해서 한 나라의 역사만이 아니라 적어도 동아시아의 역사를 문화적으로 그리고 정치적으로 비교·고찰할 필요가 있었기 때문이었다. 이러한 시기에 이 지역의 평화와 번영을 희구하는 입장에 서서 특히 7세기 후반부터 10세기 초에 걸쳐서 이룬 동아시아의 안정된 상태를 상기하지 않으면 안 된다고 했다.

이 상태란 중국에서는 당나라가 618년부터 907년까지 지속되었던 시기, 한반도에서는 신라가 668년에 삼국통일을 하고 935년까지 존속했던 시기, 일본에서는 645년에 다이카개신大化改新[45]이 시작되고 939년 다이라노 마사카도平將門의 난[46]이 일어나기까지 고대천황제가 전개되었던 시기로, 동아시아 세 나라(발해를 포함하면 네 나라)에 찬란한 고대문화가 꽃피고 있던 것을 말하는 것이다.[47]

동아시아에 이런 안정된 상태를 가지고 온 것은 문화, 즉 '화和'의 불교였다. 그는 이런 고대문화가 꽃핀 시대를 팍스 로마나(로마의 평화)에 비견해 '당의 평화'라고 불렀는데 정치적으로는 율령체제가 확립되었

45) 다이카 원년(645)에 시작된 내정개혁 - 역자.
46) 939년 간토(關東)지방에서 다이라노 마사카도가 일으킨 내란 - 역자.
47) 지명관, 『파국의 시대에 사는 신앙』, 1985년.

고 종교적・사상적으로는 불교가 지배한 일종의 동질성이 존재했던 시대라고 보고 있다.

동아시아에 평화와 번영을 가져오기 위해서는 이 같은 동질성이 필요하다는 그의 견해에 대해서 오늘날 동아시아의 동질성이란 무엇인가라는 의문을 가질 수 있는데 그는 이에 대해서 "정치적으로는 민주체제가, 경제적으로는 시장경제가, 가치관에 있어서는 자유와 평화와 인권을 중심으로 한 고도의 동질성을 띠는 사회"의 형성이 그 답이 될 것이라고 밝혔다.[48)]

지명관의 역작 중의 하나인『한국문화사』에 대해서 조금 더 언급하자면 이 책은 그가 1974년부터 릿쿄立教대학에서 한국 사상과 문화를 강의한 것을 79년에 한 권의 책으로 묶은 것이다. 연대나 표기 등에 약간의 오기誤記는 있지만 구석기시대부터 1960년 이승만 하야까지의 역사를 단숨에 읽을 수 있는 저작으로 특히, 정치사적 그리고 정신사적 시점에서 한국사를 이해할 수 있도록 서술되어 있다. 또한「한국으로부터의 통신」과 동시에 했던 작업이었기 때문에 그의 우국의 정과 애국의 기개가 글 속에 힘차게 고동치고 있다. 그리고 그 애국의 정열은 일본 근대사에 대한 호된 질책이 되어 일본인에게 반성을 촉구하고 있다. 그것은 예를 들어 다음과 같은 한두 구절만 잠깐 살펴보더라도 이해될 것이다.

(1) '제9장 개국・개화와 민중의 저항과 그 사상'에서 1884년의 갑신정변에 대한 기술

48) 지명관, 2・8 독립선언 74주년 기념강연 "2・8 독립선언과 동북아시아,"『가교(かけはし)』1993년 3월 10일호.

"… 일본의 지원 아래 정변을 일으켰다는 것은 국민의 반일감정을 인식하지 못한 오류에서 비롯된 일이라고 아니할 수 없다. 민중은 대내적으로는 권력에 저항한다 해도 일단 대외적인 문제가 되면 지금까지 자기들이 저항하던 반동적인 권력과 협력하게 된다. 그래서 반동적·반민족적 정치권력이라도 반일 같은 슬로건을 내걸고 쉽게 민중을 집결시킬 수 있다. 그것은 오랜 역사를 지키며 외국 세력의 침략에 시달려 온 한국 국민의 정신적 경향이다. … 이렇게 갑신정변은 청일 세력의 침투를 강화시키는 아이러니컬한 결과를 불러왔다. 그래서 민중의 배외사상은 더욱 높아져 갔다. 이것은 기본적으로 반개화의 심정으로 이어지는 것이었다. 또한 갑신정변은 일본의 선의를 기대하고 일어난 처음이자 마지막인 개혁운동이었다. 뭐니 뭐니 해도 갑신정변은 소수 엘리트 관료에 의한 자주적 개혁운동이었다. 그 이후의 개혁은 모두 일본에 의해서 강요된 것이었으며, 민중은 물론 관료까지도 저항했던 개혁이었다. 이에 참된 개화와 독립을 위해서는 반일이 되지 않을 수 없는 조선 근대사의 패턴이 빚어지게 되었다. 메이지유신明治維新에 대한 아시아인의 신선한 기대감은 무너졌던 것이다. 그것은 아시아인으로서는 반동적인 변혁으로 보이게 되었다"(지명관, 『한국문화사』).

(2) '제10장 합병 전야의 민족항쟁과 그 사상'에서 1896년에 창립된 독립협회에 대한 기술

"… 정치세력을 개혁 또는 교체하지 않고는 자주독립도 근대화도 있을 수 없다. 독립협회 운동을 통하여 이러한 교훈을 얻었

으나 저항세력으로서 다시 민중을 결집할 수 있는 힘은 거의 괴멸된 상태였다. 한국의 민중이 다만 반민족적 봉건세력 앞에서뿐만 아니라, 그 배후에 있는 강대한 침략세력에 직면하여 절망하지 않을 수 없었던 것은 우리의 근대사에서 극복할 수 없었던 중복된 불행이다. 그리고 무능한 권력은 국권을 잃게 되면 소멸해 버리는데, 그렇게 되면서까지도 적의 수중에서 비굴한 영화를 꿈꾸는 것이었다. 한국의 근대사적 과제는 이러한 역사의 반복을 어떻게 단절시키느냐 하는 데 있다고 하겠다."

『한국문화사』에 대해서 앞에서 언급한 스미야 미키오도 이 책에 흐르는 분위기를 우국, 또는 이중의 의미로 '경고의 글'로 보고 있다. 왜냐하면 "제일 먼저, 한국이 고대시대 이래, 항상 주변 강국의 압력 속에서 때때로 국토를 유린당하고 실질적인 주권을 빼앗기는 고난의 길을 걷는 동안, 권력은 강국의 비호 아래에 자기를 유지하고자 했던 것에 반해 민중들 속에는 드높은 도덕과 흔들리지 않는 희망의 근거가 있었음을 강조하지 않을 수 없다"는 점을 분명히 하고 있기 때문이다. "두 번째로 일본인에 대한 경고이다. 한국의 역사를 거슬러 올라가면 왜 한국인이 반일이 될 수밖에 없었는가를 한국 민중의 심리 속까지 파고 들어가 설득력 있게 전개하고 있기" 때문이다.[49]

지명관은 1988년에 『저고리와 요로이』를 출판했는데 이것은 『한국문화사』를 토대로 비교문화연구의 방법을 더욱 심화시킨 작업이었다. 지워진 역사를 발굴해서 역사의 본류로 돌려놓으려고 한 이 저술에서 그는

49) 스미야 미키오, "우국의 역사 지명관 『한국문화사』," 『복음과 사회』 제10권, 1980년.

일본이 무의 사회였던 것에 반해서 조선은 유교의 압도적인 영향 아래에 있었던 문의 사회였다는 차이가 양 나라, 양 국민 사이에서 여러 가지 차이를 만드는 근원이었고 가설을 세우는 것이 쌍방에 대한 이해를 촉진시키는 일이 된다고 주장했는데 여기에서는 이 책 전체의 내용을 살펴보는 대신에 그의 비교사학과 평화사학에 대한 시점만 열거해 둔다.

1) 일본이나 조선의 경우, 문명과의 만남은 서양(문화)에 대한 '상하上下의 만남' '중심과 주변의 만남'으로 존재해 왔다. 그리고 일본이 근대 이후에 아시아와 만났을 때도 '상하의 만남'이었는데, 아날학파 등이 말하는 것처럼 '역사란 주변적인 것에 의미를 부여하여 본류本流로 되돌리는 것'이 요구되었다. 일본 근대사에서도 여성・피차별 부락・오키나와 등이 무시당하고 침묵을 강요당하고 삭제되었는데, 이런 문제제기를 하는 것이 현대사의 과제이다. 미셸 푸코Michel Foucault가 『광기의 역사』에서 제기한 지워진 부분을 문제로 삼는 자세를 가지고 "일본사에 있어서도 무시하던 아시아와의 관계를 그 본류로 돌려놓고 정정하는 작업이 필요하다."

2) 일본 역사교과서에는 국제관계(아시아, 특히 일본・조선・중국 세 나라의 관계)에 대한 기술이 압도적으로 적은데, 분량을 늘릴 것과 동시에 질적인 변화가 필요하다. "과거에 식민지 지배를 하고 있었다면 그 정치적인 사실만을 기술하는 것이 아니라, 침략을 비판하면서 그와 같은 자기비판을 매개로 하고 한편으로는 우호적인 문화교류의 측면을 강조하는 새로운 기술방식이 필요하고 … 이것이 글로벌한 이 시대에 평화 지향적인 역사라는 것이다."

3) 레비스트로스가 『오늘날의 토템이즘』에 수록된 "인류학의 과

제"에서 언급한 '인류학적 회의'는 역사학에 있어서도 출발점이 된다. "매우 익숙한 관념 · 습관에 가장 극단적으로 모순되는 관념 · 습관에서 받은 모욕과 부정 앞에" 우리들을 단호하게 내어 맡긴다는 것이 인류학적인 회의이다. 이것은 역사학에서 보면 "지금까지는 지배하는 쪽, 침략하는 쪽에서 보았지만 이것을 부정함으로써 이번에는 지배당하는 쪽, 억눌린 쪽에서 새롭게 보는 것, 이것이 아시아 역사를 보는 인식론적인 출발점이다."

4) 동아시아의 평화를, 그것이 구체적으로는 보이지 않아도 적어도 나아가야 할 방향으로서 설정하는 것이다. 그것은 이미 언급했지만 7세기 후반부터 10세기 초두(당나라 시대 618~907년, 통일신라시대 668~935년, 나라奈良 · 헤이안平安 시대 645~939년)에 걸쳐 동아시아에 나타난 '당의 평화'를 검토하는 것이다.

그때, 가령 아시아에 정치적 · 경제적인 대립이 있었을 때조차 "인간과 인간의 아름다운 어울림을 추구하면서 이국의 땅에 불교를 전하고" 그 땅에 묻힌 사람들이 있었다는 것이다. 이러한 사람들의 삶을 지금 다시 한 번 살펴보는 것이 다음 시대를 준비함에 있어서 중요한 일일 것이다.

5) 한 정치가가 사회를 바꾸는 것이 아니라 국민의 의식이 사회를 바꾼다는 것이다. 한나 아렌트가 말하는 사회적 의식 · 사회적 지성의 변화가 일본인에게 요구된다. 독일과 프랑스에서는 국민이 만들어 낸 사회적 의식 · 사회적 지성이 정치를 바꾸었고 오늘날과 같은 관계를 낳았는데, 일본인은 아시아 사람들에 대한 우월감 · 차별의식을 떨쳐 버려야 한다. 또한 한반도에 평화가 도래하지 않고서는 아시아의 평화는 없다는 것을 인식해야만 한다.

6) 한반도 사람들은 저항사관에서 한 걸음 더 나아가 혁명사관을 자신들의 것으로 만들 필요가 있다는 것이다. 일본 지배 하에서 대부분의 조선인들은 공포심에 사로잡혀서 복종을 하고 있었던 것이 실상이었고 민족적으로 위대한 저항을 한 사람들은 아주 소수였다. 그것을 온 국민이 저항한 것처럼 확대해서 생각하는 것은 올바른 역사인식이 아니다. 오히려 왜 대다수의 사람들은 침묵하지 않으면 안 되었는가를 밝혀야 한다. 해야 할 일을 왜 하지 않았는가, 왜 할 수 없었는가를 반성하는 입장에서 역사를 고찰하는 것이 '혁명사관'이다.

7) 역사를 통시적通時的으로 보는 것에 반해 공시적共時的으로 보는 것이다. 프랑스의 자크 르 고프Jacques Le Goff의 작업(역사학과 민속학을 함께 사용하는 방법) 등과 같이 역사에 있어서 공간의 의미에 주목할 필요가 있다. 또한 일본 통치 하의 신채호 사학과 최남선 사학(망명사학과 국내사학)의 궤적을 어두운 시대에 지식인들이 빠져들었던 길로 단순히 심판하는 것이 아니라 비판적으로 이해해 가는 자세가 자주적인 역사학을 건설하기 위해서 요청된다.

그리고 이 같은 민족주의적 사학의 방식에 관련해 박은식처럼 동시대를 기록하는 것은 민족주의적 사학의 가능성의 하나라는 점이다. "일본 통치 하에 있었던 일을 남몰래 극명하게 기록해 두지 않으면 역사적 사실이 매몰되어 버린다. … 박은식의 『한국통사』(1915), 『한국독립운동사』(1920)는 일본 통치 하에 있던 이런 현대사 혹은 동시대사"이다.

이 점에서 지명관의 「한국으로부터의 통신」은 어떤 면에서는 이런 민족주의적 현대사·동시대사의 연장선상에 있는 투쟁의 기록이라고도 할 수 있을 것이다.

8) 마지막으로 글로벌한 시대의 역사기술 방식에 대해서 '국사國史라고 하는 것은 지방사地方史'이다. 이미 글로벌한 시대임에도 불구하고 일본사가 아시아와의 관계 등, 중요한 것을 모두 주변으로 밀쳐버리고 만약 일본만의 역사 혹은 일본 천황을 중심으로 한 권력의 역사를 절대화한다면 그것은 무서운 죄악이다.

이상과 같은 주장을 한 지명관의 비교문화사 저작은 시사하는 점이 많은데 앞에서 말한 것처럼 그 자신은 『한국문화사』나 『저고리와 요로이』 및 그 밖에 잡지 등에 발표한 모든 논고에서 관철된 논리는 한국사·조선사의 우위성을 변증하고자 하는 제약이 있었다는 것을 후에 스스로 반성하면서 이렇게 서술하고 있다.

"일본 통치 아래에서 성장하고 교육을 받은 사람들은 누구나 의식적, 무의식적으로 일본사와 대면해서 조선사를 변증하고자 했다. 특히 내 경우에는 1972년 10월에 일본에 가서 한국에 대해서 말하고 또 가르쳐야 했기 때문에 변증사학적인 자세는 거의 피할 수 없었다. … 그리하여 나는 한국이 전통적으로 유교적 문화 사회였던 것과 일본이 무사 사회였던 것을 대비시키려고 했다. … 『한국문화사』 이후 나는 이러한 수사학에 사로잡혀 있었다. 게다가 현대에서는 전쟁의 논리가 아니라 평화의 논리를 자아내야 한다. 이리하여 한국 사회가 계승해 온 사상의 우위를 주장하려고 했다. 더욱이 그것은 한국의 군사정권을 공격하는 데 걸맞은 무기처럼 생각됐다. 그것은 한국사의 이단이라고 할 수 있었기 때문이다. 그러나 그것으로써 일본과 한국의 근대를 일도양단一刀兩斷하다니 얼마나 비학문적인 일이겠는가. 그것은 너무나 안이한 수사학이고 역시 변증사학적인 결점을 지니고 있었다고 지금은 되돌아보게 되었다.

이것과 관련하여 나는 또한 동아시아사라는 커다란 역사에 한국사도 일본사도 너무나 간단히 넣어 버린 것이 아닌가 하고 생각하게 된다."[50]

이 술회에서는 지명관이 끊임없이 전진하는 사상가임을 엿볼 수 있다. 그리고 그의 역사 연구에 커다란 영향을 준 것은 아널드 토인비의 『시련에 처한 문명』인 것도 덧붙일 수 있다. 1960년대에 어느 출판사에서 한국어로 번역해 달라고 의뢰를 받은 것이 계기가 되어 그는 자신의 역사적 견해를 절대시하지 않고 국가의 역사는 지방사에 지나지 않는다는, 수천 년의 역사를 현대사·동시대사로 보는 토인비의 사상에 계몽되었다. 토인비의 저작을 통해서 "정말 소경이 눈을 뜬 것 같은 생각을 하게 된" 그가 훗날 프랑스 아날 학파의 역사학, 특히 『지중해』 등에서 '장기지속長期持續'을 핵으로 전체사全體史를 추구한 페르낭 브로델Fernand Braudel의 작업에 공감한 것도 이런 까닭이다.

즉, 지명관은 브로델의 '커다란 역사학'에 대해서 다음과 같이 적고 있다.

"나는 한일관계 또는 동아시아에 대해 생각할 때, 때때로 프랑스 아날 학파 페르낭 브로델이 말하는 '커다란 역사'라는 것에 대해서 생각을 합니다. 그가 역사를 지중해라는 단위로 파악하려고 했던 것처럼 우리들은 동해와 서해를 단위로 역사를 파악할 필요가 있을지도 모릅니다. 그는 명저 『지중해』의 1946년도 초판 서문에서 "우리의 선생님들이 가르치고 있던 것과 다른 형태로 역사학을 구축하고자 노력했기 때문에 지중해라고 하는 유별난 인물"을 내세워 보려 했다고 말하고 있습니다.

---

50) 『한국과 한국인』.

그는 지금까지의 인물사적인 역사에 대한 비판을 담아 지중해를 사람으로 보고 거기에는 '여러 가지 요청, 저항, 함정, 비약'이 있다고 생각했습니다. 그것은 살아 있는 것이며 일찍이 생생한 생명체들의 집합이었습니다. 동해와 서해도 그런 것이 아닐까요? 이와 같은 방식으로 생각을 하면 한반도의 모습이 그 중심에 뚜렷이 떠오릅니다. 그리고 동아시아사의 지정학적인 문제나 지정문화적인 문제 혹은 지정경제적인 문제에 대해 생각하지 않을 수 없습니다."[51]

지명관을 자극한 브로델에 대해 조금 언급하면 그는 1992년에 『현대사 저널』에 쓴 글 속에서 제2차 세계대전 중 프랑스군 장교로서 겪은 전쟁 체험(그는 1940년 6월부터 45년 5월, 영국군에 의해서 해방될 때까지 독일군 포로수용소에 있었다)에 대해서 이렇게 말하고 있다. "나는 바로 알아차리지는 못했지만 내가 역사를 보는 방식은 그때 결정되었다. … (독일의 라디오나 신문이 계속 보내는 정세 또는 런던의 지하방송이 보내는 뉴스조차 - 필자) 나는 흘려듣고 거부하고 부정할 필요가 있었다. 사건 따위는 없어져 버려! 그중에서도 사람을 곤란하게 만드는 사건은! 역사는 그리고 운명은 더 심원한 곳에서 쓰이는 것이라고 믿을 필요가 있었다. 오랜 시간 관찰해 온 자를 선택할 것, 그것은 피난처로서 아버지 하나님의 위치, 그것을 선택하는 것이었다. …"[52]

'아버지 하나님의 위치', 브로델은 이런 시점을 설정함으로써 참상을 견뎌 냈고 『지중해』를 집필한 것인데 이 심리기제가 그의 '커다란 역사학'의 확립에 있어서 불가피한 요인이 되었다는 점을 '세계의 척도로서

51) 지명관, 『인간적인 자산이란 무엇인가(人間的資産とは何か)』, 岩波書店, 1994년 7월.
52) 피에르 다(Pierre Daix), 『브로델 평전(Braudel)』, 하마나 마사미(浜名優美) 역, 藤原書店, 2003년.

의 역사'라는 논고에서 설명하고 있다.

"분명 어느 시대에나 그 시대에 적합한 역사학이 있을 겁니다. 그 시대의 전망과 흐름에 딱 들어맞는 역사학의 램프가 있을 겁니다. 행복한, 너무나 평화로운 시대에는 지극히 작은 램프에 만족합니다. 반대로 커다란 역사학이 필요로 하는 빛을 던져 그 나름대로 효과를 얻기 위해서는 커다란 파국이나 불행이 있고, 사람들도 민족도 비극적인 운명을 직감적으로 감지해 내지 않으면 안 됩니다. '커다란' 역사학. 그러나 그것은 또한 '깊은' 역사학이기도 합니다"라고 말한다.[53)]

식민지 시대와 한국전쟁 그리고 군사정권 하에서 체험한 집단적인 현실, 비극적인 운명을 지명관 나름대로 표현하고 극복해 가기 위해서는 「한국으로부터의 통신」에서도 볼 수 있는 것처럼 커다란 램프, '커다란 역사학'이 필요했을 것이라고 생각한다. 또한 일본의 식민지 지배에 대한 구조적 해명에는 브로델이 개척한 지리학적 · 공간적 연구가 많이 유효했는데, 이런 이유로도 브로델의 '커다란 역사학'을 칭송한 것일 것이다.

한편 일본 및 세계 기독교 조직 그리고 하라시마 아키라原島鮮, 스미야 미키오 등 관계자들의 노력으로 도쿄여자대학에서 점점 안정된 자리를 얻은 지명관은 일본 사회를 폭넓게 이해하고자 노력했다. 그 이해법은 토마스 만Thomas Mann[54)]이 『독일과 독일인』(1945)에서 교양에 대해서 언급한 것이었다. 토마스 만에 의하면 "무릇 교양이라는 것은 '전혀 다른 것', 외국의 언어, 문화, 정신형태를 이해하고 자신의 것으로

53) 『브로델 평전』. '깊은 역사학'이란 '집단적인 현실 속에서 볼 수 있었던 인간의 역사학'을 말한다. 국가 · 경제 · 문명 · 사회 구조의 원만한 변화 속에서 인정을 받은 인간의 역사학이라는 의미이다.

54) 1875~1955, 독일의 소설가 · 평론가 - 역자.

만들어서 그것에 침투함으로써 비로소 생기는 것"이었다. 지명관은 이런 교양을 토대로 귀국 후에 한림대학교에 한국 최초의 일본학연구소를 개설하게 되는데 이 업적은 그의 발자취 중에서도 주목해야만 하는 일이다.

1945년 이후, 알다시피 한국에서는 일본에 대한 연구의 필요성을 쉽게 인정하지 않아서 서울대학교가 일본연구소를 개설한 것은 2005년 3월 2일이었다. 그것은 식민지 시대에 대한 반발이기도 했고 일본을 이미 알고 있는 존재로 여겼던 것에서도 기인한다. 그러나 1965년 한일기본조약이 체결된 후에는 경제적인 필요에 의해서도 일본어 학습과 일본에 대한 연구가 필요했다.

더불어 지명관은 한일관계를 확대해 온 커다란 요소 중의 하나를 한일기본조약 조인 후의 경제 확대에서 찾고 있다. 그는 이 조약의 조인을 앞두고 강하게 반대했고 경제 확대가 가져온 몇 가지 마이너스 요소(대일무역적자의 증진 등)를 지적하기도 했지만, 또한 그것이 양국 관계의 교류를 확대하는 일에 공헌한 것도 인정했다. 왜냐하면 이런 경제관계의 전진이 한국 경제의 실질적인 부양으로 이어졌기 때문이었다.

이것이 앞에서 살펴본 라인홀드 니버의 사고에도 흐르고 있었던 리얼리즘이다. 그와 동시에 철학자 칸트Immanuel Kant[55]의 사상에 주목한 지명관(『한국과 한국인』에서 보이는 것처럼)은 경제교류가 서로에게 보다 좋은 인식을 가져올 것이라는 사상적 가능성에도 기대를 걸고 있었던 것이다. 칸트가 『영원한 평화를 위해서』(1795)에서 평화에 이르는 가장 현실적인 길이라고 설명한 '상업정신'을 다시 확인하고자 한 것이다.

---

55) 1724~1804, 독일의 철학자 - 역자.

한편 다른 한국의 대학교에도 일본 연구에 관련된 학과가 마련되어 있지만 학위 취득의 필요성 등 때문에 세분화되어 일본 사회를 총체적으로 인식하기에는 어려움이 있다. 그러나 그럼에도 불구하고 드디어 일본을 연구하는 사람들이 한국 사회 속에서 시민권을 얻게 되는 것이 아닌가 하는 서광도 보인다. 그는 일본의 문화나 사회를 알게 됨으로써 자국(한국)을 한층 더 알 수 있게 되는 셈이라면서 앞으로의 세대에 기대를 걸고 있다.

그 기대는 아시아라는 시야를 가지고 한국의 연구자들(그리고 일본의 연구자들도)이 세계를 향해서 신호를 보내는 것이다. 그는 지식인의 한 사람으로서 20년에 걸친 일본 체재 경험을 가지고 후진들을 향해 부탁의 말을 한다.

"… 최근 들어 … 한국에서 하는 일본 연구에 뭔가 지금까지와는 조금 다른 특별한 일들이 생기는 것 같은 생각이 든다. … 첫 번째는 (일본 연구자들이) 한국 내의 학문이나 문화와 풍부한 대화를 나누게 되었다는 점이다. … 또 하나는 지금까지의 이야기들과 관련된 것인데 새로운 아시아라고 하는 패러다임으로 일본을 연구한다는 것이다. … 그렇게 한다면, 예를 들면 리버럴했다고 말하는 사상들에서조차 일본의 지식인들이 얼마나 지적으로 유럽과 미국의 주변에 머물러서 만족하고 있었는가를 발견하게 될 것이다. … 이러한 것들로부터 21세기 아시아의 지적 체계를 지향하는 새로운 패러다임이 생겨"나고 우리들의 지적 활동도 "서구로부터의 일방적 수신에서 발신으로 발전함은 물론, 수신과 발신이라는 쌍방향적인 관계로 나아갈 수 있는 것은 아닐까?"

지명관이 언급한 일본의 지식인, 특히 리버럴의 사상적 특질에 대해서는 졸저 "대일본제국 리버럴의 문제 · 각서," 『일본학연구소 학술심포지엄 제국일본의 문화권력』(2009)을 참조하기 바란다.

그는 이처럼 아시아 지식의 자세에 유의하면서 특히 현대사상을 탐독했다. 그것은 교실에서 대학생들과 함께 공부했던 것으로 레비스트로스, 미셸 푸코, 시몬느 베이유Simone Weil,[56] 에리히 프롬Erich Fromm, 발터 벤야민Walter Benjamin, 테오도어 아도르노Theodor W. Adorno,[57] 위르겐 하버마스Jürgen Habermas, 한나 아렌트, 안토니오 그람시Antonio Gramsci 등에 이르는데 어떻게 이 사상들과 대화를 했는가에 대해서는 '제3장 신앙과 사상'에서 논하기로 한다.

광주 사건

한편 박정희 대통령이 갑자기 죽은 후, 또 다른 '쿠데타'로 정권을 쥔 전두환 장군은 1980년 5월 광주 사건을 일으켰다. 군대는 "적을 공격하는 것처럼 헬리콥터나 전차를 동원해서 총격을 가하면서" 광주 시민을 향해 돌진했다. 이에 대해 "그야말로 군부정권에 대한 한에 사무친 민중의 투쟁이 전개되었습니다. 나는 이 광주 사건이야말로 한국 현대사를 바꿔놓았다고 생각합니다. 그들은 광주 사건으로 권력을 얻었지만, 그것때문에 결국은 권력을 잃었고 지금까지도 치유되지 않는 상처를 이 나라에 남겼습니다"라고 그는 말한다.

---

56) 1909~1943, 프랑스의 사상가 - 역자.
57) 1903~1969, 독일의 철학자 - 역자.

지명관은 광주 사건을 이렇게 자리매김하고 있는데 그에게 있어서 광주 사건은 그의 현대사에 대한 생각과 자세에 커다란 전환을 가져온 계기가 되었다.

"광주 사건으로 나는 일찍이 시몬느 베이유가 말했던 '역사란 살인자가 그 희생자나 자신들의 일에 관하여 만들어 낸 진술을 편집한 것에 지나지 않는다.' '역사란 비열함과 잔인함으로 짜인 한 장의 천으로 거기에는 군데군데 순수의 물방울이 하나 둘 간신히 빛나고 있을 뿐이다'라는 관점을 가지게 되었습니다. 그리고 무엇보다도 그때까지 나는 '진리는 죽음 쪽에 있다'[58]는 삶의 자세를 거부해 온 것 같은 생각이 들기 시작한 것입니다. 사실 나는 이때부터 정치권력 · 역사 · 현대사 속의 미국 등 여러 가지 것에 대한 관점이나 접근방식을 바꾸게 되었다고 생각합니다."[59]

전두환 일파는 그후에도 박 정권과 마찬가지로 언론 통제를 계속했다. 반일여론을 조작했고 일본 쪽에서도 수상의 야스쿠니 참배 등으로 반일감정에 기름을 부었다. 박정희 이후에도 두 나라가 서로 이해하는 것은 여전히 힘든 일이었다. 이런 상황 아래에서 국민의 소리에 떠밀려 1989년 12월 대통령 직접선거가 실현되었다. 군부세력이었던 노태우 장군이 김대중과 김영삼을 물리쳤는데 이 승리는 민주화 세력의 자멸에 의한 것이었다. 두 김 씨는 합해서 54퍼센트의 표를 획득했기 때문에 35.9퍼센트의 노태우를 앞지르고 있었지만 민주화 후보단일화를 이루지 못한 것이다. 지명관은 두 사람의 권력욕에, 특히 김대중의 양보를 수긍하지 않는 태도에 실망을 했다.

---

58) 다나베 다모쓰(田辺保), 『노예의 종교(奴隷の宗教)』, 新教出版社, 1970년.
59) 『인간적인 자산이란 무엇인가』.

1992년 12월 대통령 선거에서 국민은 김영삼을 승리자로 만들었지만 군부세력과 타협을 한 현상유지적인 정권의 탄생은 동시에 군부 통치와 싸워 온 김대중의 (일시적인) 정계 은퇴를 가져왔다. 국외로 나온 김대중은 케임브리지 대학에서 독일의 사례를 참고로 한국의 남북통일에 대해서 모색했다. *같은 시기에 케임브리지 대학에 있던 나(필자)는 김대중 씨와 이야기를 나눌 기회가 있었는데 그는 그 웃는 얼굴과는 반대로 심신의 피곤을 감출 수 없는 것 같은 느낌이었다.*

귀국, 문민정권에 대한 기대와 실망

결국 지명관이 귀국을 한 것은 1993년 4월 21일이었다. 그는 김영삼 정권이 발족한 지 6개월이 되는 시점에 "(김영삼 정권은) 새로운 정치 풍토를 구축하기 위해서 그야말로 혼신의 노력을 기울였다고 할 수 있습니다"라고 썼다. 때마침 김영삼 정권이 대통령 긴급명령권을 발동하고 긴급재정경제명령을 발포했다. 임시국회에서 금융실명제가 승인되었을 때 "무엇보다도 이 일을 계기로 김영삼 정권이 절대로 물러나지 않을 것이라는 확신을 할 수 있었던 것을 나는 매우 기쁘게 생각한다"고 느끼고 있었다. 이 제도는 부자들이 가명이나 차명으로 예치한 돈이 금융기관 전체 예금의 2할에 달했을 때 실시되었는데 이런 '얼굴 없는 돈', '검은 돈'이 한국의 지하경제를 유지하고 탈세·증회贈賄·수뢰 등의 정경유착을 초래하는 실정에 메스를 들이대고 무거운 세금을 과한 것으로 부자나 고급공무원 등은 추궁에 전전긍긍하지 않을 수 없었다고 한다.

이 개혁에 대해서 한국과 일본의 매스컴은 별로 주목하지 않았는데 특히 일본의 매스컴은 앞날을 전망하면서 시니컬한 보도 자세를 보였다. 지명관은 말했다. "이 개혁이 더 국제적으로 주목을 받고 지지를 받지 않으면 안 된다고 생각합니다. 간신히 군부정권을 쫓아내고 민주정치의 길을 향해 나아가려고 하고 있는데 사방이 적으로 둘러싸여서 한 어린 아이가 소리를 지르고 있는 것 같은 정말 연약한 모습입니다. 오랜 군부 지배로 인하여 만들어진 반동세력은 너무나 거대합니다. 그로 인해 민주화를 위한 개혁이 지금이라도 금방 무너질 것만 같아서 조마조마합니다."

그는 한 나라의 고뇌에 찬 민주화가 국내외의 지원이 없이는 실현될 수 없다는 것, 적어도 실현의 속도가 더딜 수밖에 없다는 것에 대해서 염려를 하고 일본의 매스컴에도 지지를 기대하고 있었다. 그러나 지원은커녕 '돈을 숨겨 둘 서류가방만 많이 팔리다'라는 가십기사 등을 쓰고 흐뭇해하고 있을 뿐 민주화에 대한 동정이 결여되어 있었다. 일본 저널리스트들의 관찰은 호의적이지 않았을 뿐만 아니라 그들의 눈에는 "너무 깊이 관여를 해서 예상이 빗나가면 큰일이라고 생각하는 있는 것인가? 이 국운을 건 일대개혁이 실패하면 '그것 봐라! 너희들한테 성공시킬 능력 같은 게 있을 리 있어?'라고 비웃으면서 박수라도 치려고 생각하고 있는 것일까?"라고 비쳤다.

그러나 지명관의 분노 섞인 발언은 일본 저널리스트들에 대한 기대이기도 했다. 오히려 이 분노에 이어진 한 구절에 중요한 메시지가 드러나 있었다.

"… 그같은 개혁이 실패하면 이러저러한 과정 속에서 이렇게 실패를 했다고 쓴다면 그것만으로도 풍부한 기술이 되는 것은 아닐까요? 혁명을 알리고 그 성공을 전하는 것도 훌륭하겠지만 그것이 실패했을 때 그 뉴스를 알리는 펜은 더 드라마틱한 것은 아닐까 생각합니다."

실패에서 배우는, 실패에도 불구하고 거기에서 얻어진 교훈을 다음 기회에 되살리는 태도가 사람들에게 용기를 불어넣는 것임을 그는 지적하고 있는 것이다.

지명관은 김영삼 정권에 대한 도덕적인 지지를 계속해 나갔다. 1993년 9월 21일 한국 사상 처음으로 대통령이 국회에서 시정연설을 했을 때에도 "텔레비전으로 약 30분에 걸친 이 연설을 귀담아 들으면서 개혁을 위해서 고뇌하고 있는 대통령의 모습에 감동을 받았다"고 한다. 김영삼 대통령의 연설이 지나치게 도덕적인 설교조여서 유교사회의 가부장적인 위압과 지나치게 자신감이 넘친다는 느낌을 받을 수밖에 없었지만 그 문제는 별개로 그를 지지하고 싶다는 생각을 했다.

김영삼 대통령에 대한 여러 가지 비평이 귀로 들어오는 와중에 지명관의 뇌리에는 1920년 초 상해임시정부 내의 갈등이 떠올랐다. 한때 임시대통령 이승만에 대한 비난이 맹렬했을 때 안창호가 임시정부를 유지하기 위해 바친 필사적인 노력에 관한 것이었다. 이때 위대한 지도자 안창호는 이승만이 못생겼다면 얼굴에 화장을 시켜서라도 지지하면 될 것 아니냐고 했다고 한다. 이 일화를 상기하면서 지명관은 한국 저널리스트들에게 다음과 같이 말했다. 그것은 글자 그대로 간절한 말이었다.

"32년간의 군부 독재 후에 간신히 싸워서 얻은 민주화에 개혁을 내건 문민정권. 그것을 지지하고 싶다. 실제로 해방 후 48년 동안 한 번도 저항 없이 지지를 받은 정권은 없지 않았는가? 항상 전체를 부정해 오지 않았는가? 이번에는 지지를 해 보고 싶다. 참가의 자세로 조언을 하기도 하고 비판을 하고도 싶다. … 한 번쯤은 내 나라의 정치권력을 지지해 보고 이 인생을 마치고 싶다.”

이런 ‘간절한 마음’은 후에 김대중 정권의 지지로 이어졌다. 그러나 민주화를 짊어진 문민정권에 대한 기대는 단순히 한 정권, 한 국가에 의한 민주화 달성에 그치지 않았다. 지명관의 눈은 더 앞을, 세계의 민주화라고 하는 성좌를 향하고 있었다. 지명관은 아도르노가 사용한 성좌星座라는 개념을 앞에서 말한 그리스・로마적인 방법으로 사용하고 있었다. 많은 별들이 각기 빛을 발하고 서로 어울려서 성좌의 밝기를 만든다고 여겼다.

“한 나라가 다른 나라를 끌고 가는 것이 아닙니다. … 여기저기에서 빛을 발하고 그럼으로써 서로를 밝히는 것입니다. 그리고 전체가 밝아지게 되는 것입니다. 민주화 또는 정치적인 개혁과 같은 것들이 이렇게 해서 세계적인 변화를 만들어 갈 것입니다.”

지명관은 김영삼에 대한 지원을 표명했지만 동시에 정권이 가지고 있는 문제나 약점도 지적했다. 약점을 지적하는 것에 그치지 않고 더 나아가서는 거침없는 언사로 요구했다.

“그는 군부정권의 여당에 합류해서 그들을 지지하면서 그야말로 ‘호랑이 굴에 들어가지 않고는 호랑이 새끼를 얻을 수 없다’는 전략으로 군부 여당이 만들어 준 5천억 원, 6천억 원이라는 막대한 정치자금을 사용해서 대통령의 자리에 앉을 수 있었습니다. 그렇기 때문에 그는 옛 세력들에게 약점을 잡히고 있는 셈입니다. 그들의 반동에 고뇌하고 그런 불투명성 때문에 야당에 대해서도 국민에 대해서도 당당한 자세를 취하지 못하고 있습니다. 언젠가는 스스로 고백하고 속죄하는 자세를 가지고 그것을 잘라 내버리는 결단을 하지 않으면 안 되겠지요. … 그러나 과연 지금의 정치가들이 그렇게 할 수 있을까요? 그것은 그 인간성과 철학의 문제입니다."

그의 김영삼 정권에 대한 실망은 정권이 1993년 12월에 내각을 개편하고 '옛 군부정권계의 보수반동들'에게 일방적으로 의거해서 비판적 민주세력을 잘라 버렸을 때, 반동화에 저항하자는 호소로 바뀌었다.

"야당인 민주당은 김영삼 정권이(그럴듯하게 인기를 위해서 이상을 좇는 체하고 - 필자) 개혁을 내세운 이상 전면적인 대결은 할 수 없었습니다. 그러나 김영삼 정권이 이렇게 되었으니 그들은 내년에는 야당으로서 이른바 권력을 빼앗기 위해 무리한 저항을 시도할 것이고 정부는 이것을 우격다짐으로 억누르려 하겠지요. … 만약 김영삼 정권이 반동에 가담한다면 실로 불행한 일이지만 이것이 오히려 이 나라의 국민들에게 새로운 민주적 자각을 촉구하는 일이 될 것이라고 생각합니다. 많은 사람들이, 개혁을 내걸어도 정치권력은 항상 반동화하는 것이고 민주화는 정치권력에 의해 주어진 것이 아니라 국민들의 저항의 힘으로 싸워 얻는 것이라는 것을 다시 한 번 마음에 새길 것입니다."[60]

귀환의 행각

이야기의 앞뒤가 조금 바뀌었는데 앞에서 말한 것처럼 지명관은 1993년 4월, 20년 만에 조국 땅을 밟았다. 이미 68세 하고 6개월이 지

60) 『인간적인 자산이란 무엇인가』.

났다. 그의 가슴 속을 차지한 것은 무엇보다도 사죄와 진혼의 행각이었다. 그는 이렇게 쓰고 있다.

"내가 없는 동안에 유명幽明을 달리한 선배들과 친구들의 묘소에 가장 먼저 참배를 해야만 한다고 생각했다. 『사상계』의 사장 장준하나 조선일보의 주필 선우휘의 무덤을 찾아갔다. 그리고 광주 민주화 운동의 공동묘지에도. 마음속으로는 그들이 황무지와 같은 한국의 땅에서 싸우고 있었을 때 나는 일본에서 안일을 탐하고 있었다는 생각에 그들에게 사죄를 하지 않으면 안 된다고 생각했다. 무엇보다도 오랜 민주화 투쟁에서 생명을 잃은 사람들에게 조의를 표해야만 했다."

지명관은 귀국 후에도 망명자의 자세에 대해 생각하면서 계속 고통스러워했다. 현대 사상가들 중에서도 유태계 독일인 사상가들에게 마음이 끌리고 위안을 받았던 것은 우연이 아니다. 일본인에서는 만주사변 다음 해인 1932년 정치학자이며 무산정당운동 지도자였던 오야마 이쿠오大山郁夫(전 와세다대학 교수)가 외동아들을 일본에 남겨 두고 어쩔 수 없이 16년에 걸친 망명생활을 했는데 지명관도 노모를 비롯한 가족들을 조국에 남겨 두고 괴로운 날들을 견디면서 민주화를 위한 투쟁을 계속했다. 지명관은 일본 체재 중의 심경을 "나도 타국에서 유랑의 나날들을 보내는 동안 많이 마음이 황폐해졌겠지요. 하지만 한편으로는 고국에 있는 사람들이 갇혀 있을 때 나는 자유롭게 읽고 쓰고 말할 수 있었습니다. … 하지만 고난의 날들을 함께할 수 없었던 자에게는 어떤 유약함이 늘 따라다니는 것 같습니다. 내가 한없이 작은 사람으로 느껴져서 견딜 수 없었습니다"라고 솔직하게 쓰고 있다.[61]

61) 『인간적인 자산이란 무엇인가』.

독일의 신학자 디트리히 본회퍼Dietrich Bonhoeffer[62]는 1939년 미국을 떠날 때 라인홀드 니버에게 다음과 같은 구절을 담은 편지를 보냈다. 지명관은 이 문장을 1967년 집필한 논문에 인용하고 있다. 일본에 온 후 20년 동안 조국에 돌아갈 수 없는 상태가 계속되었을 때 이 구절만큼 그의 마음을 짓누르는 말은 없지 않았을까.

"조국의 역사에서 이 힘든 시기를 나는 독일의 기독교인 동포들과 함께 살아가지 않으면 안 됩니다. 만약 내가 이 시대의 시련을 동포들과 함께 나누려고 하지 않는다면 나는 전쟁이 끝난 후에 독일의 기독교 생활 재건에 참여할 권리를 가지지 못하게 될 것입니다."[63]

지명관도 마찬가지로 고난의 길을 걸었다. 그것은 틀림없다. 하지만 투쟁의 장과 형태를 묻는 것이 대부분의 지식인들이 보인 공통적인 폐해이다. 앞에서 말한 오야마 이쿠오가 제2차 세계대전 후 망명지에서 귀국을 하고 대중의 환영을 받았을 때 유명한 마르크스 경제학자인 오우치 효에大內兵衛는 이렇게 썼다.

"오야마는 '우리들이 갈 곳은 전쟁터이며 묘지이다'라고 큰소리로 외쳤지만 그 자신은 전쟁터로 가지 않고 미국으로 망명을 했다. 그러는 동안 많은 일본 지식인들은 전쟁터로, 감옥으로 그리고 묘지로 갔다. 오야마도 적국敵國에서 필시 외로웠겠지만 일본에서 그보다 혹독한 일을 당한 사람들도 많았다. 그가 귀국했을 때 민중은 만세를 부르며 맞았고 그에 부응해서 그도 세계평화 만세를 외쳤다. 그는 정열적인 사람이었기 때문에 만세를 매우 좋아했고 일본 민중도 또한 만세를 좋아해서 민중과 그의 만세가 일본 전역에 울려 퍼졌다. 그는 다시금 일본의

---

62) 1906~1945, 독일 고백교회의 목사이자 신학자 - 역자.
63) 모리 헤이타(森平太), 『복종과 저항의 길(服従と抵抗への道)』, 新教出版社, 1991년.

영웅이 되었고 스탈린 평화상을 받았다. 이런 그의 일생도 분명히 괴로웠겠지만 '그러나 이론가로서 또한 실천가로서의(오야마의) 가치에는 의문이 든다. 신념을 일관되게 지켰다고 하는데 과연 그렇게 말할 수 있을까? 만세와 박수 속에는 그런 기준이 보이질 않는' 것은 아닐까?"[64)]

문화 교류를 개척하다 — 과거 청산에 대해서 —

지명관은 조국의 밖에서 싸웠다. 그러나 그것은 운명이었고 투쟁의 장과 방법은 다양하다. 만인이 똑같은 운명을 감수하지 않으면 안 된다는 것은 말이 되지 않는다. 할 수 있는 것을 주어진 장소에서 가능한 방법으로 최선을 다해 보는 것. 그 이상 무엇을 바랄까? 그는 주어진 사명을 충분히 다하면서도 스스로를 괴롭히지 않을 수 없었는데 이런 속죄의식을 품은 채 앞에서 말한 것처럼 1994년 봄, 춘천 한림대학교 일본학연구소의 창설과 운영을 받아들였다. 춘천은 한강 상류에 위치한 곳으로 한류 붐으로 유명해진 〈겨울 연가〉의 촬영지이다. 연구소 소장으로서 한국과 일본이 서로 이해하도록 만들어야만 했는데, 두 나라의 지식인들이 참가하는 심포지엄을 개최하는 일과 일본 문화(특히 활자문화)를 소개(한국어로 출판)하는 일 등에 노력을 기울였다.

일본학연구소와는 별도로 이와나미쇼텐이나 한국기독교아카데미가

64) 호리 마키요, "오야마 이쿠오 – 민중정치가의 위대함과 비참 –," 가와하라 히로시(河原宏)·미야모토 모리타로(宮本盛太郎)·호리 마키요, 『근대 일본 사상(近代日本思想) 3』, 1978년.

개최하는 심포지엄에도 노력을 기울여서 가토 슈이치加藤周一, 야스에 료스케, 사카모토 요시카즈坂本義和, 오에 겐자부로 등과 김지하, 이어령, 김용덕 등을 대면시켰다. 심포지엄을 개최할 때에는 한국 매스컴을 동원해서 상호 교류의 의미를 널리 알리려고 하였다. 김영삼 정권 말기에 벌어진 통화위기 속에서 심포지엄을 개최하기에는 적잖은 어려움이 있었을 텐데 그런 것을 느낄 수 없을 만큼 주최자 측에서는 나(필자)를 포함한 참가자들 모두에게 그때마다 최대한의 배려를 해 주었다(지명관이 쓴 글 속에는 이런 사실이 나오지 않기 때문에 덧붙여 기록해 둔다).

지명관과 야스에 료스케의 인맥으로 실현된 심포지엄들 중에서도 오에 겐자부로가 참가한 일에 대해서는 잠깐 언급할 필요가 있겠다. 오에 겐자부로는 노벨상 수상 후 첫 해외 방문지로 한국을 선택했다. 일본인으로서 사죄를 하기 위해서였다. 한국 시민은 오에 겐자부로의 이야기에 감동을 받았다. 지명관 자신도 그 한 사람이었다. "나는 한일의 미래뿐만 아니라 동북아시아의 아름다운 미래를 보는 것 같아서 눈물겨웠다. … '20년 이상이나 내가 일본에 있던 것은 바로 이날을 위하여, 이 새로운 역사의 기쁨을 위해서는 아니었던가' 하고 생각할 정도였다. 그래서 사실은 '한일관계 50년, 어떻게 볼 것인가'를 발표하려고 했을 때 복받쳐 오르는 감격의 눈물을 억제하기 위하여 얼마나 애썼는지 모른다." 오에 겐자부로와 지명관의 사상적 친밀성에 대해서는 나중에 말하겠지만 오에 겐자부로는 한국에서도 중요한 존재가 되었다.[65]

야스에 료스케는 앞에서 말한 것처럼 1998년 1월 6일 긴 투병생활을

65) 오에 겐자부로가 한국 민주화 운동을 지원한 것에 대해서는 이와나미쇼텐에서 발행한 『상상력과 상황・오에 겐자부로 동시대논집(想像力と狀況・大江健三郞同時代論集) 3』 등을 참조하기 바란다.

끝으로 서거했다. 야스에는 일본과 한반도의 화해와 협력을 꿈꾸며 동분서주했고 김대중을 일본 사회에 인지시킨 사람 중의 하나였다. 그는 1982년 3월, 김대중 납치 문제를 둘러싼 심포지엄에서 "한일관계의 문제점"이라는 제목으로 발표를 하면서 그 기본자세를 다음과 같이 표명했다. "우리들 자신의 과제, 즉 한국 민주화 운동에 관심을 기울이고 그것을 지지함으로써 일본 국민 자신의 민주주의를 실체가 있는 것으로 만들고자 하는 그리고 동시에 그것을 통해서 한일 양 국민, 또는 북한과 일본 두 민족의 화해와 신뢰를 조금이라도 넓히고자 하는 우리들 자신의 과제는 지금도 전혀 변함이 없습니다."[66]

야스에의 죽음은 한일관계가 간신히 상호 이해를 향해 전진하는 것처럼 보였을 때에 일어난 일로 지명관의 낙담은 보통을 넘어섰다. "나는 선우휘가 쓰러졌을 때 경험했던 허망함을 야스에가 쓰러짐으로써 되씹어야만 했다. 그러고 나서 오늘까지 살아왔지만 그후에는 기쁨을 잃은, 아니 감동이 없는 나날이 되풀이되었다."

이러한 비탄은 김영삼이 아들의 스캔들에 휩싸여 퇴임[67]하고 뒤이어 대통령이 된 김대중 또한 비슷한 집권 모습을 보인 것에 한층 더 심화되었다.

지명관은 김대중 집권(1998~2003) 아래에서 한국방송공사(KBS) 이사장과 한일문화교류정책위원회를 주재하는 등, 두 나라의 문화 교류와 상호 이해에 직접 연결되는 중책을 짊어지게 되었다. 특히 KBS 시절에는 역사교과서 문제가 불거져서 문화 개방이 중단되었는데 그럴 때에도 일본과의 관계에 대한 긍정적인 프로그램을 적극적으로 채용하도록

66) 시미즈 가즈히사(清水和久)・와다 하루키(和田春樹) 편, 『김대중 씨 등과 함께(金大中氏たちと共に)』, 新教出版社, 1983년.

67) 필자는 '하야'라는 표현을 사용하고 있지만 김영삼 대통령은 1998년 2월 24일 5년간의 임기를 모두 마치고 퇴임을 했다 - 역자.

지시하면서 두 나라 국민의 마음을 잇는 일에 부심했다.

그의 리더십 아래에서 문화 교류는 전체적으로 빠르게 진행되었고 한국의 문화 개방정책이 두 나라의 친선에 기여한 것은 분명하다. 또한 월드컵 한일공동개최의 추진을 위해서도 노력했다. 그는 2002년 월드컵 개최를 앞두고 1997년 한 강연에서 개최 결정까지의 경위에 대해서 언급을 했는데, 공동개최는 유감스럽게도 주체적인 선택에 의한 것이 아니라 타율적인 세계적 압력에 의해서 이루어졌지만 "무엇보다도 중요한 것은 이 월드컵을 통해서 지금까지 자칫 타율적이기 쉬웠던 한일 관계를 주체적이고 자율적인 관계로 전환시키는 일입니다"라고 호소했다. 여기에서 타율적이라는 말은 1965년 한일조약을 체결할 때에도 한일 두 나라의 국민들 대다수는 반대했지만 — 한국에서는 일본이 과거 청산을 하지 않는다고 해서, 일본에서는 이 조약이 미국의 아시아 정책의 일익을 담당해서 냉전 강화로 이어진다고 해서 — 미국의 압력에 의해 맺어졌음을 가리키는 것이라 할 수 있다.

월드컵 공동개최 전에는 종군위안부 문제를 둘러싼 분규도 있었다. 1997년 1월 12일에 '여성을 위한 아시아 평화국민기금'이라는 단체가 서울에서 한국인 피해자 7명에게 비공개리에 각각 위로금 200만 엔, 의료복지 지원금 300만 엔 그리고 무라야마 도미이치村山富市 수상의 사죄 서한을 전해 준 일이 있었는데, 이에 대해서 한국 정부와 시민단체 그리고 매스컴도 격렬하게 반발했다. 지명관도 이 기금이 일으킨 문제에 대해서는 비판적이었지만 월드컵 공동개최가 이와 같은 오랜 세월의 장애를 조금이라도 극복하고 화해와 협력으로 향하는 하나의 방법이 된다면 새로운 시대를 준비할 수 있을 것이라는 생각에서 추진한 것이다.

지명관은 한일관계에서 과거청산이 쉬운 일이 아니라는 것을 잘 알면서도 한국과 일본 사이에 다리를 놓으려고 했다. 그것은 앞에서 말한 월드컵 공동개최에 대한 강연을 마치고 회장에 참석한 사람들과 나눈 질의응답에서 분명히 드러난다.

"제(지명관)가 1995년에 야스에 료스케, 사카모토 요시카즈, 오에 겐자부로 세 분을 한국에 초대해서 교류를 하려고 했을 때, 이 구성원('진보적인 지식인')에 대해서는 한국 내에서도 일본 내에서도 비난이 있었습니다." 그것은 과거 청산이 이루어지지 않고 있는데 과연 교류에 의미가 있는가 하는 의문이기도 했는데 그때 오에는 "우리들은 청산을 하려고 합니다. 그러나 청산은 교류 속에서 이루어지지 않으면 안 됩니다"라고 말했다. "나도 물론 같은 입장이었고 그렇기 때문에 오에 씨 등을 초대했습니다."

"저는 한국과 일본 사이에 정말 속 시원하게 전면적인 화해의 날이 올까 하는 의문을 가지면서 한편으로는 이런 생각을 합니다. 예를 들어 음악에 대위법對位法이라는 것이 있다고 하더군요. … 그런 것처럼 한국과 일본이 정말 화해를 한다기보다는 다른 소리를 내면서도 전쟁이나 파괴 없이 바뀌어 가는, 여러 변화 속에서 역사의 진행 속에서 문제가 청산되어 가는, 주체적으로 청산되는 것도 있고 긴 역사 속에서 변해 가는 것도 있지만 한일관계에서 청산되지 않는 면이 … 있기 때문에 그런 것들을 극복해 가는 적극성을 가지지 않으면 안 됩니다. 그래서 저는 국가 간의 노력만을 말하는 것이 아니라 시민 사이의 주체적인 노력에 대해서도 말하고 있는 것입니다. 좋은 방향으로 나아가고 있다는 점에 주목하고 자신감을 가지고 그 방향으로 계속 나가면서 이따금 마이너스적인 면, 망언 같은 것도 지켜보면서 살아가는, 그것이 사는 지혜가 아닐까 하고 생각합니다."[68]

이 강연 중에 나온 1995년이라는 말은 바로 독도-다케시마 문제가 일어난 해를 말한다. 지명관이 소장을 역임한 한림대학교 일본학연구소가 이런 때에 "동아시아의 평화와 한일 협력 체제를 지향하며"라는 제목으로 심포지엄을 개최하는 것에 대해서는 우려도 있었다. 한국의 민족주의자들이 회의장으로 쳐들어올지도 모른다는 경계 속에서 심포지엄이 거행되었는데 그의 이런 행동은 역사와 행동을 함께하고 있다는 신념에 근거한 것이었다. 그리고 이 신념은 항상 그와 함께했다.

"우리들이 싸우고 있는 것은 역사의 방향과 함께하고 있다는 자신감을 가짐으로써 좌절을 느꼈을 때도 자신을 격려할 것. 이렇게 생각하면서 이런저런 문제도 많지만 너무 낙담하지도 말고 또한 너무 낙관도 않으며 신중한 자세로 한 걸음, 한 걸음 나갑시다."

이것이 앞에서 말한 기독교적 현실주의의 입장인데, 그는 사람들에게 말을 함으로써 스스로를 격려하고 스스로에게 문제를 제기하면서 사람들을 고무시켰던 것이다.

한국 사회의 변모와 에트랑제

그러나 귀국한 그를 기다리고 있던 것은 한국 사회의 엄청난 변모였다. "민주화를 위해 싸웠을 때와 그후의 사회가 이렇게 다릅니다. 지나

68) 지명관, "2002년 한일월드컵은 벽을 넘을 수 있을 것인가," 미노오(セッパラム, 샛바람) 5주년 기념특별강연, 1997년 2월 16일.

간 날은 악몽처럼 망각을 하고 사람들의 마음은 완전히 변했습니다. 승리의 날에는 어제의 고통과 슬픔을 이렇게 빨리 잊어버리는 것일까요?" 이런 변화를 어떻게 해석해야만 하는 것일까? 이런 상황 속에서 어떻게 살아가야만 하는 것일까? 읽는 사람도 듣는 사람도 없을 것 같은 공허한 시대 앞에서 그럼에도 불구하고 쓰고 이야기하지 않으면 안 되는, 하지만 쓸 곳도 이야기할 곳도 주어질 것 같지 않은 한국 사회에서. 그러나 누군가는 계속 민주화에 바친 고난의 땀방울들을 이야기를 하지 않으면 안 된다.

이렇게 결의했을 때 그의 뇌리를 스친 것은 카프카Franz Kafka[69]의 "다른 한 쪽 손을 사용해서 폐허 아래 보이는 것을 적어 둔다"(1921년 10월 19일 카프카의 일기)라는 말이었다. 또한 아도르노 등의 "오늘 말을 건넬 수 있는 누군가가 있다고 한다면 그것은 소위 대중도 무력한 개인도 아니라 도리어 가공의 증인으로서, 그에게 우리는 말을 남겨 두고 간다. 우리와 더불어 모든 것이 무로 되돌아가지 않도록"[70]이라는 인간과 역사에 대한 책무였다.

지명관은 단적으로 말한다. 민주화 이후(군부 독재의 종언 후 - 필자), 대중의 강욕强慾의 문명文明으로 인해서 민주화 운동을 한 사람들이 배제되거나 또는 혁명적 엘리트들 중에서도 이익을 얻기 위해서 변신을 하는 사람이 나온다. 군부를 상대로 싸워 얻은 민주화 시대의 주역은 대가를 치른 사람들인데 부와 힘은 지금까지의 군부정권의 주역들과 그것에 기생한 사람들의 손아귀에 있다. "그런 의미에서 이것(민주화 투

---

69) 1883~1924, 유대계 독일인 작가 - 역자.
70) 호르크하이머(Max Horkheimer) · 아도르노, 『계몽의 변증법(Dialektik der Aufklarung)』, 1947년.

쟁 - 필자)은 배신을 당한 혁명이라고 할 수 있을 것 같다"고 말한다. 고독에 빠진 민주 인사에게 있어서 눈앞의 상황은 '안개 속의 풍경', 청명하지 못한 광경에 지나지 않았다. 그러나 그는 이런 상황을 역사를 인식하기 위한 축복해야 할 계기로 보자고 말한다.

"… 이것은 역사에 배신을 당함으로써 얻어질 수 있는 인식의 전환, 진정한 인식, 어떤 의미로는 지적인 결실이며 축복이라고 할 수 있을지도 모릅니다. 진리에 이르는 길이란 그런 것이 아닐까요? 역사를 아는 것은 역사에게 배신을 당하고 비로소 도달할 수 있는 인식인 듯합니다."71)

이것은 훌륭한 발언이다. 지명관을 부단히 전진하는 사상가라고 말한 것은 이 같은 인식의 소유자이기 때문이다. 민주화에 몸을 바친 사람들도 과거에 머물지 말고 새로운 역사의 움직임과 함께 새롭게 걷지 않으면 정체될 뿐이라고 지명관은 지적하고 있는 것은 아닐까?

그는 서울거리의 변모에 당혹스러움을 느끼면서 민주화 투쟁에 대해서 반추했다. 그리고 그 반성 속에서 혁명과 반혁명에 대해 소박하지만 명료한 인식을 얻었다.

"생각해 보면 민주화 투쟁의 경우도 그랬지만 혁명이라는 것은 행복한 시대를 꿈꾸면서 굳이 자기희생을 무릅쓰는 것이라고 할 수 있겠지요. 거기에는 자신의 행복추구와 자기희생이라는 서로 모순된 양면, 동전의 양면이 들어 있습니다. 그렇기 때문에 결국 혁명이 성공하면 한쪽의 자기희생은 없어지고 행복만을 추구하는 탐욕이 번성하게 되는 것일까요? 그래서 혁명이 반혁명으로 전환되는 것은 역사적 필연이라고

---

71) 『인간적인 자산이란 무엇인가』.

할 수 있을지도 모릅니다."

"(1972년부터 93년 사이에 한국의 수출량은 50배가량 성장을 이루었는데 - 필자) 이러한 경제발전이 이 나라 구석구석까지 어떤 영향을 미치고 있는 것이 분명합니다. 그러나 나는 그것이 무서운 군부 독재에 칼을 들이대고 피투성이가 되어 싸운 사람들의 희생이라는 어두운 배경 위에 뿌려진 현란한 도금처럼 비쳐집니다."

지명관의 우려는 일본으로도 향하고 있다. 역사교과서 문제를 대하는 일본 측의 자세가 우왕좌왕하고 있어서 한국 측의 신뢰를 여전히 얻지 못하고 있다. '일본 정부가 우파적 역사관에 동조하는 것'에 강한 우려를 품은 채, 그는 2003년 2월 노무현 정권의 출현을 계기로 정부와 관계된 일에서 물러났다. 지명관의 자서전에는 이렇게 쓰여 있다. "일본의 역사교과서 문제나 일본의 대중문화에 한국 시장을 개방하는 문제 등에 대하여 나는 책임 있는 자세로 대하려고 애써왔다. 1992년경부터 김영삼 정권 또는 김대중 정권 하에서 이러한 문제에 어떻게 대응해왔는지 자세히 말할 여유는 없다. 마지막으로 노무현 정권에 대해 내가 어떻게 생각하고 있는지를 말하는 것으로 내 일생에 관한 이야기를 끝맺었으면 한다.

나는 2003년 2월 말에 노무현이 대통령에 취임할 당시 취임사 기초위원회 책임을 맡고 있었다. 그러나 나는 그 이상 노무현 진영에 머물러 있으려고 하지 않았다."

지명관은 투쟁을 할 때에는 적과 아군을 뚜렷하게 구분해야 했지만 이제부터는 함께 손을 잡고 우의를 가지면서 다소 의견이 다르더라도 공동사회를 향해 대화하고 행동하지 않으면 안 된다고 생각한 것이다. "그러한 민주주의적인 지도력을 발휘해야 하는데 노무현은 그것에 실패하고 말았다. 국민을 적과 아군으로 심하게 가르려고 하다가 지금은 그 반동으로 괴로워하고 있는 것이라고 볼 수밖에 없다. 이것은 돌이킬 수 없는 실패로서 노무현 정권뿐만 아니라 한국 정치 상황 전체를 어둡게 하고 있다. 혁명을 입에 담으면서 반혁명으로 기울어진 것이다."

이보다 앞서 그가 한국에 귀국한 직후에 김영삼 정권 하에서 옛 민주화 세력이 소외되어 방관자의 입장에서 우수를 씹고 있는 모습을 봤을 때도 그는 한나 아렌트의 우정friendship이라는 사상을 이 우정을 모르는 사람들에게 실감나게 전하고 있었다.

"고난의 날에는 동지애와 같은 우의fraternity가 자란다. 그것은 같은 고통 속에서 살을 맞대고 있음으로써 자라는 인간성이다. 떳떳한 혁명의 승리자가 되었을 때는 의견이나 입장이 달라도 함께할 수 있는 우정friendship이 필요하다. 지금까지의 역사에서는 그런 우정이 자라지 않았기 때문에 옛 동지를 배제하고 살해하고 결국은 혁명 그 자체가 실패해 왔던 것은 아닐까?"

군사정권 종언 후의 역대 정권을 향한 통렬한 비판이며 실망으로 읽어야만 할 것이다(노무현 씨는 2009년 5월 집 근처의 바위산에서 몸을 던져서 참혹한 최후를 마쳤다). 그리고 이 혁명의 문제에 관련해서 지명관은 필자의 책 『니시다 미쓰기와 일본의 파시즘 운동』(2007)의 감상평(2008년 2월, 필자 앞으로 보낸 서간문)에 다음과 같은 말을 남기고 있다.

"… 이런 인물을 볼 때마다 나는 생각합니다. 사회주의나 파시즘이라는 평가방법이 아니라 그 이전에 인간적인 접근이라고 할까요. 어차피 인간은 역사에 대한 절대적인 지식으로부터 절대적인 성공을 이끌어내는 일이 불가능하기 때문에 모든 혁명은 양심적이라고 해도 실패한 혁명이라고 말할 수밖에 없는 것은 아닐까요?

그것은 역사가 '그 자체'라고 해야 할 심오한 것이기 때문입니다. 누가 역사를 조종할 수 있습니까? 신이 아닌 인간입니다. … 이것은 한국의 민주화 운동에 관계해 온 나 자신의 경험으로부터도 생각하지 않을 수 없는 일입니다. 그렇기 때문에 한국의 민주화가 민주주의라는 이름으로 개인의 생명 또는 그 최소한의 인생을 저해하는 것이 아니라는 것이 얼마나 다행스러운 일인지 모릅니다. 그래서 중진국 또는 선진국에서는 혁명을 부정하는 풍토가 정착된 것 같은 생각이 듭니다. 혁명을 부정하고 나서 인간에 대한 공상이 없는 리얼리즘 위에 서서 정치를 생각하는 것이 민주주의는 아닐까 생각합니다.

혁명의 해부라는 리얼리즘에 입각해서 정치에 대한 희망을 어떻게 말할 것인가를 생각합니다. 아렌트가 "혁명에 대하여"에서 미국의 민주주의에 절망하고 정말 작은 나라의 민주주의적 공동체를 생각해 보고 싶다고 시사한 것에 대해서 생각하지 않을 수 없습니다. 희망의 정치학은 혁명의 실패 또는 배반이라는 현실을 전제로 해야만 한다고 말할 수 있겠지요.

이런 것 등 많은 문제를 생각하고 있습니다만, 그래서 니시다 미쓰기西田税의 혁명을 향한 꿈에 여러 가지 것을 중복시켜 생각하지 않을 수 없습니다. 그뿐만이 아닙니다. 혁명적인 인간이 권력을 얻은 순간부터 벌어지는 인간적인 변화 속에서 정말 인간적인 원죄의 문제를 생각하지 않을 수 없습니다. 인간이 인간을 지배하는 것 자체가 원죄적인 문제는 아닐까 생각합니다. 그럼에도 불구하고 인간사회는 정치를 필요로 하지 않을 수 없습니다. …"

덧붙여서 앞에서 언급한 니버도 인간의 원죄에 대한 근본적인 해결이 없는 사회에는 반드시 불합리가 존재하고 계급제도를 철폐한 사회에도 지배·피지배의 대립은 일어나지 않는가라고 말하고 있다.

지명관은 또한 지식인의 문제에 대해서도 심각하게 생각을 해야만 했다. 군부 지배와의 긴 싸움 후에 지식인들에게 닥친 공허감은 컸다. 한국의 지식인이라는 특이한 존재는 권력에 대한 비판적인 자세 때문에 사람들에게 폭 넓게 지지를 받았고 엘리트로서의 자부심을 느껴 왔는데 지금은 대부분의 지식인들이 군중 속에 매몰되고 대중사회의 일부인 기능인이 되어 버렸다. 전문분야에 틀어박히거나 혹은 대중문화에 기생해서 미디어에 노출되는 지식인이 민주화라는 지각변동 속에서 어떻게 자신과 관계가 없는 일에 대해서 '권한도 없으면서 책임을 느끼는 사람'(하버마스)으로 존재할 수 있을까? 데이비드 리스먼David Riesman[72]이 말하는 것처럼 이념에 의해서by ideas 살아가는 것이 아니라 이념을 위해서for ideas 살아가는 지식인으로 존재할 수 있을까? 이념을 위해서, 타인을 위해서 살지 않는다면 지식인은 '지적인 영역에서 활동하는 기능인'이 아닌가라는 의구심이다.

그는 이렇게 문제를 제기하고 새로운 사회의 지식인 상像 — 혁명의 시대의 지식인 상과는 다른 — 을 제시한다. 새로운 지식인은 정치권력이 하지 못하고 국가가 법률을 방패로 일방적으로 강제할 수 없는 시민적 이해의 중재와 조정을 시도하면서 시민들의 합의를 이끌어 내기 위하여 국가를 대신해서 종사하는 역할을 조심스럽게 해야만 한다고 말한다.

이것은 위대한 지식인, 영웅으로서의 지식인이 아니라 레비스트로스가 말하는 '손재주꾼bricoleur'으로서의 지식인 상이다. 손재주꾼이란 손재주가 필요한 일bricolage을 하는 사람을 말하는 것인데 레비스트로스가

72) 1909~2002, 미국의 사회학자 - 역자.

『야성의 사고』에서 그 자리에 있던 도구와 재료를 가지고 자신의 손으로 물건을 만드는 사람이라고 했던 그 재주꾼을 말하는 것이다.

지명관은 많은 지식인이 공허한 마음으로 대중사회를 제삼자의 입장에서 보고 있는 것에 대해서 "지도적 엘리트로 자임하고 있던 이 나라의 계몽적 지식인들은 몰락할 운명에 직면해서 어쩔 줄 모르고 당황하고 있다고 할 수 있습니다. … 자기 소외감을 감추지 못하고 있습니다. 우울하고 고독합니다. 어떤 의미에서 그들은 이 새 시대에 어울리는 사상을 영위함에 있어서 아직 '있는 도구와 재료를 가지고' 새롭게 사고하는 '손재주가 필요한 일'을 하지 못하고 있다고 할 수 있을지 모릅니다"라고 말하고 있다.

그는 오늘날 한국 지식인들의 소외감을 지적함과 동시에 다시 한 번 사회적 역할을 짊어질 방법을 '손재주꾼'에서 찾고 있는데 사실은 그 자신이 몹시 고독감과 소외감을 느끼고 있었던 것이다. 그리고 그런 고독한 생각이 엄습해 왔을 때, 조국의 선구자들이 걸었던 길을 스스로 상기했다. 그는 다음과 같이 쓰고 있다.

어느 날, 나(지명관)는 중학교 동창생들의 저녁모임에 나갔다. 돌아오는 길에 "완전히 다른 분위기 속에서 나는 일본에 있을 때와 마찬가지로 고독과 고립을 맛보지 않을 수 없었습니다. … 귀국해서도 나아지지 않는 것인가 하는 생각을 했습니다. 그러나 그렇다고 해서 이런 모임을 회피하는 것이 아니라, 그 고독과 고립에 몸을 드러낼 의무가 있는 것처럼 느꼈습니다. 그것은 고난했던 격동의 시대에 조국을 뒤로한 자의 응보이며 피할 수 없는 운명이라고 생각한 것입니다. 그런 생각을 하면서 어제는 문득 일찍이 일본 식민지 지배 하에서 조국을 떠난 애국 지도자들을 떠올렸습니다. 그들은 35, 6년 혹은 40년 이상이나 이국의 땅을 빈곤 속에서 유랑했습니다. 오직 조국을 생각하고 독립 회복을 염원하면서 말입니다.

… 그들은 해방 후의 조국에 돌아와서 대부분 그 활동에 실패했는데 그들의 마음속에 생긴 공동(조국을 위해서 조국을 떠났는데 결국은 조국을 잃고 만, 자신의 내면에 휑하니 뚫린 공동 - 필자)에 적어도 그 까닭의 한 자락이 있었던 것 같습니다. … 나는 그들에 대해서 생각하면서 나도 결국은 이 인생이 끝날 때까지 이 조국에서도 역시 계속 여행자일 수밖에 없다고 쓸쓸히 생각했습니다. 그런 생각을 털어 내듯 나는 언덕길을 뛰어내려왔습니다."[73)]

지명관의 인생에 있어서 이 글을 쓴 시기는 오랜 세월에 걸쳐 군부와 싸우면서 맛본 고뇌에 못지않은, 아니 더 괴롭고 비통한 시기였던 것처럼 생각된다. 고국에서도 계속 여행자일 수밖에 없다는 말에는 가슴이 사무친다.

그의 실망은 깊었다. 그를 공적으로 사적으로 지원해 주었던 스미야 미키오가 세상을 떠난 것은 2003년 2월이었는데 병문안을 간 지명관과 스미야는 인생과 역사에 대해서 이야기를 나누었다. "내가 한국의 현실에 대해서 너무 실망한 나머지 과거에 대해서도, 스스로의 인생에 대해서도 입을 함구하고 모든 것이 헛되다는 듯한 태도로 침묵하는 것을 정말 부드러운 말투였지만 꾸짖는 것 같았다."[74)]

신앙인이었던 스미야는 암이라는 것을 부인에게 들었을 때 "아무렇지도 않게 '몇 년 남았지?' '치매는 걸리지 않겠군' 하고 부인에게 이야기를 했다." 스미야는 의사에게 남은 시간은 5년이라는 말을 듣고 타인

73) 『인간적인 자산이란 무엇인가』.
74) "스미야 선생의 추억".

을 위해서 살아야 할 5개년 계획을 세웠다. 지명관은 이 태도를 " '나무는 그 열매로 안다', '신앙인은 그 열매로 안다' — "나무도 좋고 열매도 좋다 하든지 나무도 좋지 않고 열매도 좋지 않다 하든지 하라. 그 열매로 나무를 아느니라"(마태복음 12장 33절)라고 평했는데 이것은 모든 것을 긍정적으로 받아들이는 삶의 자세에 대한 간결하면서도 의미심장한 말이자 공감이다. 지명관은 스미야를 경애했다. 가령 발표를 의뢰하지 않더라도 한국에서 열리는 심포지엄에 스미야 부부가 참석해줄 것을 요청했고 스미야도 또한 한국과 일본의 행방을 마지막까지 지켜보고 있었다.

한편 지명관이 우려하고 있던 노무현 정권은 국내에서뿐만 아니라 대외적으로도 특히, 일본과의 관계에서 마찰을 일으켰다. 현재의 이명박 정권과 일본 사이에서는 어떤 관계가 전개될 것인가? 어느 쪽이 되든 민주화를 위해서 투쟁을 할 때 지명관이 항상 그랬던 것처럼 두 나라의 시민적 연대의 발전에 기대를 거는 것은 어떨까? 이것이 지명관의 메시지, 즉 그 발자취의 의미이기 때문이다.

그리고 그가 자서전을 '경계선을 넘는 여행자'라고 이름을 붙인 이유에 대해서 그 자신은 설명을 하고 있지 않다. 단지 그가 식민지 통치 시기와 해방 후의 경계선을, 그리고 한국의 군부 독재와 민주화의 경계선을 더 나가서는 일본과 한국이라는 두 사회의 경계선을 각각 넘으면서 살아왔고 그리고 경계선이란 넘기 위해서 있는 것이라는 의미가 담겨 있다고 나는 추측하고 있다.

제2장

한국으로부터의 통신

지명관은 T・K생이라는 이름으로 1973년 잡지 『세카이』 5월호에 처음 집필을 시작했는데, 그후 1988년 3월호까지 게재된 「한국으로부터의 통신」이 절반 정도가 재편집되어 이와나미신쇼 판으로 출판되어 더 많은 사람들에게 읽히게 되었다. 『한국으로부터의 통신 — 1972. 11~1974. 6 — 』(1974년 8월 간행), 『속 한국으로부터의 통신 — 1974. 7~1975. 6 — 』(1975년 7월 간행), 『제3・한국으로부터의 통신 — 1975. 7~1977. 8 — 』(1977년 10월 간행), 『군정과 수난 — 제4・한국으로부터의 통신 — 』(1980년 8월 간행) 등 4권이다. "익명으로 한 것은 우선은 감시의 눈을 피하고 무엇보다도 한국에 남아 있는 가족을 지키기 위해서"였는데 세카이의 편집장 야스에 료스케의 생각에 따른 것이었다. 글을 쓰기 위한 재료는 "한 달에 몇 번 비밀 장소로 보내져 왔는데 일본인을 비롯한 많은 외국인들이 가지고 온 자료에 의거하고" 있었다.[75)]

400자 원고용지 1만 장을 넘는 이 통신은 글자 그대로 박정희 독재와의 투쟁사, 더 나아가서는 박정희 이후에도 계속된 군부 잔당에 대한 민주헌정을 위한 고난의 역사이다. 이 책만큼 읽는 사람으로 하여금 한국 현대사를 이해시키고 독자의 양심을 환기시켰던 기록은 없었다고 생각한다. 현대 정치학 서적으로도 후세에 길이 남을 책이다. 이 책(제1집)에 대한 구라쓰카 다이라倉塚平 씨의 감상문이 있으므로 몇 구절을 인용해 두고 싶다.

"… 1972년 10월, 박정희 정권이 계엄령을 선포하고 돌변한 이후 입을 열면 찌르고 귀를 기울이면 때리고 눈을 뜨면 도려내는 찬바람이 휘몰아치고 있다. 그것이 나날이 심해져서 지금 이 순간에도 그 나라의

75) 지명관, 『T・K생의 시대와 '지금', 동아시아의 평화와 공존을 향한 길(T・K生の時代と『いま』、東アジアの平和と共存への道)』, 一葉社, 2004년 7월.

선한 아들들을 죽음으로 몰아 가고 있다. 하지만 이 황량한 툰드라 아래에는 결코 얼어붙지 않는 민족의 양심이 맥박치고 있다. 그것을 극명하게 증언하는 것은 다름이 아니라 이 「한국으로부터의 통신」이다. 게다가 그것은 불퇴전의 결의를 가지고 싸우는 한국 민중의 집합적 노력의 결정체로서, 우리나라 민주주의자들을 향한 마음으로부터의 연대를 호소한 것이기도 하다….”[76)]

「한국으로부터의 통신」은 지명관 한 사람의 작업이 아니라 한국 안팎에서 민주화를 지향하는 사람들의 연대작품이었는데, 지명관 자신의 날카로운 정치적 · 사회적 분석과 예견, 통찰력과 함께 그의 로맨티스트 · 휴머니스트로서의 개성을 유감없이 보여 주고 있는, 그의 인간됨과 사상을 알 수 있는 귀중한 저작이다. 지금부터 이 역사적 기념비를 개관해 가려고 하는데, 읽을 때 T · K생인 그가 마치 한국 내에 있는 것 같은 형식으로 쓴 것에 유의하기 바란다. 「통신」을 읽기 위해서는 한국 교회사에 대한 예비지식도 필요할지 모른다. 이 점에 대해서는 ‘제3장 신앙과 사상’에 약간 언급을 해 두었으므로 참조하기 바란다.

그리고 「한국으로부터의 통신」과 관련된 잡지 간행 활동도 눈길을 끈다. 그것은 지명관이 편집자 겸 발행인이 되어 한국 · 일본 · 미국 · 독일 등의 민주화 운동 추진자들의 연대를 도모한 국제적인 잡지 『역사비평*Modern Praxis*』을 말하는 것으로 그 내용에 대해서는 지면 관계상 언급할 수 없지만 기고자로는 이매뉴얼 월러스틴Immanuel Wallerstein[77)] 등이 있었다.

---

76) 구라쓰카 다이라, “『한국으로부터의 통신』을 읽고,” 『한국으로부터의 통신』 수록.

77) 1930~　, 미국의 역사가이며 사회학자 - 역자.

『한국으로부터의 통신―1972. 11~1974. 6―』(제1집)

(1) 1972년 11월 '비관과 거절'(작은따옴표 안의 내용은 소제목. 이하 동일)

1972년 10월 17일, 박정희 대통령은 전국에 비상계엄령을 공포했다. 27일에는 비상국무회의를 열고 영구집권을 도모한 헌법개정안, 이른바 유신헌법을 의결하고 공포했다. 지명관의 「한국으로부터의 통신」의 첫 발신은 17일 계엄령 시행 아래에서 새로운 헌법에 반대하는 '유언비어'를 단속하는 한국중앙정보부와 경찰의 활동에 대해서 전하고 더불어 한국인의 두 가지 전통적인 태도 — 권력 앞에서는 일단 몸을 움츠리는 것 같지만 인내가 한계에 달하면 폭발한다 — 에 대해서 언급했다. 그리고 계엄령 공포 이후의 상황에 대해서 '상당히 좋지 않을 전망'이라고 쓰면서 한국인의 탄력성과 자유에 대한 희구, 미국인의 지원과 한국 교회라는 강력한 요새에 대한 기대를 밝히고 있었다. 첫 발신에서 흘린 비관적인 예감에도 불구하고 희망을 표명하고 있었다는 점에서 처음부터 그의 발상과 태도를 포함한 삶의 자세가 드러나 있었다고 할 수 있다.

(2) 1973년 1월 '교회를 파시즘이 공격하다'

1972년 12월 27일 박정희는 제8대 대통령으로 취임을 했는데 이보다 앞선 13일에 전라남도 전주시 남문교회의 은명기 목사가 기도 중에 연행되어 구금을 당했다. 계엄령 아래에서 개헌작업에 협력하기를 거부한 은명기는 유언비어를 유포했다는 명목으로 기소를 당했는데 이 사태에 대해서 지명관은 "교회는 이 사건을 파시즘이 교회를 탄압하기 시작했다는 무언의 통일된 의지로, 이 선에서 무너지면 교회는 모두 무너지는 것이라면서 저항을 하고 있다"고 쓰면서 교회가 억압체제에 대항하는 강력한 요새가 될 수 있다고 전했다.

(3) 1973년 2월 '여공들의 노랫소리'

한국의 노동운동은 거의 옴짝달싹할 수 없는 상황에 놓여 있었는데 그런 속에서 그는 여자 공단 지대에서 활동하고 있는 가톨릭 노동자의 모임과 개신교의 도시산업선교회를 소개하고 더 나아가 대한방직주식회사에서 일어난 노동쟁의를 예로 들었다. 여공들의 노동조건은 가혹한 것이었다. 토요일 밤과 일요일에 걸친 18시간의 근로를 강요받아 그들은 이에 항의하고 시정을 요구했는데 곧바로 해고되고 말았다. 이런 산업풍토를 만든 요인으로는 외국의 투자를 유치해서 연명을 꾀하고 있는 반동정권의 존재가 있을 뿐만 아니라 "파시즘 체제는 사실은 국제적 정치나 경제기구에 의해서 지원을 받고 있다는 것을 잊어서는 안 될 것"이라고 말했다.

지명하고 있지는 않지만 이 체제를 지원하고 있는 큰 존재는 일본의 기업들이었다.

(4) 1973년 7월 '꿍꿍이를 알 수 없는 정치'

1973년 6월 13일 박 대통령은 '평화통일 외교정책에 대한 특별선언'을 발표했고 김일성 주석도 같은 날 '고려연맹공화국' 구상을 역 제안했는데 소위 남북 정치체제의 공존을 도모하는 것처럼 보였다. 그러나 대북정책의 전환이 발표되고 나서 국내의 반공운동은 한층 더 강화되었고 용공 간첩의 적발 등도 계속되었다. 법치국가의 구실을 하지 못하는 사법 현실 앞에서 많은 사람들은 말기적인 증상이라고 탄식을 할 뿐이었다. 그러나 지명관은 "이런 상태 속에서 상당히 많은 지식인들이 국외에 있는 김대중 씨에 대해서 염려를 하고 있다." 박 정권은 거의 유일한 정적이라고 할 수 있는 전前 대통령 후보 김대중을 국외에서 좌익 사람들과 연락을 취하면서 적화공작을 당하고 있다고 선전하고 있다고 쓰면서 김대중의 신상에 무슨 이변이 일어나는 것은 아닐까 하고 우려했다.

(5) 1973년 8월 '노골적인 권력', '김대중 씨 사건을 지켜보다'

지명관 등이 한창 김대중의 신변에 주의를 기울이고 있던 8월 8일, 김대중이 도쿄 그랜드팔레스 호텔에서 납치를 당했다. 김대중은 일본과 미국 정부의 개입으로 서울에 있는 자택 앞에 상처투성이 몸으로 풀려났는데 납치라는 소행에 대해서 지명관은 "서울 시민들은 또다시 노골적인 권력, 벌거벗은 권력을 목격하고 오싹함을 느꼈다." 납치를 한 것은 한국중앙정보부이고 김대중과 한국 국민은 정부의 폭력이라고 말하고 싶어도 말할 수 없다고 썼다. 아니 더 분명하게 규탄을 했다. 이는 '한 사람의 황제=박정희'의 지시에 의한 계획이라고.

「통신」의 맺음말에 한국 정부는 김대중 사건에 대해서 수사를 하는 것이 아니라 교묘하게 세계를 기만할 방법을 연구할 것이다. 외국의 도움으로 사지를 탈출하고 기적적으로 생환해서 민족적인 상징이 된 김대중을 박정희가 그대로 둘 리가 없다. 박정희 등은 정적을 섬멸하는 것만이 생존의 길이라고 확신하고 있다. 이 노골적인 권력을 제압할 힘이 우리들이 아닌 외국에 있는 것에 마음속으로 괴로움을 느낀다. 그러나 무엇보다도 억제력은 일본 국민의 휴머니티와 양식, 일본 매스컴의 따뜻한 지원에 있다는 것에 감사한다고 서술하고 있다.

(6) 1973년 9월 '개인숭배 마니아', '침묵 속의 외마디'

일말의 카리스마도 없는 박정희를 영웅으로 만들려는 선전에 대해서 "한국에 조금이라도 아직 민주적 절차가 남아 있을 때에는 이런 개인숭배를 생각조차 하지 않았고 할 수조차도 없었다." 그러나 지금은 종신 대통령직에 앉은 박정희를 국민이 복종 또는 경애하도록 강요를 받는 시절이 된 것이다.

김대중 사건을 대충 통과시키려고 하는 한국 정부에 대한 일본 측의 대응도 의심스럽다. 한국의 민중은 박 정권에 불신을 품었고 지식인들은 김대중에 대한 이야기가 화제가 되면 절망적인 기분에 잠긴다. 이런 상황 속에서 조선일보의 선우휘 주필이 쓴 9월 7일의 사설, "당국에 바라는 우리들의 충정 — 결단은 빠르면 빠를수록 좋다"에 대해 언급하면, 거기에는 일종의 노예의 언어 속에서 느껴지는 두려움이 있다고 해도 한국에서는 가장 양심적인 정부 비판의 소리였다. 지명관은 결사의 정신으로 쓴, 마치 게릴라 같은 전법으로 독자의 눈에 비친 이 사설을 전부 일본어로 번역해서 소개했다. 일부를 들어 보면 다음과 같다.

"요즘 우리들의 심정은 알고 싶은 것이 있는데 알 수가 없고 말할 수 없는 상황에서 몹시 우울하고 답답하다." 무엇이 알고 싶은가? 김대중 사건의 진실이다. 이 사건은 철저하게 규명되어야 하고, 그것은 무엇보다도 "한국 국민 자신의 인간적 권위의 회복과 도덕적 긍지의 고양을 위하여 무엇보다도 귀중한 작업"이다. 바라고 싶은 것은 위정 당국 고위층의 차원 높은 단호한 결단이다. 조상들이 물려준 산하는 오곡이 무르익고 하늘 드높이 새들은 노래하고 마을이란 마을은 활기에 넘쳐있다. "이제 햇곡으로 떡을 빚어 조선의 영전에 바쳐야 하는 이 국민의 불안은 무슨 까닭이며, 왜 죄 없는 착한 국민은 이다지도 가슴을 조여야 하는가. 신이여! 이 국민에게 용서와 축복을!"

지명관은 선우휘 주필이 바란 것은 일본 위정자들의 단호한 결단으로 "일본인 여러분들의 우정 어린 관심과 계속된 지원을 진심으로 바란다"고 결론지었다. 지명관은 김대중 사건이 한국 내에서 발생하고 있는 모든 난제의 초점이라고 인식하고 있었다.

(7) 1973년 10월 '적반하장이라는 말', '모든 것이 게릴라 전법'

한국 국회에서 벌어지고 있는 김대중 사건에 대한 질의에 대해서 소개를 하면서 다른 한편에서는 권력에 가담하면 지식인이 어떻게 반지성적·반동적이 되는가의 실례를 김용성 의원(유신회 소속의 칙선의원. 과거 야당기관지였던 '민주전선'의 편집인 시절에 김지하의 「오적五賊」을 게재하고 체포당한 적이 있음)이나 민병기 의원(전 고려대학교 국제법 교수로 한일협정 반대의 선두에 섰던 적이 있음)의 언행을 통해 밝히고 있다. 권력에 몸을 바친 그들의 이름을 거론하면서 비판하는 필조에는 지명관의 분노가 거세게 뿜어져 나오고 있었다.

또한 일본의 언론인으로서 한국 정권의 앞잡이 노릇을 한 하세가와長谷川 모씨에게는 경멸을 담아 "(『조선일보』 9월 13일에 나온 하세가와의 특별 기고를 읽고) 서울의 많은 시민들은 하세가와 씨의 '우정'에 괴로운 심정을 되새겨야만 했다. 무엇보다도 거기에는 비극인人 김대중 씨, 아니 지금 폭력 아래에서 고통을 받고 있는 한국인들에 대한 우정이 조금도 없었기 때문이다. 거기에는 박 정권과 한국중앙정보부에 대한 충분한 이해가 넘치고 있다. … 한국인들은 그의 '우정'을 꿰뚫어 볼 정도의 센스는 가지고 있다"고 썼다.

한편 이런 언론과는 대조적으로 국회에서 야당의 성격을 발휘한 신민당 김영삼 의원의 발언을 요약해서 전했고 그리고 김 의원 이상으로 강력하게 정권 비판을 기도한 정일형 의원(장면 정권 시절 외무장관으로 한국 정계에서 가장 존경을 받고 있던 노장 의원)의 질문을 소개했다. 집권당은 정 의원을 징계처분하자고 결의했지만 처분은 할 수 없었다.

도둑이 오히려 주인에게 몽둥이를 들이대는 모습을 이르는 '적반하장'이라는 단어는 한국에서 자주 쓰이는 말로 지명관은 여당이 야당을 대하는 것이나 한국 정부가 일본 정부를 대하는 것이 바로 '적반하장'이라고 한다. 「통신」에는 그의 강한 개성과 옳고 그름을 구별하는 감각이 넘쳐흐르고 있었는데, 그는 역사의 법정 앞에서 박정희에게 충성을 다하는 반동적인 언동을 「통신」에 기록하고 소개했다.

(8) 1973년 11월 '가스실의 소문', '절규 또 절규'

1973년 10월 17일, 서울대학교 법과대학 최종길 교수가 학생 입장에서서 주장을 했다고 해서 중앙정보부에 연행되었고 고문으로 죽었다. 이 사건을 전하면서 지명관은, 또한 중앙정보부의 고문에는 가스실도 사용된다는 것과 대학생들의 스트라이크 결의가 속출하고 있다는 것, 학생이 국외에서 들어오는 정보를 필요로 하고 있다는 점 등을 언급했다. 그리고 석유위기 · 물가문제로 국민들은 고통을 받고 있는데도, 박정권은 허먼 칸Herman Kahn[78]과 같은 인물을 데리고 와서 한국의 경제적 기적을 선전하고 있다. 대학 교수들은 어용학자의 거짓말을 경청하느라 국민의 아우성에는 귀를 기울이려고 하지 않는다. 학생들은 이런 지식인들의 태도를 가장 큰 비극이라고 했고 지명관은 "더럽혀진 지성

78) 1922~1983, 미국의 전략이론가, 미래학자 - 역자.

과 티 없는 양심의 대조를 생각하지 않을 수 없었다. 그때에도 데모를 한 학생들은 차가운 감옥 안에서 고문을 받고 있었다"고 하면서 학생들의 절규에 비통한 마음을 감추지 않았다.

(9) 1973년 11월 '개각 후', '또 하나의 이유', '저항은 계속된다'

1973년 11월 1일, 한일 두 나라의 정부 고관들은 김대중 사건에 관한 두 나라 사이의 논의를 모두 끝냈다. 외교적으로 결말이 났다고 발표를 했다. 다음 날인 2일, 김종필 수상은 일본으로 와서 사죄를 했다. 각 대학에 데모, 동맹휴교가 확대되는 가운데 박 대통령은 12월 3일에 내각을 개편하고 구속학생들의 석방을 지시했다. 그러나 지명관은 이 갑작스러운 내각 개편도 실질적인 내용이 없고 학생들의 석방도 미국과의 관계(미국의 압력)에서 비롯된 것에 지나지 않는다고 했다. "박정희는 결코 자의로 후퇴할 사람이 아니다. 피를 보더라도 물러서지 않는 사람이다. … 신이여, 다시는 피로 물든 4월이 되지 않도록"이라고 쓰고 있었다.

박 정권은 남북통일을 가능하게 하기 위해서 정치에 중단이 생기지 않도록 일인독재를 계속하는 것이라는 명분을 내세우고 있었다. 그러나 김대중 사건 후, 남북대화는 진척되지 않았고 닉슨Richard M. Nixon 정권의 키신저Henry A. Kissnger 국무장관도 내한을 해서 박정희에게 남북대화를 촉구했다. 화가 난 박정희는 키신저가 간 후에 재떨이를 집어던졌다고 한다.

그리고 김대중이 출국할 수 있도록 일본의 지식인들이 행동에 나선 것에 대해서 한국의 언론들은 작게 보도를 했지만 지명관은 이런 기사조차도 한국의 지식인들을 고무시키기에는 커다란 사건이었다고 환영

했다. 일본인들의 행동이 한국에서 어떤 반응을 가져오는지를 깨닫게 하는 「통신」이었다.

(10) 1974년 1월 '작은 승리', '밝은 눈과 어두운 눈', '공포 마비증', '폭풍을 기다리는 마음'

한일관계는 정치에서만이 아니었다. 일본의 어선이 긴급히 피난을 하기 위해서 한국의 항구에 잠깐 들른 척했다가 출항을 할 때는 복어 등의 '황금어종'을 남획했던 것이 한국의 반일감정을 자극했다. 또한 기생관광에 반대하는 이화여자대학교 학생들의 행동에 일본 여성들이 동조를 한 일도 있었는데 한국과 일본이 공동으로 싸워서 작은 승리를 거뒀다. 지명관은 이런 일들에도 관심을 두었다.

그리고 한국의 불교인으로, 1973년 11월 5일 민주회복을 촉구한 '시국선언'에 서명한 사람 중의 하나인 법정스님의 수필을 소개하면서, 법정스님은 권력층의 탁한 눈빛과는 대조적으로 조국애로 불타는 민중의 빛나는 눈빛에 주목하고 있다. 그것은 빛과 어둠 속에서 선택을 하면서 살아간다는 찬송가의 한 구절에도 부합하는 이야기라고 소개했다.

탁한 눈빛을 가진 사람들이었던 김종필, 이후락, 박종규 등의 내부 권력 싸움에도 펜을 들이댔고 일본 신문에 대해서도 솔직하게 비판을 했다. 뉴욕타임스 등과는 달리 일본 신문들은 한국 정부의 발표 이외에는 아무것도 보도하지 않는다. 사람들은 "역시 일본 신문은 틀렸다고 말하고 있다. 그리고 일본의 신문들을 침묵하게 만든 것은 일본의 이른바 친한파 정치가와 재벌과 한국의 박 정권의 합작이라고 말하고 있다. 일본의 신문들은 거기에 적극적으로 협력하고 있는 것이다. 그래서 우리들 사이에서는 또다시 일본의 문화인들에 대한 실망과 경멸이 번지고 있다."

지명관이 이런 한국인의 복잡한 심리를 일본인들에게 알린 것은 일본이 아시아에서 신뢰를 얻고 화해를 이루는 일에 성공하기를 바라는 마음에서였다. "이런 우리들의 복잡한 심리를 일본의 지식인들이나 언론인들은 알고 있는 것일까? 모른다면 일본이 아시아에서 만든 비극의 장章은 결코 끝나지 않을 것이다."

1월 17일, 기독교 교회의 목사들은 박정희 대통령이 공포한 긴급조치 제1호, 제2호(개헌운동 금지나 보도관제 등)의 철폐와 개헌 논의의 자유, 더 나아가 유신체제 폐지를 요구하는 성명을 발표했다. 그들은 한국 노동조합이 대부분 어용화되고 있는 상황 아래에서 노동자들을 위해서 그리고 빈민을 위해서 선교를 하던 목사들로, 순교의 각오로 혁명의 폭풍을 일으키자고 말하고 있었다. 그들의 자폭과 다름없는 행동은 커다란 충격을 주었는데 지명관은 그들의 심정을 생각하면서 그 양심적인 목사들이 남겨 두고 가는 가족에 대해서 걱정하면서 울었던 것처럼 울면서 신에게 탄원을 했다고 한다.

(11) 1974년 2월 '국민적 영웅', '참혹한 날'

지명관은 박정희에 대해 항상 혹독하게 비판했는데 예를 들면 친구의 말을 빌린 것 같은 어조로 이렇게 쓰고 있다. "박정희를 정상적인 사람이라고 생각할 수가 없다"고 친구는 말한다. 박정희는 어릴 때부터 형과 형수 밑에서 엄격하게 자란 반발로 복수를 맹세했다고 한다. 그런 의지로 관비官費로 다닐 수 있는 사범학교를 마치고 마침내 만주군 사관학교에 들어갔다. 그리고 해방 후에는 공산주의자가 되려고 하다가 등을 돌리고 동지들을 배신했다. " '이런 남자에게 지금 민족의 운명을 맡겨 놓고 모두가 안절부절못하고 있다.' 친구는 이렇게 말하고 한숨을 쉬었다."

한편 지명관은 친구들 사이에서 김대중에 대한 기대가 크다고 소개하면서 일본의 친구들에게 호소를 한다. 김대중은 공포감에 사로잡힌 것 같은데, 조금 더 활동을 해야만 한다고 비평하는 소리도 들린다. 그러나 현실정치에 관계하는 사람들의 의견은 다르다. 김대중은 진중하게 있어야만 한다. 그가 해외에서 지낼 수 있도록 해외에서 계속 노력해 주어야만 한다.

"우리들은 김대중 씨가 저항세력도 가지지 못한 채 혼자 순교를 하는 비극의 주인공이 되지 않도록 노력을 해야만 한다. … 이 사실을 일본의 친구들도 이해해 주길 바란다. 대부분 침묵을 강요당하고 있는 일본의 여론에 호소를 해도 소용이 없을지도 모르겠지만."

박 정권은 솔제니친Alecksandr I. Solzhenitsyn을 비극적으로 만든 소련 정권보다도 "훨씬 무지하고 포악하고 반역사적"인 파시스트 정권이라고 쓴 지명관은, 피를 강요하는 정권의 손에 의해서 연세대학교 학생이 슬픈 희생을 당한 일을 언급했는데 "나는 가슴이 찢어지는 것 같은 마음으로 그 학생의 부모에 대해서 생각하지 않을 수 없었다. 정말 박 정권이 무너지고 봄은 올 것인가? 그러나 그들은 '사랑하는 아이가 죽은 마당에 도대체 새로운 민주국가라는 게 뭐냐?'라면서 '아이고!' 하며 쓰러져 울 것이다. 민주국가를 되찾아서 환하게 빛나는 젊은이들의 얼굴을 본다면 그들은 더더욱 절규하며 목 놓아 울 것이다. 신이여! 이 비극을 피할 길은 없는 것입니까?"

지명관의 「통신」은 기도이기도 했다.

(12) 1974년 3월 '정치적 심벌리즘', '성숙했을 때', '시인이 몸부림칠 때'

1974년 3월 2일, 비상고등군법회의는 장준하에게 15년 10개월 그리고 백기완에게는 12년 형을 내렸다(이미 '제1장 지명관의 발자취'에서도 언급했다). 장준하는 월간잡지 『사상계』의 발행인으로, 일찍이 이승만을 비판한 적이 있었고 막사이사이상을 수상하기도 했다. 박정희를 '왕초'라고 비난하고 투옥된 경력이 있었는데 특히 지명관은 그를 존경하고 있었다. '유언비어 한마디로 15년 형을 언도하는 폭정' 아래에서 대학생들이 여전히 연행되어 고문을 당하고 있을 때, 한국 국민들은 학생들의 행동에 기대를 걸고 있을 뿐이었다. 지명관은 이런 상황을 "이 국민들은 참으로 슬픈 사람들이다. … 이런 상황을 지켜보면서 젊은 그들에게 조국의 운명을 맡기는 무기력함을 역사는 어떻게 기록할 것인가!"라는 생각을 했다.

자신도 안이한 장소에 있는 것은 아닌가라고 자문하면서 이 같은 문장을 쓰고 있는 것은 피를 토하는 심정이었으리라 생각된다. 그의 마음은 항상 조국의 사람들과 함께 있었기 때문에 역시 「통신」 속에 이렇게 기록을 하고 있는 것이었다.

광주에 있는 방직회사의 여공이 열악한 노동조건에 대해서 다음과 같은 투서를 보냈다. 그녀는 아침 5시에 출근했고 일이 끝난 후에는 해고된 잡역인부들이 하던 청소를 한 시간 정도 수당도 없이 강제로 했다. 그리고 한 시간의 '교육'을 받았다. 근면한 습관을 기르게 하기 위해서라는 이유로 기름과 먼지와 습기로 젖은 작업화를 하얀 운동화가 될 정도로 빨게 만들어서 수면시간을 더욱 빼앗겼다. 주유 공원으로서 이전에는 3, 40대를 담당하고 있던 것이 지금은 100대를 담당해야만 하는, 싫으면 관두라는 소리를 듣고 있는 무력한 여공이었다. 지명관은 이 투서를 보고 "한국의 축소판을 보는 것 같은 마음이 들었다."

무시무시한 간척사업들도 신문에 폭로되었다. 농민들의 노고도 막대한 재정도 날림 사업계획 때문에 없었던 일이 되었고 농민은 권력 아래에서 침묵을 강요당하고 눈물을 머금을 뿐이라고 했다.

"이런 현실 속에서 어떻게 살아갈 것인가를 묻는 것은, 정상적인 사람이라면 그 질문은 어떻게 중앙정보부나 경찰이나 수도경비사령부의 고문을 견뎌 낼 것인가를 묻는 것이라고 생각할지도 모른다. … 어떤 기독교인은 고문을 당할 때 '주기도문'이라는 예수의 기도문을 반복하면서 견디었다고 한다. … 곤봉으로 맞을 때는 즉시 손으로 막아서 손가락뼈를 부러뜨리는 것이 낫다는 의견도 있었다. 나는 괴로워서 그곳에 더 있을 수가 없었다. … 밖으로 나가니 별빛이 눈부신 밤하늘 아래에서 고요히 잠이 들려고 하는 서울 거리가 이상하게 느껴졌다. 깊은 곳에 이런 고통을 숨기고 있으면서도 한국의 외적인 모습은 이렇게도 편안해 보인다. 앞으로 이곳에도 아름다운 봄이 찾아오겠지. 겨울이 길수록 봄은 한층 더 멋진 법이다."

고통스러워서 견딜 수가 없었다. 그곳에 있을 수가 없었다. 이런 표현 속에 자신의 삶의 자세를 표출한 지명관은 「통신」을 통해서 한국 내에 있는 사람들을 향한 연대를 외치고 있었는데, 작가이며 시인인 게오르규Constantin Virgil Gheorghiu[79]가 연대의 등불을 켰을 때는 마음으로부터 감사를 전하지 않을 수 없었다. 『25시』의 저자로 잘 알려진 게오르규는 파리에서 이화여자대학교로 날아와 강연을 했다. 신문도 그 내용을 보도했는데 그 내용은 다음과 같은 멋진 말이었다.

---

79) 1916~1992, 루마니아의 망명 작가이며 신부 - 역자.

나(게오르규)는 누구든 고통을 받고 있는 사람들에게는 모자를 벗어 경의를 표하는데 지상에서 한국 국민들만큼 고통을 받았던 민족은 없을 것이다. 나는 사제로서, 시인으로서, 추방된 사람으로서 자신의 운명을 통해 고통받는 사람들에 대한 공감을 얻었다. 나는 젊었을 때에 잠수함에서 근무를 한 적이 있었는데 산소 부족을 알리는 흰 토끼를 대신한 적이 있다. 내가 잘 먹지도 못하고 괴로워하고 있으면 함내 상황이 위험하다는 것을 알 수 있었기 때문에 동료들은 나를 토끼를 관찰하듯이 지켜보고 있었다. 그때, "나는 시인이 왜 인류에게 쓸모가 있는지를 알게 되었다." 시인이 인류에게 유용한 존재라고 말한 사람은 베르그송Henri Bergson[80]인데 그때 나는 베르그송의 말의 의미를 이해할 수 있었다. "시인은 흰 토끼의 역할로 인류에게 공헌을 할 수 있다. 시인이 괴로워하면 그 사회는 병든 것이다."

한국에서는 양심적인 작가나 기독교인, 지식인 학생들이 오히려 감옥을 택하고 있다. 시인이 그렇게 아파하고 있는데도 권력의 자리에 있는 사람들은 시대의 상징을 보려고도 하지 않는다. 탐욕에 눈이 어두워져 있기 때문이다. "한국에는 군자의 도리가 옛날부터 전해져 내려온다고 들었다. … 위대한 작가는 모든 것을 걸고 쓰는 사람이다. 그것이 진실이라면 죽음을 당하게 되더라도 써야만 한다. … 군자는 지상의 고통 때문에 신음하면서 이상과 영원을 좇는 사람이라는 것을 상기하면서 나는 당신들과 헤어지고 싶다."

---

80) 1859~1941, 프랑스의 철학자. 1927년 노벨문학상 수상 - 역자.

지명관은 게오르규의 강연을 소개한 글을 "우리들의 고통을 이해하고 인간의 고뇌를 함께 이해해 준 시인이여, 영원하라!"고 맺고 있다.

시인이자 작가인 콘스탄틴 게오르규는 1916년생의 루마니아인으로 철학과 신학을 전공했다. 『25시』가 일본어로 번역된 것은 1950년이었다. 나(필자)는 지명관의 위의 글을 읽으면서 학생 시절 이 책을 읽었을 때의 감동을 새롭게 떠올렸는데 지명관도 또한 게오르규의 강연에서 감동을 받았다는 것을 알게 해 주는 글이었다.

(13) 1974년 4월 '민주학생총련 운동', '고통받는 양심'

1974년 4월 3일 10곳의 대학교와 3개의 고등학교가 참가한 일제봉기에서 학생들은 "파시스트 독재정권 물러가라"고 외치면서 '민중・민족・민주선언'을 낭독하고 배포했는데 경찰・중앙정보부・기동대・향토예비군의 경계 앞에서 대대적인 데모가 되지 못한 채 끝나 버렸다. 그런 학생들의 움직임에 대해 박 정권은 같은 날 저녁 긴급조치 제4호를 공포하고 탄압을 시작했다. 반 박정희 운동을 하는 학생에게는 사형을 적용하고, 데모를 진압하지 못하는 학교들은 폐교한다는 맹렬한 기세였다.

박정희는 학생의 애국운동과 민주화 운동을 '북의 지령에 의한 적화통일, 인민혁명의 반국가 지하조직의 행동'이라고 했지만 일제 봉기는 3・1 운동 민족선언에 고무된 운동이었을 뿐 북한과의 연락은 없었다. 다만 '공산주의=악'이라는 이미지에 호소를 하는 상투적인 수단이 권력의 손아귀에 있었고 문제는 국내에만 존재하는 것이 아니었다. 북한의 남한에 대한 공세에도 있었다. "나의 뇌리에는 '어떻게 공산주의가 이렇게 이용되게 된 것일까? 공산주의, 즉 악이라는 이미지에 호소할 수 있다는 생각을 하게 된 것일까? 북한은 남한이 가지는 이런 불행한 대중적 이미지를 없앨 수 있는 새로운 활동을 시작할 수 없는 것일까?' 라는 생각이 스쳐 지나갔다."

아울러 한국동란을 경험한 한국 국민들은 '공산당'의 이미지에 대해서 "공산당은 인권적인 고려가 없어도 묵인을 하는 잔인한 습성이 몸에 배어 있다. 적에게는 인정이 필요 없다는 생각이 작용하고 있을 것"이라는 생각을 가지고 있고 "그래서 반공교육이 강화될 수 있을 것이다"라고 썼다.

3 · 1 독립기념일에는 정부의 강요에 의한 연합 예배가 있었다. 100년에 걸친 한국 교회의 역사상 처음 있는 일이었다. 또한 '엑스프로 74'라는 이름으로 미국과 일본 등지에서 기독교인를 초청하는 행사가 있었는데 개최자인 김준곤 목사에게는 정부의 특별한 배려가 제공되었다고 한다. 지명관은 김준곤 목사를 가리켜 이렇게 말했다. "김준곤이라는 사람은 옛날에도 일본의 통치나 히틀러의 통치에 대해 '나쁜 면도 있지만 좋은 점도 있어'라고 칭송하면서 따라갔을까?" 김준곤 같은 인물은 "정치적 저항에까지 이른 신앙 이야기들로 가득한 구약성서를 외면하고 있는 것이겠지요."

지명관은 한국의 교회와 기독교인의 순교적인 행동을 숭고하게 생각했기 때문에 영락교회와 같이 "부자들의 교회이기 때문에 항상 체제 순응적이고 용기 있는 행동을 할 수 없는" 존재들에게는 가차가 없었다. 왜냐하면 그런 교회 안에서조차 순교자가 나왔는데 당국이 두려워서 그 사실을 공표하지 못하고 있으면 그 순교자가 부각되지 못하기 때문이었다.

「통신」에서 그는 다시 한 번 북한에 대해서 언급을 했는데 "북한은 도그마 또는 욕망으로 남한을 바라볼 것이 아니라 사실을 솔직히 인정하고 폭력 없는 평화라는 민족적 염원으로 남한을 바라볼 수는 없는 것일까? 북한이 박정희의 폭력과 허위에 대해서 같은 식으로 답을 한다면 실로 우리들의 절망은 점점 깊어진다. 그리고 정치세력 때문에 우리 민족은 영원히 구원받지 못하는 것인가라는 탄식을 하게 된다. 남북의 지금까지의 악순환을 끝낼 수 있는 높은 차원의 이념에 의한 정치만이 민족 주체성의 역사를 만들어 낼 수 있는 것은 아닐까?"라고 묻는다.

한국의 민주화 투쟁은 동시에 남북대화와 평화협조에 향하는 길이라는 것. 그는 그렇게 주장하고 있는 것이다.

(14) 1974년 5월 '남겨진 자', '창작의 명수', '침묵 속에는'

1974년 4월 3일의 학생봉기 이후 300여 명의 학생들이 서대문 형무소에 수용되어 정신적 · 육체적 고문을 받고 있는 중에도 신문은 사설에서 "때는 바야흐로 봄, 그야말로 젊은이들의 계절이다. … 폭풍우 속에서 맛좋은 술을 마시듯이 마음 가는 대로 즐기길 바란다. 그것은 건강한 당신들의 특권이다"라는 공염불을 읊고 있었다. 지명관은 군사 감옥 속에서 피 맺힌 절규를 하고 있는 학생들을 생각하면서 이런 사설에 대해 "이 얼마나 속이 뻔히 들여다보이는 말인가! 이 얼마나 부끄러움을 모르는 설교인가!"라고 분노했다. 신문은 박 정권에게 장악당하고 있다. 그렇다고 해도 이런 폭언을 내뱉을 정도로 '신문쟁이'들이 추락을 해야만 하는 걸까라고 항의를 했다.

또 한편으로는 학생들의 '전향'을 이해할 필요가 있다고 말했다. 학생들에 대한 고문 중 여학생들의 경우는 "벌거벗기고 괴롭히다가 죽였다고 한다. 충성스러운 취조관은 강간을 해도 문책을 당하지 않는다."

중앙정보부에서는 몇 십 명이나 되는 학생들이 잠조차 허락받지 못하고 있다. 고문실에 들어가면 사방팔방에서 곤봉이 자동적으로 날아와 때린다. "박 정권은 고문과 공포정치에 있어서는 가장 근대화된 면목을 보이고 있는 것이다. 이런 상황에 대해서 전 세계에 호소를 하고 싶다. 전기고문을 당하고 인간의 유약함에 항복을 해 버리는 일이 있다. 그러나 그것을 단순히 '배신자'라고 말할 수 있을까?"

그는 상처받은 그들을 위로하자고 주장했다. 사회 전체가 군사감옥화된 속에서 고문에도 굴하지 않고 살아가는 사람들도 있겠지만 굴복해 버리는 사람들도 있다. 그럴 때는 잠시 동료들에게 "용서를 받고 또 다시 힘을 낼 수밖에 없는" 것 아니겠느냐고 말한다.

1974년 5월 24일, 한국 외무부는 일본인 학생 하야카와 요시하루早川嘉春, 다치카와 마사키太刀川正樹 두 사람이 긴급조치 제4호를 위반한 혐의로 체포되었다고 발표를 했다. 지명관은 만약 이 두 사람이 학생들에게 뭔가 금품을 주었다고 한다면 함정에 빠진 것은 아닐까? 이 사건은 박 정권의 '공산당 소동' 계획의 일환은 아닐까라고 보면서 그들에 대해 일본 정부는 소극적으로 행동할 것이고 경제 이익을 우선시할 것이며 한일관계를 악화시키지 않으려고 할 것이다. 그러나 인권도 국민도 안중에 없는 일본 정부는 김대중 사건 때와 마찬가지로 한국 국민으로부터 '마음으로부터의 경멸'을 당하고 있다고 쓰고 있다.

(15) 1974년 6월 '유언비어', '배신의 권력', '민중의 심판'

1974년 6월 1일, 서울 형사재판소는 김대중에게 67년에 있었던 선거법위반의 용의 등으로 출두할 것을 명령했다. 지명관은 김대중을 법정으로 불러내 정신적 고문을 주기에 이른 것은 역사상 최대 부정선거를 한 박정희가 완전히 태도를 바꾼 것을 의미한다고 분석하고 김대중에게 최대한의 지원을 보낸다.

"분명 김대중 씨에게 이것은 새로운 위기이다. … 김대중 씨를 법정에서 지켜보고 박수로 맞이하고 박수로 배웅했던 지역 주민들과 법정을 에워싼 사람들이 그가 법정에서 하는 정치투쟁에 성원을 보내고 있는 모든 한국 민중의 대표라는 것을 잊어서는 안 된다. 일본과 미국은 한국 민중이 지원하는 사람과 냉정하고 성실하게 상호 이익을 추구하는 항구적인 우정 관계를 맺는 것을 주저하고 있는 것일까? 김대중 씨는 결코 무모한 급진주의자가 아니다. …"

지명관은 민주주의의 사활을 건 문제라면서 워터게이트 사건을 언급했던 미국의 신문들처럼 일본의 신문들도 김대중 사건이나 두 사람의 일본인 학생 체포 사건을 언급해 주길 바란다고 했다. 그것은 아시아를 위한 일이며 한국을 비롯한 아시아와 일본의 새로운 관계를 위한 일이 되므로 인권을 무시하는 일본이어서는 안 된다. 또한 "우리들에게는 세계의, 특히 양심적인 일본인들의 지원이 절대적으로 필요하다. 박 정권이 국제적인 여론에 신경을 쓰고 있는 것은 그들이 우리들의 민주주의를 위한 투쟁을 힘껏 격려하고 있기 때문이다."

그는 이렇게 호소하면서 자신을 되돌아보고 말했다.

"나는 투쟁에 수반되는 고난을 두려워하는 자신의 처지를 되돌아봤다. 죽음 · 감옥 · 고문, 이 모두가 싸우지 않는 자의 상상 속에서 두려워해야만 할 대상으로 부풀어 오르고 있는지도 모른다. 감옥에 있는 동지들은 오히려 힘차게 언제까지라도 투쟁하겠다고 최선을 다하고 있지 않는가! 무기력한 자신을 반성하면서 나는 과연 언제까지 이러고 있어야 하는 것인가 묻지 않을 수 없었다."

이 「통신」보다 하나 앞선 호(1974년 5월)에서는 "사실대로 말하면 중앙정보부나 문화공보부는 지금까지 이 「한국으로부터의 통신」의 근원을 색출해 없애 버리려고 엄청난 노력을 해 왔다. 친구들을 통해서 이런 그들의 움직임이 가끔 나의 귀에도 들어온다(이제는 밝혀질지도 모른다는 불안이 늘어 가는 것도 사실이다)"라고 쓴 것처럼 통신을 계속 쓰는 것 자체가 위험한 행위였음에도 불구하고 자신은 무엇을 했는가 하고 계속 되묻지 않을 수 없었던 것이다.

『속 · 한국으로부터의 통신—1974. 7~1975. 6—』(제2집)

(1) 1974년 7월 '사형 판결', '나이를 먹고'

1974년 7월 13일, 한국 비상군법회의는 공산혁명을 기도했다고 선전하면서 '민청학련'(전국민주청년학생총연맹) 사건의 피고인인 시인 김지하(앞서 '제1장 지명관의 발자취'에서 이미 언급한 김지하는 「오적」이라는 시 등으로 체제 비판을 시도하고 있었다) 등 7명에게 사형판결을 내렸다. 일본인 학생 하야카와와 다치카와도 징역 20년의 판결을 받았다. 지명관은 죄인이 의로운 사람을 재판하는 실로 통곡해야만 할 사태라고 말하면서도 단지 통곡만 하고 있을 수는 없다, 국내의 투쟁은 거의 압살을 당하고 있지만 해외에 있는 친구들의 대담한 투쟁만이 오직 국내의 싸움을 고양시키는 수단이 될 것이다. "우리 동지들에게 사형이 선고되는 이 어두운 시기를 그냥 절망스럽게만 느껴서는 안 된다"고 스스로를 격려했다.

또한 같은 시기에 박 정권은 일본 통치와 싸웠던 보수적 민주주의자인 윤보선 전 대통령까지도 기소를 했는데 이 사태에 대해서는 「통신」의 어조도 격해지고 있었다. "… 윤보선 씨의 속은 지금 부글부글 끓어오르고 있을 것이다. 한평생을 애국자로서 살아온 그가 지금, 일본 통치 아래에서는 일본의 군인으로서 민족을 배반하고 해방 후에는 여수반란 사건 … 으로 동지를 배반하고 또한 쿠데타와 계속된 공약 위반 등으로 국민을 배신한 인간 앞에서 심판을 받는다. 이 얼마나 가혹한 역사인가!"

(2) 1974년 8월 '비밀 판결', '하나의 회상', '혼 빼기 작전', '수인囚人의 말', '슬픈 일'

일본 정부의 대응은 일본 학생 두 명에 대한 판결을 앞두고도 김대중 사건 때와 마찬가지로 침착하지 못했다. 지명관은 일본인에 대한 일본 정부의 이 무기력함에 대해서 전에 없는 강한 어조로 쓰고 있었다.

"일본 정부는 김대중 씨 사건에서 인권보다는 경제적 이익을 생각했다고 해석되고 있다. 두 사람의 일본인이 철없는 행동으로 체포되어도 단호한 말 한마디도 하지 못한다. … 일본의 위정자들은 국제적으로 존경받을 수 있는 일본을 만드는 일에 대해서는 전혀 고려하지 않는 생각이 짧은 사람들 같다. 돌변한 박 정권도 너무나 비겁하다고 생각하지만 그것에 쩔쩔 매고 있는 일본 정부도 너무나 비굴하다."

미국 의회가 원조 삭감을 가지고 박 정권의 비인도적인 지배에 항의하고 있는 것에 비해 박 정권과 유착한 일본의 위정자와 기업가들은 진흙탕 속을 계속 걷고 있을 뿐이라고 지적하고 있었다.

'혼 빼기 작전'이란 '새마을 운동'을 일컫는 말로 일본 통치 말기에

있었던 '미소기禊ぎ'[81]라고 할까, 심신단련이라고 할까, 그것과 유사한 것이었다. 일주일 동안 아침부터 밤까지, 달리기로 시작을 해서 정신 훈화를 시키면서 혼을 빼앗으려는 계획을 실시하고 있다는 것을 전하는 한편, 한국에는 고문이 한 건도 없다고 국회 답변을 한 김종필 총리도 혼을 빼앗긴 것이라고 지명관은 돌려 말했다.

「통신」은 한국의 민주화 투쟁을 지원하는 방법에 대해서도 구체적으로 제안을 했다. 학생들을 도울 것과 법정 투쟁을 위한 재정적 원조를 할 것, 기도와 도덕적인 지지를 보낼 것, 조사단을 파견해서 격려할 것, 외국 신문들의 사실 보도 기회를 확대할 것 그리고 가능하다면 한국 내에서 진실을 말하는 사람들을 국외로 데리고 나가 대화의 기회를 만들 것 등이었다. 도덕적인 지지에 머물지 않고 그 밖의 지원을 명기한 점에서 한국 내 민주화 운동의 급박감과 폐쇄성을 엿볼 수 있다.

1974년 8월 15일은 광복절이었다. 이날, 광복절 기념식장에서 박 대통령을 겨냥한 재일 한국인 문세광의 총탄에 박 대통령의 부인인 육영수와 합창대였던 여자 고등학생이 쓰러졌다. 충격이 한국 내에 퍼진 것은 물론이고 부인을 '국모'로 미화한 이야기도 즉시 유포되었다. 그러나 지명관은 이 슬퍼해야 할 사건을 다르게 받아들이고 있던 존재들에 대해서 주의를 기울이고 있었다.

"무엇보다도 깊은 인간적인 동정을 보이지 않으면 안 되겠지만 분명히 말하자면 이 사건은 이런 한국의 정세가 불러온 것이라고 받아들여졌다. … 가장 양식이 있는 사람들 사이에서조차 테러밖에는 방법이 없지 않은가라고 아무렇지 않게 수군거리고 있다. 단지 그것이 가져올 정

81) 부정이나 죄를 강물에 씻는 행위를 일컫는 말 - 역자.

치적인 마이너스와 반동을 생각하는 이성이 있을 뿐이었다. … 두 여자 … 의 불행한 죽음을 애도하는 분위기 속에서도 이 냉엄한 사실을 잊어서는 안 된다."

박 정권은 부인의 죽음까지도 연명의 수단으로 이용하겠지만 국민은 이런 조작에는 냉담하다고 결론짓고 있다.

(3) 1974년 9월 '8 · 15 참변', '반일의 폭풍우'

광복절 행사장에서 일어난 비극은 8 · 15 참변이라고 불렸고 부인의 빈소에는 봉향을 할 사람들이 지방에서도 동원되어 대열을 만들었다. 이 참극을 둘러싸고 박정희의 여성 스캔들에 대한 소문이나 부인에게 정치 · 경제적인 사조직이 있었다는 소문도 퍼졌는데 지명관은 어떤 부인의 코멘트를 인용하여 민중의 소리를 전하고 있다. "우리들은 여자로서는 매우 안타까운 일이라고 생각합니다. … 악인惡人인 남편을 대신해서 죽었습니다. 어찌되었건 남편 때문에 죽음을 맞았고 이런 상태로는 박정희에게도 언젠가 분명히 비극적인 최후가 찾아올 텐데 그것을 보지 못하고 먼저 갔으니 …" 이 시점에서는 물론 그것이 예감에 그치고 있지만 민중의 소리는 그후의 박정희의 운명을 점치고 있다.

8 · 15 참변과 그에 이어진 반일 데모로 박 정권은 민심을 상당히 되돌릴 수 있게 되었다. 지명관은 반일감정에 대해서 거기에는 역사적인 체험에서 유래한 감정의 문제가 있고 게다가 박 정권이 세계에 문호를 닫은 채 일방적으로 국민에게 정보를 전달하고 있었기 때문에 민심은 간단하게 동원되었다고 쓰고 있는데, 이것은 흡사 현재의 북한과 같은 상황이다. 그리고 지금도 한국에서는 (혹은 중국에서도) 이런 식으로 민심이 동원되고 있는데 「통신」은 문제의 소재의 절반은 일본이 신뢰를

받는 나라가 되지 못하고 있다는 점에 있다고 시사하고 있다.

(4) 1974년 10월 '어머니의 기도', '반일의 응어리', '더해 가는 근심', '불굴의 싸움', '세 개의 호소'

문세광의 저격 사건이 계기가 되어 반일 데모가 더 과격해졌다. 박 정권은 박 정권에게서 얻는 정보만으로 민중이 폭동하는 것을 이용하면서 불장난을 했다. 지명관은 이런 양상에 대해 언급하고 "박 정권 이후의 시대에도 한국 민중은 오랫동안 그 후유증을 앓게 되는 것은 아닐까? 선량한 열린 지도층에 의한 통치를 희망하는 마음이 간절하다"고 쓰고 있다.

또한 반일 데모를 할 때 '단지斷指 소동'이 있었는데 그 소행에 대해서도 밝히고 있다. 9월 9일, 반일에 대한 결의로 새끼손가락을 절단하고 손도장을 찍은 30여 명의 청년들은 사실은 죄수들이었고 감형과 보수를 약속받았으므로 그들이 퍼포먼스를 벌이기 전에 이미 사진기자와 구급차가 대기하고 있었다고 했다.

그리고 최근(2005)에도 반일을 고양시키기 위해서 한 한국 여성이 손가락을 잘라냈는데 나(필자)는 이 사건이 30여 년 전의 단지일화와 마찬가지로 슬프게 느껴졌다.

지명관은 박 정권이 식량부족 · 연료위기 등으로 생활고에 허덕이는 서민들에 대해서는 아랑곳하지 않고 '원자력 무기' 개발에 막대한 예산을 계상했다고 전한 후, 일본을 포함한 강대국의 책임을 다음과 같이 지적하고 있다. 이것은 오늘날의 북한의 동향을 예견한 구절이라고 할 수 있다.

"미국은 한국이 무기를 개발하는 것을 별로 기뻐하지 않는다. 그래서

(한국은 - 필자) 캐나다와 손을 잡고 인도처럼 핵개발을 진행할 예정이라고 한다. 그 재정을 일본의 한 큰 회사가 지원하고 있는데 그것은 일본 자신의 핵무장 가능성에 대한 모색과 관련이 있다고도 한다. 강대국은 핵개발 시설도 강력한 무기도 자국에 이익만 된다면 아무에게나 수출을 할지도 모른다. 그것에 상응하는 국가적 이성을 가지고 있는 나라라면 별개의 문제이지만 박 정권처럼 호전적이고 때로는 광기에 젖어 손가락을 자르는 반일 데모를 죄수들에게 시키는 것처럼, 무슨 짓을 저지를지 모르는 정권에게 강력한 핵무기나 강력한 무기를 주고 어떻게 할 작정인가? 분명 북한도 잠자코 있지는 않을 것이다. 이 지역에서 가장 호전적인 정권의 부류에 속하는 그들에게 그 같은 위험한 불놀이를 허락할 것인가? … 미치광이처럼 보이는 자에게 칼을 쥐어 주고 세계는 편안히 잘 수 있다고 생각하고 있는 것인가?"

1974년 10월 7일 야당 신민당의 총재 김영삼은 국회에서 대표질의를 하고 평화적인 정권 교체를 위한 헌법개정과 구속 인사의 무조건석방을 호소했다. 이 질의연설은 국회위원들에게 다소나마 용기가 돌아왔다는 증거였고 김영삼 개인과 야당도 국민의 선두에 서겠다고 선언한 이상, 간단한 후퇴는 허용되지 않는 일이 되었다.

「통신」은 "이 연설은 분명히 새로운 역사를 여는 것이었다고 할 수 있다"고 논평을 했는데 그것은 폭력을 두려워하지 않는 자신감에 가득 찬 학생들의 존재를 확인시키고 조리에 맞는 이야기였다. 즉, '빨갱이'라고 해서 감옥에 잡혀 있는 학생들의 모친이나 남편의 사형선고에 꼼짝도 할 수 없었던 부인들의 가혹한 상황에 대해서 지명관은 이렇게 쓰고 있다.

"나는 사형선고를 받은 여덟 명의 가족들의 통절한 호소를 접하고 놀라지 않을 수 없었다. … 어떤 사람은 가난 때문에 친구에게 아들의 고등학교 입학금을 지원받은 것인데 혁명자금을 받은 것으로 조작되어 버렸다." 그리고 그는 사형을 언도받았고 친구는 20년 징역을 받았다. 빨갱이 가족이라고 3살짜리 아이가 이웃아이들에게 괴롭힘을 당하고 있다. 아이들은 나무로 만든 장난감 총을 들이대고 총살을 하겠다고 겁을 준다고 한다. "이런 사회적 소외와 박해 속에서 그들은 어떻게 이 나라를 사랑할 수 있을까?"

어떤 여인들은 자식들이 군사법정에서 말한 것을 밖에 나와 이야기 했다고 정보부나 경찰서에 연행되어 심문을 받다가 얻어맞고 기절을 했다. 병원으로 옮겨져서 치료를 받을 때도 네댓 명의 중앙정보부원들이 와서 연일 한숨도 재우지 않고 심문을 계속했는데 "10여 명 경관의 잔인한 심문공격에 곁에서 보고 있던 간호사들도 함께 울었다."

때는 가을, 지명관은 이러한 보고의 말미에 "도대체 한국 민주주의의 회복은 얼마만큼의 희생을 치르게 만드려는 것인가? 한국의 가을하늘은 또다시 얼마나 많은 사람들의 슬픔을 마시고 시퍼렇게 빛나려는 것인가? 나는 저 하늘을 올려다보면서 탄식만 내쉴 수밖에 없는 약한 인간인 것을 부끄러워한다"고 독백했다. 항상 솟구치는 마음속의 소리, 전선에 있지 않다는 것에 대한 가책의 외침이었다.

또한 이 글 속에 무심코, "… 저 하늘을 쳐다보면서 …"라고 쓰고 있는데 본인이 한국 내에 있다고 한다면(「통신」은 표면적으로는 그렇게 되어 있었다) "… 이 하늘을 올려다보면서 …"가 되어야 하는 셈이다. 일본에서 고국을 생각했기 때문에 '저 하늘'이 된 것일 것이다.

(5) 1974년 11월 '만화의 세계', '인권이라는 병'

1974년 10월 중・하순부터 기독교 신자들의 민주화를 향한 움직임이 활발해졌다. 가톨릭 신자 지학순 주교의 용기 있는 행동이 도화선이 된 것으로 26일에는 가톨릭신학대학교 학생 200여 명이 데모를 해서 세상 사람들을 깜짝 놀라게 했다. 전라남도 전주 교구장도 정말 선량하고 인내심이 강하고 온순한 국민을 더 이상 괴롭히지 말고 하루라도 빨리 주권을 주인인 국민에게 돌려주라고 호소했다.

지명관은 세계의 교회들의 관심을 배경으로 한 이런 움직임들을 "일찍이 19세기 말에 1만 명 이상의 순교자를 낳았지만 그후로부터는 사회적 문제에 대해서는 자칫 소극적이기 쉬웠던 가톨릭교회가 이렇게 깊게 의식화된 것이다"라고 보았는데 개신교 교회들도 계속 변화하고 있었다. 지금까지 한국 교회들은 대체로 보수적이었고 투옥된 교직자들의 행동을 소수에 의한 정치적인 소행이라고 보았지만 잔학한 독재 앞에서 그들의 행동에 관심을 보이지 않을 수 없었다.

"고독한 소수자의 움직임이 지금은 거의 모든 교회의 절규가 되어 번지고 있다. 많은 교파의 총회가 만장일치로 민주 회복을 외치고 옥중에 있는 교직자들은 신앙의 양심 위에서 결단을 내린 애국자들이며 지금은 그리스도의 고난에 참가하고 있는 것이라고 선언하면서 전적인 지원을 성명한" 것이다.

학생과 종교인들은 이미 함께 투쟁하고 있었다. 거기에 매스컴 관계자들도 새롭게 참가했다. 「통신」은 한국을 대표하는 양대 신문 중에 하나인 동아일보의 언론 자유를 향한 작은 첫 걸음에 주목을 하고 있었다. 이 신문이, 김대중이 출석한 11월 12일의 가톨릭교회 인권회복과 구속자 석방을 요구하는 기도회를 기사화했기 때문이었다. 또한 「통신」

은 대표적인 민족지인 조선일보(그 당시 신문에서 박정희를 카리스마적인 지도자로 만들어 내고 있다고 국민에게 비난을 받고 있었다 - 필자)에 대해서는 언론 본래의 사명으로 되돌아와 주리라는 기대를 표명했다. 한국 내의 언론이 민주화 투쟁의 일익을 담당한다면 야당의원의 퍼포먼스도 활기를 띨 것이라면서 지명관은 이런 환경을 만드는 일에도 의욕적이었다.

(6) 1974년 12월 '연대하는 사람들', '국민 간의 이미지'

언론뿐만 아니라 오랫동안 부도덕한 침묵을 계속해 온 대학 사이에서도 민주 인사들을 향한 공감이 싹트기 시작했다. 연세대학교의 한 교수는 "결석을 했다는 것을 분명히 알면서도 출석부를 앞에 놓고 구속학생들의 이름을 부르는 이 슬픔과 안타까움으로부터 하루라도 빨리 벗어나게 해 주옵소서"라고 기도를 했다. 고려대학교와 연세대학교 총장은 각각의 대학은 정도正道, 대도大道에 서지 않으면 안 되며 학생들의 행동은 애국적인 것이라고 주장을 했다. 요지부동인 대학을 움직이게 한 것은 다음과 같은 비밀 편지를 어머니에게 썼던 한 학생의 순진함이었다.

"… 저는 연고도 없이 ○○로 가는 친구에게 담요 등을 줘 버렸습니다. 헌 담요가 있으면 하나 넣어 주십시오. … 어머니, 슬픈 한국의 역사, 그 고난에 우리들이 참가하고 있는 것을 저는 신에게 감사드립니다. 이 고난에 참가하는 것은 바로 새로운 창조를 위한 기쁨이기도 하고 극복이기도 하고 발전이기도 한 것입니다. 이것은 밖에 계신 어머님의 경우도 마찬가지라고 생각합니다. 옥중에 있는 친구들의 가족에게 힘이 되어 주십시오. 어머니, 기도를 하실 때, 절대 '석방'을 기도드리지 말아

주십시오. 우리들의 성장과 극복 그리고 민주주의를 위해서 기도를 드려 주십시오. … 잡혀 있는 우리들에게는 밖의 작은 관심도 큰 힘이 됩니다. … 저에게 넣어 주신 것도 절반은 다른 사람들에게 주었습니다. …"

지명관은 「통신」을 매체로 한국의 민주화 투쟁을 여러 가지 측면에서 알리고 격려를 했는데 구속자가족협의회의 다음과 같은 성명은 이런 그 자신의 투쟁에 대한 참여를 한층 더 강화시킨 바일 것이다.

"우리들의 남편, 아들, 딸들은 결코 죄인이 아니라 죄를 완전히 용서받아야만 할 사람들이 아닌가 하고 우리들은 인식하고 있습니다. 우리들의 남편, 아들, 딸들은 권력의 절대화를 막고 이 땅에 정의사회가 건설되기를 희구하고 스스로 십자가를 짊어진 역사를 지키는 사람이라고 자부하고 있습니다."

(7) 1975년 1월 '을묘년의 태양', '『동아』의 싸움'

30여 명의 젊은 기자들의 행동으로 시작된 동아일보의 언론자유를 향한 움직임은 1974년 12월, 곧바로 광고 스폰서 해약과 은행 융자 정지 등으로 보복을 받았는데 독자의 뜨거운 지원을 받아 동아일보 전체가 저항정신을 발휘하기에 이르렀다. 동아일보의 1975년 1월 11일 사설 "국민의 성원에 감사한다"는 이렇게 말하고 있다.

보급로 차단을 당한 신문사에 독자들이 보내 준 성원은 단순히 한 업체에 대한 것이 아니라, 사시社是인 민족주의·민주주의·문화주의에 대한 성원이며 "나아가서는 우리나라 언론자유와 민권과 민주 발전에 대한 격려라고 우리는 믿고 있다." "우리는 결코 외롭지 않다." " '행복하여라. 옳은 일을 하다가 박해받는 사람들, 하늘나라가 그들의 것이니'라는 성경의 말씀을 되새기게 된다." 국민의 성원에 감사하면서 이 위대한 국민을 자랑하고 싶다고 말했다.

또한 12월 28일에는 일본에서도 동아일보를 지지하는 모임이 결성되었다. 이 움직임에 대해서 「통신」은 '동아일보의 싸움에 대한 외부로부터의 지원에 감사'를 보냈다. 국제적인 유착으로 인해 한국 민중들이 "연금되어 있다. 그것을 끊어 버리는 것은 국제적인 양심의 연대 위에 선 우리의 투쟁이다"라고 인식하고 있었던 지명관은 설령 작은 움직임일지라도 국제적 연대의 출현에 기쁨을 내보였던 것이었다.

(8) 1975년 2월 '컴퓨터적인 독재', '국민투표', '앞으로 올 사람'

1975년 1월 22일, 박 대통령은 현행 헌법과 유신체제의 옳고 그름을 묻는 국민투표를 실시한다고 발표했는데 김대중 등을 비롯한 민주세력은 투표에 반대를 표명했다. 정부에 의한 투표 간섭과 부정 조작이 이미 예상되었기 때문이었다. 투표는 2월 12일 거행되었는데 유권자 중 77.84%가 투표했고 박 정권에 찬성한 사람은 73.1%로 보고되었다.

독재 하에서는 모든 것이 이상하다. 중앙정보부는 감옥 안에 있는 사람들의 가족들을 연행했다. 인민혁명당 관계자의 부인은 3일 동안 심문을 받은 끝에 약이 든 물을 마시게 되었고 남편이 빨갱이라고 써진 종이에 서명을 해 버렸다. 이 사실에 죄의식을 느낀 그녀는 집에 돌아오자마자 아버지를 배신했으니 함께 자살하자고 두 아이를 설득했다. 10살이 된 아이는 밖으로 뛰쳐나가서 "나는 죽지 않을 거야. 아버지가 돌아오도록 노력해야만 해"라고 외쳤다.

이 이야기를 들은 김지하의 어머니는 어느 기도회장에서 함께 자리를 한 정보부원들에게 "지하가 유명하다고 소란 떨고 싶지 않아서 나는 지금까지 침묵하고 있었다. 이 잔인한 놈들, 왜 이 예배장에 오는 거냐?

아들이 어릴 때는 내가 아들을 가르쳤다. 하지만 아들이 자라고 나서는 항상 내가 배웠다. 지금은 아들에게 배운 대로 싸우고 있는 거다. 중앙정보부 놈들, 꺼져 버려라!" 하고 호통을 쳤다.

그 어머니에 그 아들이라고 참석자들은 읊조렸다고 하는데 김지하 어머니의 에피소드는 유명한 시인의 어머니의 이야기이기 때문에 위대한 것이 아니라 민주화를 위해 일어선 모든 학생, 청년들의 어머님의 정신 밑바탕에 흐르는 것이었기에 기억되어야만 한다.

(9) 1975년 3월 '후유증의 소용돌이'

국민투표로부터 3일 후인 1975년 2월 15일, 긴급조치 제1호・제4호에 의한 구속자 석방이 발표되었고 김지하 등이 출옥을 했다. 일본인 학생 하야카와와 다치카와 두 사람도 석방되었다. 「통신」은 '민청학련 사건'의 날조를 규탄한 김지하의 「고행…1974」를 소개했다. "고행"의 말미에는 "내 넋을 만날 때까지 내 육신은 싸우리라. 그것이 매질 아래 산산조각이 나 흩어져 저 바람결에 사라져 없어질 때까지"라고 쓰여 있었다.

이 옥중 기록에 대해서 언급한 지명관은 이 싸움은 '비인간'과 '고귀한 정신'의 싸움이고 그렇기 때문에 "이 싸움의 승리는 인간 정신의 승리로 기록된다. 진정한 혁명이라고 기록된다"고 썼다. 그리고 "이 싸움에 자신이 참여할 수 있었던 것을 영광이라고 생각한다, 감사히 여기지 않을 수 없다, 압정 아래에서 성장하고 있는 영혼을 위해서도"라고 통신을 맺고 있다(2005년 12월, 중앙정보부의 후신인 한국국가정보원의 진실규명위원회는 민청학련 사건은 민주화 운동의 탄압을 노린 날조였다는 보고를 발표했다. 2010년 1월에는 재심청구를 한 사건 피고인에게 무죄판결이 언도되었다).

(10) 1975년 4월 '상처 없는 고문', '통곡의 사형'

야당 통합을 위해서 윤보선 전 대통령, 김영삼 신민당 총재, 김대중, 양일동 통일당 당수가 원칙적으로 합의를 했다. 개신교의 연합예배에 20만 명이 참가를 했다. 무엇인가를 요구하는 소리였지만 여전히 소수의 가냘픈 소리였다. 다시 투옥된 김지하가 고백서를 썼다고 하는데 고문에 의한 것이었는지 어떤지 모를 일이다.

고문에 대해서 말하면 어떤 부인은 취조 중에 잠도 휴식도 허용되지 않았는데 물을 한 잔 마셨더니 참을 수 없는 성욕에 사로잡혔다고 했다. 또한 미국 프레이저Donald M. Fraser 하원의원이 서울에 와서 출옥한 학생들을 만나려고 했을 때 그 학생들을 호텔에 감금하고 "그 물을 한 잔 마시게 하고 지령을 받은 '여성들'을 던져 넣었다고 한다. 상처가 남지 않는 고문이었다. 이 잔인성, 이 비도덕성을 어찌하면 좋을까."

박정희 정권을 폭력 정권이라고만 생각하고 있었는데 살인 정권이었다. 그에게는 인간성이 없다. 이미 짐승이 되어 버린 것일까? 지명관이 이렇게 비판한 것은 4월 9일 인민혁명당 사건의 피고 8명이 처형되었을 때의 일이다. 전날인 8일, 대법원 상고심은 한 사람의 피고도 변호사도 없는 상태에서 10분 만에 판결을 내렸다. 고문의 흔적을 유족들에게 보이지 않기 위해서 사체는 매장을 하지 않고 당국이 직접 화장을 한다고 해서 유족들과의 사이에서 "사체 쟁탈전이 반복되었다."

결국은 사체를 기동대에게 빼앗겼다고 하는데 문제는 재판 공판 이전에 이미 고문으로 죽었다고도 하는 이 피고의 사건을 가지고 태연하게 법정에 나온 13명의 법관들이었다. 그들은 정말 "살인자의 주위에 결집한 극악하고 비도덕적인 사람들이라고 말하지 않을 수 없다. '사람의 얼굴을 한 짐승들'이다. 그런데 그들이 재판을 하는 사람들이란다.

박 정권의 이 같은 도덕적 붕괴는 캄보디아나 베트남의 부패하고 포악한 정권의 모습과 같은 것이 아닐까!”라고 썼다.

인혁당 사건의 피고들을 처형한 것은 박정희가 미국은 민주 인사를 보호할 수 없다는 것을 보여 주기 위해서 한 일처럼 보였는데 「통신」은 옥중의 김지하와 교회 관계자들을 위해서 급속한 국제여론의 움직임이 필요하다고 호소했다.

(11) 1975년 5월 '겨울 공화국', '긴급조치 제9호'

어떤 시인은 「겨울 공화국」이라는 시에 “날마다 우리는 모른 체하고 / 다소곳이 거짓말에 귀 기울이며 / 뼈 가르는 채찍질을 견뎌내야 하는 / 노예다 머슴이다 허수아비다 / 부끄러워라 부끄러워라 부끄러워라 …” 라고 읊은 것만으로 교사직을 빼앗겼다.[82)]

1975년 5월 11일, 서울대생 김상진이 대학교에서 열린 시국성토대회에서 박 대통령의 퇴진을 요구하며 할복자살을 기도했다. 병원에 옮기는 도중 김상진 군은 숨을 거두었다. 27살이었다. 김상진은 '양심선언'과 '대통령에게 바치는 공개장'을 준비하고 있었다. '양심선언'에는 “더 이상 우리는 어떻게 참을 수 있으며 더 이상 우리는 그들에게서 무엇을 바랄 수 있겠는가? … 우리는 이제 자유와 평등의 민주사회를 향한 결단의 깃발을 내걸어 일체의 정치적 자유를 질식시키는 공포의 병영국가가 도래했음을 민족과 역사 앞에 고발코자 한다. … 저 지하에선 내 영혼에 눈이 뜨여 만족스런 웃음 속에 여러분의 진격을 지켜보리라. 그 위대한 승리가 도래하는 날! 나! 소리 없는 뜨거운 갈채를 만천하에 울

---

82) 시인 양성우는 '겨울공화국 필화 사건'으로 3년간 복역하게 된다. - 역자.

리게 보낼 것이다"라는 메시지가 담겨 있었다.

또한 '대통령에게 바치는 공개장'에는 박정희를 향한 다음과 같은 말을 찾아볼 수 있다.

"왜 학생들의 진심에 귀를 기울이려 하시지 않고 왜 그들의 순수한 애국에 외면만 하는 겁니까? … 죽음으로 바라옵나니, 이 조국을 진정 사랑하는 마음으로 바라옵나니, 국민된 양심으로서 진실로 진실로 엎드려 바라옵나니, 더 이상의 혼란이 오지 않도록 숭고한 결단을 내려 주시길 바라옵니다. 이 땅의 영원한 민주주의를 꽃피우길 갈망하는 우리 민족의 그것을 성취하기 위하여 어떤 압력에도 끝없는 투쟁을 계속하여 싸워 이겨 나갈 것이라는 것은 자명한 사실인 것입니다"라고 적혀 있었다.

이것은 민주화를 위한 투쟁이 애국자들에 의해 진행되고 있다는 것을 절감하게 하는 문장으로 김상진의 순진함이 가슴을 울리는데 지명관도 이렇게 평하고 있다. "1960년 4·19 때에는 경찰에 의해 살해된 한 소년의 죽음으로 인해 학생들의 분노가 불을 뿜었다. 이번에 김상진 군은 스스로 그 같은 분노를 조성하기 위해서 몸을 던진 것일 것이다. 괴로운 싸움 속에서 인간의 아름다운 영혼은 이렇게까지 고양되는 것일까? 그리고 양심을 억누르는 폭력은 그 죽음조차도 애도하지 못하게 압력을 가할 정도로 퇴폐해 버린 것일까?"

학생도 교회 관계자도 탄압을 받았고 연행을 당해서 괴롭힘을 당했다. 박 정권은 공포심을 부추겨 통치할 수밖에 없었다. 정말 만물이 얼어붙는 '겨울공화국'이었다.

5월 13일에는 긴급조치 제9호가 선포되어 헌법을 비방하면 영장도 없이 체포를 할 수 있었고 1년 이상의 징역에 처할 수 있게 되었다. 1년

이상의 징역이란 기묘한 (두려워해야 할) 표현이었는데 박 정권의 이런 공세 앞에서는 비판세력도 붕괴현상을 일으키고 있었다. 저열한 군중이 표면에 나와서 여당세력과 함께 소수자를 공격했다. 여당세력은 총력안보국민협의회를 조직하고 140만의 시민을 모아서 멸공구국을 맹세했다. 협의회의 의장은 재향군인회 회장이었다. 제2차 세계대전 당시 일본 대정익찬회大政翼贊會[83]와 같은 상황이었는데 한국 문화공보부는 긴급조치 제9호를 요망한 것은 국민이었다고 설명했다.

이 폐쇄적인 상황 아래 지명관은 세계의 양심적인 노력에 기대를 걸고 싶다고 말하면서 "당분간 불길한 폭풍이 휘몰아칠 것이다. 그리고 무거운 침묵이 이어질지도 모른다. … 나는 결코 절망하지 않는다. … 그러나 끊임없는 민중의 희생, 젊은 사람들의 고통에 마음이 몹시 아프다"라는 마음이 갈기갈기 찢어지는 문장을 잇고 있었다.

(12) 1975년 6월 '병영국가', '추방의 폭풍 속에서'

베트남의 몰락은 한국 전역을 커다란 불안에 빠뜨렸다. 박 정권은 이런 불안을 최대한 자극해서 통치에 이용했다. 파시즘적인 방법이었다. 언론인도 민족적 단결을 위해서 그 선두에 섰다. 언론의 자유를 버린 것이다. 미국의 걸프 석유회사가 박 정권에게 통치헌금을 준 것이 미국 의회에서 밝혀졌다. 박 정권은 권력 유지를 위해서 일본에서 흘러 들어온 검은 돈을 포함한 이런 헌금으로 선거에서 이겨 왔던 것이었다.

대학교수들 중의 일부는 추방되었다. 한편 한국의 정치학자들은 6월 9일부터 미국의 학자들을 초대해서 큰 학회를 개최했다. 지명관은 현실

83) 1940년부터 1945년까지 존재한 공사(公事) 결사조직. 국수주의 세력과 사회주의 세력 모두를 아우른 좌우 합동 조직이었다. - 역자.

에 눈을 감은 학자들의 축제 소동에 "투쟁의 시작은 항상 스스로의 패배감을 극복하는 것에 있다"라고 쓸 수밖에 없는 침통한 상황이었다.

『제3 · 한국으로부터의 통신—1975. 7~1977. 8—』(제3집)

(1) 1975년 7월 '어둠의 기록'

박 정권은 국제적으로 막다른 골목에 몰려 있었는데, "베트남의 패배와 북한의 태도가 박 정권을 구한 것입니다. 실제로 박 정권이 궁지에 몰리면 북한은 구조선을 보내 주고 있습니다." 「통신」은 중앙정보부 간부의 이런 말을 전하면서 해외에 있는 사람들과 북한의 체제에 이렇게 호소를 하고 있었다.

"박 정권은 이런 구실(북한이 남침하려고 한다는 공포심 - 필자)을 만들어 국민을 탄압한다. 그리고 비판세력이 간신히 끌어 모은 민중 세력을 흩어 놓는다. 이것만은 해외에 있는 친구들에게 알리고 싶다. 북한은 민중의 지지를 잃은 부패한 박 정권을 미군들이 철수할 때까지 유지시킬 속셈인가? 많은 한국의 지식인들이 이렇게 생각하고 있다는 것을 알아 주었으면 좋겠다."

파시즘과 공산주의 사이에서 미국과 일본은 파시즘인 박 정권을 선택해 버렸다. 한국 내에서 진행되고 있는 반공총화 아래에서 체제에 비판적인 사람들은 더욱 급진적인 심정을 품게 되었다. "지금은 아직 한국의 상황이 옛 베트남과는 다르게 보일런지도 모른다. 그러나 박 정권이 미쳐 날뛰면 날뛸수록 베트남과 같아지는 것은 아닐까? … 애국심을 가지고 활약해야 할 젊은이들을 감옥에 가두었다. 국민은 현실을 알 수 있는 정보로부터 차단을 당한 채 어리석은 외침에 동원된다. 그리고 자기기만적인 평화에 안주하려고 한다."

(2) 1975년 8월 '8 · 15', '고독한 저항'

8월 15일은 해방을 축하하는 날이다. 특히 이 해(1975)는 해방 30주년에 해당하는 해여서 기념행사가 다채로웠지만 일 년 전 8월 15일에 서거한 육영수 여사의 추도행사를 위해서 동원된 인원 때문에 "해방 30주년은 빛을 잃어 버린 느낌이었다." 더욱이 이 해의 8 · 15가 특이했던 것은 조선 통치를 '영광의 제국주의'라고 말했던 시나 에쓰사부로 椎名悦三郎[84)]가 한국 국민에게 박 정권을 전면적으로 지지한다는 메시지를 보낸 것이다. "일본의 권력은 한국에서 무엇을 하려고 하는 것인가? 이 내정 간섭에 대해서 일본 지식인들도 우려를 했으면 좋겠다."

"일본 사관학교 출신의 충성스러운 육군 중위는 드디어 우리 조국을 여기까지 전락시킨 것인가!" "이 역사를 어떻게 타파할 것인가? 왠지 유혈과 파멸의 역사가 가까워지고 있는 것 같은 생각이 들어 견딜 수가 없다." 민중은 몸부림을 칠 뿐 밖으로 소리를 내지 못한다. 시나의 메시지 앞에서 한국 지식인들은 더 이상 분노의 말도 뱉을 수 없다. 어용교수밖에 글을 쓸 수 없는 신문! 배신과 사대事大와 자학의 시대! 지명관의 어조는 음울했다. 그리고 분노에 차 있었다.

그러나 동시에 그는 이 특별한 날에 자신이 너무나 격앙되어 있는 것은 아닐까 하는 의구심을 가지면서 민족의 긍지를 신뢰하면서 자유의

---

84) 자민당 부총재, 한일회담 때에 외무장관을 역임했다.

날을 기대해야만 한다고 말한다. 또한 국내의 민주화 세력이 한국의 현 상황을 바꿀 수 없다고 한다면, 미국의 포드Gerald R. Ford 정권이나 일본의 미키三木武夫 정권이 북한과 대화를 해서 국교를 개시하게 촉구할 수는 없을까라고도 쓰고 있다.

(3) 1975년 9월 '부끄러움이 없기를'

제2차 세계대전 중에 후쿠오카福岡에서 옥사를 한 한국의 젊은 시인 윤동주는 '하늘을 우러러 한 점 부끄러움 없기를 …'이라고 읊었다. 여대생들은 지금 윤동주의 시를 읊고 있다. 지하통신을 통해 겨우 접할 수 있던 김지하의 '양심선언'이나 김대중의 '8 · 15 성명(8 · 15 해방의 이상을 실현하자)'도 "한 점 부끄럼 없는"과 일맥상통하는 것이다. 지명관은 이렇게 쓴 후에 옥중의 김지하 및 자택에 연금되어 있는 김대중에 대해서 다음과 같이 전했다.

"김지하 씨의 말은 엄청난 슬픔으로 가득 차 있다. 그리고 그는 그 투철한 지성에도 불구하고 끝없는 희망의 환상으로 내달리고 있다. 고난은 정신적인 보상을 요구하는 것일 것이다. 그런 환상이 있기 때문에 그는 지금 독방의 투쟁을 계속할 수 있는 것일지도 모른다. … 김지하 씨의 모친은 그가 며칠 동안이나 고통을 당하고 … 인혁당 관련 사형수의 감방에 집어넣어져서 한층 더 정신적인 고문을 당하고 있다고 했다. … 김대중 씨의 말 속에도 그 같은 정신적 반향이 점점 퍼지고 있는 듯하다. … 고통은 정신의 정화를 낳을 것이다. 전편全篇에 기쁨도 슬픔도 국민과 함께하려는 희망이 흐르고 있는 것이다."

(4) 1976년 1월 '역사의 증언'

「통신」이 가진 역할은 다양했지만 그중 하나는 한국 현대사를 기록하고 언젠가는 그것을 민족의 법정에 제출하는 것이었다. 지명관 자신이 "(기록하지 않는다면) 이것은 한국 내의 어디에서도 쓰이지 못한 채 망각으로 들어가게 된다. 이번에야말로 심판을 하고 '민족정기'의 정도를 쌓아 가지 않으면 안 된다. … 이것은 어떤 개인을 증오하는 것이 결코 아니다. 한국이 바르게 걸을 수 있기를 또다시 실수를 반복하지 않기를 바라기 때문이다."

그렇다면 '이번에야말로 심판을 하고 또다시 실수를 반복하지 않기를 이라는' 말은 무슨 뜻인가? 「통신」은 다음과 같은 예를 들어 설명하고 있다. 정의실현을 요구하고 있는 것이다.

"일본이 통치를 하던 시절, 학생이었던 한 친구가 사상범으로 체포된 일이 있었다. 그는 일본 통치 하에서는 학업을 계속할 수가 없었다. 해방 후에 그는 중학교도 나오지 못했다는 이유로 사회 최하층으로 전락한 생활을 계속해야 했다. 친일행위를 한 일본 통치 하의 상류층들은 해방 후에도 그런 생활을 계속할 수 있었다. 자식들은 제국대학帝國大學 출신자로 우대되었다. 바르게 산 사람들, 민족을 위해서 자기를 희생한 사람들은 그 십자가를 해방 후에도 짊어져야만 했다. 이 비극이 지금까지도 계속되고 있다. 이 추위 속에서 매일 얼어 죽을 것 같은 심정으로 지내고 있는 감옥 안의 젊은이들에게 그런 경험을 하게 해서는 안 된다. 그것은 단순히 그들만을 위해서가 아니다. 올바른 사람이 올바르게 인정받지 못하는 사회이어서는 안 되기 때문이다."

덧붙여서 2004년 9월, 「친일・반민족행위 진상규명 특별법」이 노무현 정권 하에서 시행되었는데 이처럼 정의를 추구하는 정신을 바탕으로

운용된다면, 그리고 그 같은 기준 위에서만이, 정치적 술책으로 끝나지 않는 민족정기를 요구하는 시도로서 어느 정도 의미를 가질 수 있을 것이라고 나(필자)는 생각한다. 그래야만 일본 통치시대부터 민주화 투쟁 시대에 걸친 '민족정기'의 모습을 사회정의의 관점에서 재검토하는 작업의 일부가 될 것이다.

그런데 이 시기(1976년 초)에 한국 민주화 운동은 또다시 하강 기미를 보였다. 박 정권에 다소 비판적이었던 각국의 지식인들이 하나둘씩 한국을 방문했고 정부로부터 큰 환대를 받았다. 이런 방문자를 접대하는 것은 한국의 어용지식인들이었는데 그들은 "나라 전체를 비열한 파시즘의 감옥으로 만드는 간수장들"이었다. 지명관은 원래 어용학자들에게는 눈길도 주지 않았는데 일본 등지에서 한국을 방문하는 지식인들이 정부나 중앙정보부의 앞잡이를 하고 있는 이들 간수장들에게 놀아나지 않기를 바란다고 호소했다. 민주화의 싸움은 비판적 지성과 사이비 지성과의 싸움이기도 했기 때문이다.

"해외의 친구들에게 정말 부탁하고 싶은 것은 나라 전체를 비열한 파시즘의 감옥으로 만들고 있는 간수장들에게 손을 내주지 않기를 바란다는 것이다. 당신들은 스페인의 프랑코Francisco Franco-Bahamonde[85])의 몸짓에는 찬사를 보내려고 하지 않지 않았는가! 프랑코를 지지하는 지식인의 두뇌가 명석하다 해도 당신들은 그것을 스페인 인민을 위해서 칭찬하지 않지 않았는가! 그것은 학대받고 있는 민중에게 돌을 던지는 것이다. 권력에 우대를 받아도 그 연기에 감동하지 말고 깨인 눈으로 바라보는 지성이기를 바란다."

---

85) 1892~1975, 스페인의 독재자 - 역자.

(5) 1976년 3월 '민주구국선언'

1976년 3월 1일, 700명의 신도가 명동 가톨릭 성당에 모여서 기념 미사를 올리던 중에 민주구국선언이 발표되었다. 1919년 3월 1일의 민족의 함성이었던 독립선언을 가슴에 품고 정치적으로는 거의 유일한 희망이라고 해야 할 김대중과 재야의 양심들과 존경받고 있던 함석헌, 막사이사이상 수상자이며 한국의 빼어난 여성이라 불리는 이태영, 전 대통령 윤보선과 원로 야당의원인 정일형 등이 민중의 소리, 양심의 외침을 올린 것이다. 이 선언에 "국민 전체에게 지지와 공감을 잃은 한 주먹거리도 안 되는 자"인 박 정권은 큰 소동을 피우고 이번에야말로 김대중의 생명을 빼앗을 것이다.

이렇게 판단한 지명관은 김대중을 죽여서는 안 된다. 국내외에서 할 수 있는 한 모든 것을 하지 않으면 안 된다고 호소했다. 민주구국선언으로 대학교수 500명 이상이 해직되었고 학생들도 퇴학을 당했다. 민주화를 지지하는 해외의 여론들도 미약하나마 어쩔 수 없이 발표를 했는데, 그 내용은 이 나라는 민주주의의 기반 위에 서지 않으면 안 된다, 경제입국의 구상과 자세는 근본적으로 재검토되어야만 한다, 민족통일은 이 민족이 짊어져야만 할 지상의 과업이라는 정당한 내용이었다.

국민이 민주주의의 담당이 되어 군사긴장으로 낭비되는 경제를 다시 일으켜 세워서 통일이라는 민족 과제에 참여한다는 이 주장에 대해서 정부 당국은 "드디어 외세를 이용해서 이런 비합헌적인 정부 전복 선동의 목적을 달성하려고 대한민국에 대한 각종 비방과 모략을 제멋대로 하기에 이르렀다"고 선전했다.

(6) 1976년 4월 '구국선언 이후'

민주구국선언은 분명히 민중의 소리를 대변하려고 했다. 그러나 명동성당에서 선언을 할 때 "민중들 사이에는 감동이 보이지 않았다. 예전에는 이럴 때에 열광적인 박수소리가 들렸던 것이다. … 공포의 병이 이처럼 깊어졌기" 때문이었다. 이런 와중에도 가톨릭교회의 사제단은 선언에 관여해 입건된 사제들의 옹호를 표명했고 한국신학대학교에서도 선언을 지지한다는 움직임이 있었던 것처럼 저항은 존재했다.

(7) 1976년 5월 '통곡의 법정'

김대중, 윤보선 등이 출두한 공판에서 벌어진 투쟁의 모습에 대해서는 한국 국민들에게 전혀 알려지지 않았다. 고독한 싸움이었다. 그러나 "갈릴리 교회에서처럼 웃으면서 자랑스럽게 그리고 마음 편히 싸우고 있는 사람들이 있다. 격려하는 모임이 있다. 거기에서 양심은 단련되고 있다. 가령 그들이 소수의 남은 자들이라고 할지라도 역시 이 민족의 희망의 원천일 것이다."

지명관은 통곡에 가득 찬 잔혹한 법정에서일지라도 이런 사람들이 존재하는 한, 아직 "민족의 축제를 즐길 수 있는" 우리들이라고 말한다.

(8) 1976년 6월 '교회와 재판'

민주구국선언을 발표하고 투옥된 사람들의 가족들의 투쟁 양상, 특히 부인들의 투쟁은 위대했다. 그녀들은 남편들에게 "신에게 맡기고 법정에서 하는 말에 대해서는 이러쿵저러쿵 생각하지 말라고 말했습니다. 신앙이 더 깊어지리라고, 신은 저버리지 않으시리라고, 이기고 이기고 이기는 것이라고 말해 주었습니다. …" 지명관은 이런 말을 들었을 때

"눈물이 나고 무언가에 매달리고 싶은 심정이었다"고 쓰고 있다. 그에게는 한국에서 그를 지지해 주는 어머니와 부인 강정숙 그리고 이 부인들의 격려의 목소리가 하나였던 셈이다.

(9) 1976년 7월 '김대중 씨의 증언', '끊임없는 고문', '벌거벗은 임금님'

1976년 6월 19일에 김대중이 출두하고 200명이나 되는 방청인들이 있었지만 바깥세상에는 전할 수 없는 진술이 시작되었다. 김대중은 논리정연하고 조용한 웅변으로 해방신학을 논하고 성경을 인용해서 재판부를 쩔쩔매게 했다고 하는데 방청인들에게는 눈길도 주지 않았고 미소도 짓지 못할 정도로 피로에 지쳐 있는 듯했다.

한국 내에서는 눈에 보이지 않는 곳에서 잔혹한 고문이 계속되고 있었다. 고문에 대해 입밖에 내지 않도록 보석을 할 때 서약을 강요당했지만 고문의 흔적이 남아 있어서 숨길 수도 없었다. 일찍이 성직자 등에게는 하지 않던 고문이 그들에게도 가해졌기 때문에 한국 교회는 세계 교회에 호소를 했다. 미국도 개입하지 않을 수 없었던 듯하다. 포드 정권에서 카터James E. Carter 정권으로 바뀌면 박 정권은 어떤 계략으로 연명을 기도할 것인가? 박 정권에는 "새로운 사태에 대처할 새로운 논리가 없다. 다만 새로운 음모가 있을 뿐"이라고 「통신」은 쓰고 있었다.

고문에 대해서 더 이야기하면 "취조관들도 기독교인들은 독한 놈들이다. 그걸(잔학한 고문 - 필자) 견디다니 말이야"라고 했다는데 예를 들어 문익환 목사는 어릴 적 친구이며 젊었을 때 후쿠오카에서 정치범으로 옥사를 한 시인 윤동주에게 정신적인 빚을 느끼고 있었고, 또한 잡지 『사상계』를 이끌면서 독재에 대항하다가 불가사의한 죽음에 이른 친구 장준하에 대해서도 남은 자로서의 책무를 짊어지고 법정에서 자학적일 정도로 투쟁을 하고 있었다. 상복차림으로 나타난 함석헌의 법정진술도 마찬가지로 재판당하는 사람이 재판을 하는 사람을 재판하는 인상을 주었다.

7월 3일 공판의 모습에 대해서 「통신」은 이해동 목사의 다음과 같은 진술을 예를 들어 소개하고 있다.

"… 투옥을 당한 경험 때문에 더욱 자유에 대해서 말하게 될 것이다. 나는 감옥 안에서 쥐나 비둘기처럼 먹고 자고 있는데 이것은 결코 자유가 아니다. 살아 있는 자유를 가지지 않으면 안 된다. 내가 지금 다시 밖으로 나가게 된다면 인권과 자유에 대해서 어떻게 이야기해야 하는지 알게 되었다. 나는 자유사회를 만들자고 외칠 생각이다."

이것은 옥중의 체험을 계기로 자유의 귀중함을 뼈저리게 느낀 심리적 기제와 각오를 밝히고 있는 것으로 나(필자)는 세상의 '정치학자'들이 이런 체험은 물론, 스스로 반성하는 마음도 없이 책상 앞에서 자유를 꾸며 대고 있는 것은 아닐까라는 생각이 든다.

한편 이 「통신」에는 지명관이 그야말로 정치신학의 위대한 증언이라고 평한 서남동 교수의 진술도 기록되어 있다. 서 교수는 "국가권력을 빼앗으려고 했다는데 …"라는 질문에 정치권력을 쥐려고 하는 것이 민주국가에서는 죄인가? 국민은 정부가 바뀌기를 요구할 권력을 가지고 있지 않은가라고 판사에게 물었다. 그리고 우리들은 정치가가 아니기 때문에 정치권력을 쥐려고 한 것이 아니다. "민권을 돌려 달라"고 말하고 싶었던 것이다. 민권을 민중에게 다시 가져오기 위해서 싸운 것이다. 민권을 위한 투쟁에 관한 교리가 기독교에 있는가라는 질문에 대해서는 "구약성서 전체와 예언자 모두가 학대받는 사람들과 권리를 빼앗긴 사람들을 위해서 외치고 있다. 신약성서에서는 예수도 그들의 권리를 위해서 외치며 싸웠다. 다른 종교도 같은 관심을 가지고 있다고 생각한다"고 진술했다.

서 교수는 계속 말을 잇는다. 중앙정보부가 해방신학은 위험하다고 하는데, 현재 신학은 이 방향(해방신학)으로 가고 있다. 로마 교황도 이 방향에 의거해서 교서를 내고 있다. "요즘은 개인의 구원보다 사회구조나 사회적 사건에 관심을 가지고 있다. 사회악을 제거하고 사회구조를 바꾸지 않으면 안 된다. 그렇지 않고서는 개인은 구원을 받지 못한다. 이 신학은 우리 정부를 전복하려는 것이 아니라 성경에 근거한 세계 신학의 새로운 경향이다. 예수는 몇 번이나 예루살렘을 방문했다. 그러나 그 도시는 권력, 금력, 지배자에게 복종하고 있었다. 예수의 관심은 그런 예루살렘이 아니라 갈릴리 민중에게 있었다. 갈릴리 민중은 권력도 없었고 돈도 없었다. 예수는 그들과 함께 생활하고 그들을 위해 마음을 기울였다. 교회의 혁신은 여기에서 시작한다. 역사의 주제는 민중이다. … 우리들이 해방을 말할 때에는 구원을 의미한다. 구원은 복음 중심의 사상이다. 그 해방이란 정부의 전복을 의미하는 것이 아니다."

지명관은 서 교수의 발언을 자세하게 소개했는데 역사의 주제는 민중이다, 민중의 해방이 과제라는 진술은 민주 인사 모두의 절규였을 것이다.

(10) 1976년 8월 '구형의 행방'

1976년 8월 3일 민주구국선언 사건에 관한 변호사 측 증인은 한 사람도 채택되지 못한 채 심리종료가 선고되었고 18명의 피고 중에서 15명에 대한 구형이 내려졌다. 8월 5일에는 남은 세 사람의 연장자 피고들에게도 논고 구형이 있었다. 「통신」은 판결의 향방은 알 수 없지만 구형의 절반 정도의 형을 선고하고 집행유예를 하지 않을까 하는 기대와 김대중 등 박 대통령에게 증오를 사고 있는 몇 명은 실형이 될지도 모른다는 우려를 전했다.

(11) 1976년 9월 '제1심 후', '노동전선'

1976년 8월 28일 민주구국선언 사건 피고에 대한 판결이 있었다. 상식이나 일반의 기대를 뒤집는 무거운 형이었는데 재판을 지원하고 있던 사람들에게는 "우리들은 항상 조금 안이하게 생각을 한다. 국제관계도 있고 하니까 이렇게 강경한 태도를 관철하리라고는 생각조차 않은" 결과였기 때문에 피고 전원은 고등법원에 상소를 했다.

또한 지명관은 한국 내의 정세를 실시간으로 좇았는데 그중에서도 노동 현실, 특히 여공들의 참혹함을 반복해서 전했다. 그들은 새벽 2시 혹은 4시까지, 때로는 24시간 동안 일을 해야 했다. 노동 현실의 개선을 위해서 노동조합을 조직하면 파괴공작에 부딪혔고 단식으로 항전을 하면 경찰이 투입되었다. 인천에 있는 방직공장에서 일어난 사건도 비참한 사건의 한 예이다. 여공 70명은 경찰의 개입에 저항해야만 했기에 옷을 모두 벗고 조합사무실에서 스크럼을 짜고 있었다. 설마 나체인 여자들에게 손을 대지 못하겠지라며 기지를 발휘한 것이다. 그러나 경찰들이 들이닥쳤고 공장 어용 측의 남성들은 사진을 찍느라고 정신이 없었다. 여자들이 졸도를 했고 이 아수라장 속에서 기동대 차량에 몸을 던진 사람도 있었는데 "이 충격으로 세 사람이 정신착란을 일으켰다." 그중 한 사람은 회복하는 데 4, 5개월은 걸릴 것이라고 했다.

어느 제과공장에서는 여공들이 하루에 12시간씩 노동을 했고 일요일에는 17시간에서 19시간이나 일을 해야 했다. 7, 8년 동안 근무를 했는데 기본임금이 하루에 640원이고 5분을 지각하면 500원이 깎였다. 하루에 오천 개에서 이만 오천 개의 사탕을 포장하느라고 손가락이 변형되어 버렸다. 결국 여공들이 일요일 휴식을 요구했더니 주동자 격인 사람들을 해고해 버렸다. 이런 상황에 놓여 있던 여공들이 정부에 낸 탄원서 속에는 다음과 같은 구절이 있었다.

"저는, 섭씨 40도를 오르내리는 현장에서 실을 감기 위해서 뛰어다니느라 땀은 비오듯 쏟아지고 얼굴과 손은 땀띠 투성이가 되어 온몸에 섬유 먼지를 뒤집어쓰고 있는 나와 동료를 위해서 눈물을 머금고 있는 사람입니다. 폐를 앓기도 하고 1, 2년 근무를 하면 당연히 무좀에 걸려 가려움을 참을 수 없어 시멘트에 비비다가 흐르는 피를 보고 쓰러져 운 적이 한두 번이 아닙니다. … 11살에 어머니를 잃고 어린 동생들을 학교에 보내기 위해서 집을 나왔을 때, 회사가 이렇게 힘든 곳인지는 꿈에도 생각하지 못했습니다. 이런 불행은 나 개인뿐만이 아닙니다. 연약한 한국 노동자 전체의 문제라고 생각하기 때문에 힘을 모으려고 합니다. 도와주십시오."

그러나 중앙정보부와 경영자가 결탁해서 새로운 어용조합을 만들고 자발적인 조합을 불법적인 것으로 규정하는 현 상황에서는 공원들의 필사적인 싸움은 거의 비참한 패배로 끝날 수밖에 없었다. 사법은 공정하지 않았다.

지명관은 짤막한 비명만이 희미하게 들려오는 노동전선에 대해서 "이것은 오늘날의 한국 사회의 상징이라고도 말할 수 있을 것이다. 비열하고 잔인한 시대이다. 이런 정치권력 아래에서 사는 부끄러움을 우리들은 모두 곱씹고 있다"라고 맺고 있다. 한국 전역에서 수많은 노동 문제가 일어나고 있어도 신문기자들이 그 실태를 전하는 것은 실로 드문 일이었다.

(12) 1976년 10월 '끝없는 양가 감정'

이 해 10월 1일에 여의도, 이른바 5·16광장에서 개최된 국군 퍼레이드에 박정희가 모습을 보이지 않아 퍼레이드도 중지되겠지라는 말이 돌던 참에 정말 그 말처럼 되었다. 정부는 강력해 보였고 민중은 침묵 속의 평화로 돌아간 것 같았는데 이 '허위의 고요'의 그림자 아래에서 박정희는 심리적 불안에 싸여 있었다. 쿠데타를 두려워하고 있었던 것이다. 「통신」은 친구의 이런 속삭임과 서울에는 유언비어가 한창이라고 전하고 있었다. 민주정치가 존재하지 않는 사회에서 유언비어는 어둠 속에서 그 꽃을 한껏 피우는 것이다.

(13) 1977년 1월 '상징으로 가득 찬 날들'

1976년 11월 2일에는 카터 정권이, 12월 24일에는 후쿠다福田赳夫 정권이 각각 탄생을 했다. 인권을 표방한 카터 정권의 등장으로 한미관계는 일본을 경유해서 소통될 수밖에 없을 것이라고 분석하는 전문가도 있는 상황에서 박 정권은 후쿠다 정권에 희망을 걸고 있었지만 이것은 일본이 미국을 대신해 국방을 맡는 것에 불과한 것이어서 한국 국민들의 반발을 초래하는 일이 되었다. 박 정권은 병원에 무료진료를 강요했고 버스회사에는 무료운행을 명령하기도 하는 등 민중 조작에 열을 올렸다. 박정희의 딸까지 아버지의 이미지를 좋게 만들기 위해서 텔레비전에 나와 활약했는데 이런 연극을 보면 '그저 부끄러운 생각'이 들 뿐이었다.

(14) 1977년 2월 '즉흥정치'

수준이 낮은 깡패폭력집단 같다고 박 정권을 비평한 지명관은 이 "동물적인 생존본능은 정말 기민하게 반응을 보인다. 나쁜 쪽의 지혜는 정말 뛰어나다. … 그 정치는 그런 정신이 만들어 내는 즉흥정치라고 해야 할까?"라고 말하면서 몇 개의 예를 들고 있었다. 그 즉흥정치에는 새마을 운동이 있었고 북한에 대한 식량원조 제안이 있었고 실업학교 출신자 우대에 관한 지시가 있었고 부정공직자 명부 만들기가 있었고 서울에서 고속도로로 한 시간 권역 내의 임시수도 건설 선언도 있는 등, 정신을 차릴 수가 없었다.

"대통령의 말은 절대적이다. … 그러나 그 말은 즉흥적이어서 언제 어떻게 변할지 판단할 수가 없다. … 그 말은 항상 군대의 야간 공격이나 기습처럼 갑작스러운 것이다. 여기에 한국 사회의 근본적인 불안이 있다. … 불안에 기인한 생활은 찰나적이 되기 쉽다."

이렇게 장래에 대한 계획도 없고 성실성도 없는 사회에서 국민은 침묵을 하고 있다. 권력에 동화되어 가는 양반은 군주의 즉흥적인 말을 격찬하면서 자신의 권력과 부를 지키려고 한다. 진정한 소수의 유학자라고 해야 할 지식인, 특히 신앙인들이 홀로 숭고한 저항을 시도하고 있는 "이 유치한 상황에서 산다는 것의 의미가 도대체 어디에 있는 것일까?" 지명관은 탄식하고 있었다.

(15) 1977년 3월 '투쟁하는 사람들'

윤보선이 대법원에 제출한 상고 이유서는, 독재의 법정에서는 우리가 유죄가 된다 해도 진리와 양심과 민중의 법정에서는, 그리고 그렇게 멀지 않은 미래의 법정에서는 무죄라는 바른 선고가 내려질 것이라고 말하고 있었다.

투쟁하는 사람들은 옥중에 있는 교회 관계자의 빈자리를 지키고 있는 부인들, 박 대통령 앞으로 퇴진권고서를 쓴 함석헌, 더 나아가 2년의 형기를 마치고 막 출옥한 심장이 약한, 결핵에 걸린 여학생들 등으로 다양했다. 이 여학생은 교회의 예배에 출석해서 "또다시 신의 소명이 있다면 감옥으로 가겠습니다"라는 인사를 했다고 하는데 지명관은 "이 말을 전해 준 친구도 눈물을 머금고 있었다. 정말 불굴의 싸움이다. 가혹한 상황 속에서 싸우면서 그들은 진정 성장을 했다고 하지 않을 수 없다"라고 찬탄하면서 스스로도 눈물을 머금는다.

(16) 1977년 4월 '민주구국헌장', '숨은 역사'

1977년 3월 22일 대법원은 3・1 민주구국선언 피고의 상고를 기각했다. 야당 신민당 내에서도 민주구국선언 사건에 대해서 지금까지 침묵을 하고 있던 것에 대한 비판이 일어났다. 또한 당대표최고위원인 이철승이 미국과 일본에서 박 정권을 예찬하고 돌아다닌 것에 대한 비판의 소리가 일었다. 그러나 "국민들은 그들이 본래의 비굴한 자세로 곧 돌아오리라 생각하기 때문에 그들에게 아무런 기대도 하지 않는다. 긴급조치 없이는 정치권력을 계속 유지할 수 없는 박 정권 하에서는 야당에 의한 정치는 없어진 지 오래인 것이다"라고 말한다.

지명관의 논조는 간명했다. 야당이 야당으로서 충분하지 못하다는 것이다. 「통신」은 또한 김지하의 모친과 변호사가 김지하를 면회했을 때, 김지하는 "이 싸움에 대해서 그다지 바깥사람들에게 기대를 걸어서는 안 된다. 카터 대통령에게 기대를 걸어도 안 된다. 우리들의 힘으로 싸워 이길 각오가 아니면 안 된다고 강조하고 있었다"고 전했는데 이런 각오를 보인 김지하를 비장하다고 혹은 위대하다고 하지 않을 수 없다.

(17) 1977년 5월 '단식투쟁', '봄의 일지'

카터 정권은 "한국에 관여해서 지저분한 이미지를 만들고 싶지 않다"고 생각하는 것 같다. 한국에서 미군이 철수한다는 소문이 돌고 한국의 고급장교들은 미군 없이는 북한에 대응할 자신이 없다고 말하지만 박정희는 미국의 압력이 사라지므로 미군철수를 기뻐하고 있는 듯이 보인다. 이렇게 현상을 진단한 지명관은 "활자 표현과 유언비어가 섞이면 이 나라의 현실은 정말 그 정체를 파악할 수 없는 괴이한 나라가 될 것이다. 이것은 외국인이 도저히 이해할 수 없는 바일 것이다"라고 쓰고 있다. 이것은 정보가 일원적으로 통제될수록 유언비어가 넘치는 비민주적인 사회 구도에 대해 말한 것이다.

정부의 인권유린에 항의하기 위해서 감옥 안에 있던 김대중이 5월 7일부터 단식을 개시했는데 국내외 친구들의 우려를 듣고 6일 만에 중지했다.

3월, 4월의 학생들의 저항의 계절도 일단 지나갔다. "저항하는 사람들이 카터 대통령에게 걸었던 희망도 인도 총선거에서 야당이 승리하는 것을 보고 느낀 기쁨도 점차 식어 간다." 이런 속에서도 저항하는 사람들의 의지가 꺾이는 일은 없겠지만 사태는 비참하다. 연행 · 투옥 · 테러는 계속되고 있다. 박정희에 대항하여 가장 잘 싸웠던 언론인 중의 한 사람이며 "등산 사고사로 처리된 장준하 씨의 아들이 밤에 정체불명 괴한의 습격을 받고 쓰러졌다. … 4개월 동안 입원을 해야 하고 회복까지 일 년 이상 걸리는 중상이었다. 가족들은 뿔뿔이 흩어졌고 장준하 씨의 미망인은 슬리퍼에 꽃을 그리고 한 켤레에 3원씩 받는 일로 일당 몇 백 원씩 벌면서 고통스러운 생활을 하고 있다."

이화여자대학교 학생 5명 이상이 경찰에서 물고문을 받았다. 한 여자대학교에서 연행된 13명에게는 고문관들이 올라타고 앉아서 입에 물을 부었다. 그중 5명이 강간을 당했고 2명은 기소를 당했다. 수인번호 5209와 5235였다. "여대생에게 이런 야만적인 행위를 일부러 하는 것은 여성에게 치명적인 타격을 주어서 다른 여학생들을 공포심에 밀어 넣어 저항 운동을 사전에 꺾어 버리기 위함이다."

셀 수 없는 수의 젊은이들이 이름이 잘 알려져 있지 않다는 이유로 감옥 안에서 극악한 취급을 받고 있다. 전국적으로 증가하는 희생자들의 수에 그들을 구원하는 일을 하고 있던 교회의 지원조직들도 지쳐 가고 있으며 탄압을 받고 있다. 이런 상황 속에서 김제군에 사는 60세가량의 강희남 목사는 용감했다. 박정희를 어떻게 대통령으로 부를 수 있는가! 박정희는 군대의 좌익 반란이었던 여수·순천 사건에 참가했다. 부도덕한 결혼을 했고 여성 스캔들을 일으키고는 상대 여성을 추방하거나 살해했다고도 하지 않는가! 이 같은 비도덕적인 인간에게 지배를 당하고 있는 나라는 얼마나 안타까운 나라인가! 박정희는 자신의 죄를 은폐하기 위해서 독재를 하고 있는 것이다.

강 목사는 전라북도 민주통일당 지방당지부 개편대회에서 이렇게 축사를 하고 체포를 당했다. 강 목사가 소속된 교회에서는 만장일치로 그를 지원하기로 결의하고 그의 태도에서 배워야 한다고 했다. 지명관은 이런 순교자적 행위로부터 인간의 고귀함을 인정하는 한편, 왜 박 정권은 이 나라의 역사를 이렇게까지 바닥에 추락시키려 하는 것인지 고뇌했다.

(18) 1977년 6월 '어머니께 깨우침을 받고'

3·1 민주구국선언 사건에 연루된 문익환 목사는 옥중에서 21일간 단식투쟁을 했다. 단식투쟁을 중지한 것은 캐나다에 살고 있는 팔십을

넘긴 노모의 설득을 받고부터였다. 모친은 아들을 끌어안고 "이런 방법으로는 안 된다. 죽지 말고 살아서 이기는 거다"라고 했다. 너로 인해 많은 사람들이 단식으로 목숨을 버리려고 한다. 그래도 좋은가라고 훈계를 했다. 단식투쟁은 중지되었다. 문 목사는 "나는 신을 위해서 그렇게 했는지도 모른다. 또한 자신의 역할을 너무나 과대평가했는지도 모른다고 반성을 했다"고 하면서 민주화를 위한 자신의 싸움은 끝나지 않았다고 강조했다. 이 같은 결사적인 싸움과 이에 연대할 수 있는 가능성에 대해서 한국의 신문과 라디오는 침묵하고 있었다. 지명관은 엠네스티 등이 조사를 해서 세계에 호소를 해 주지 않겠는가라고 말하고 특히 투쟁하는 사람들이 드높은 긍지와 늠름한 모습을 잃고 있지 않다는 점을 알리고 싶다고 했다.

(19) 1977년 7월 '김형욱 씨의 증언'

김형욱 전 중앙정보부 부장이 1977년 6월 22일 미국 하원 국제관계소위원회에서 증언한 내용이 24일 한국에 보고되었다. 지명관은 한국중앙정보부가 김대중을 납치한 일 등이 폭로되어서 박 정권이 당황하고 있고 김형욱을 조국을 배신한 파렴치한이며 부정축재자라고 말하는 등 야단법석을 피우고 있는데 후세의 역사는 어떻게 기록할 것인가라고 쓰고 있다. 또한 친구의 말을 인용해서 "5월 초순에 요미우리讀賣신문 서울 지국이 폐쇄된 후, 일본의 신문들은 자숙을 하고" 민주주의를 주장하는 사람들을 극단적인 급진파라고 평가하는 등 이상한 분위기를 띠고 있다. "일본의 언론은 신용할 수가 없다"라는 냉엄한 필치를 보이고 있다.

(20) 1977년 8월 '장기표 씨에 대하여'

"박 정권은 전국의 병영화와 파시즘 체제화를 전국적으로 착착 진행하고 있다." 전 국민을 새마을연수원에서 훈련시킬 생각인가. 이런 상황 아래에서 박 정권과 기독교교회와의 충돌이 일어나고 있다. 예를 들면 새마을연수원에서 신의 말씀 이외에는 명상을 할 수 없는 목사들에게 '박정희 어록'을 명상하게 만들고 세뇌하려고 하기 때문이다. 또 다른 충돌에 대해 말하면 기독교청년회의 회원 400여 명이 부산에 모여 농촌 · 공장 · 빈민가에서 일하는 사람들의 현장보고를 접하고 "우리 집은 너무 큰 것 아닐까?", "음식이 이렇게 좋아도 괜찮은 걸까?" 하고 회개를 하기 시작했고 8월 18일에는 가두데모를 감행하려고 하다가 저지를 당했다.

또한 지하에서 활동을 하다가 체포된 33살의 장기표가 7월과 8월에 법정에 세워졌다. 장기표는 3 · 1 민주구국선언 사건의 법정과 김지하의 법정을 하나로 축소한 것 같은 법정이었는데, 김대중과 같은 날카로움으로 한국 사회와 박 정권을 고발하고 김지하와 같은 정치적 · 문학적 상상력을 가지고 싸우고 있었다. 그때까지 김지하의 작품이라고 알려져 있었고, 김지하도 원래의 작가를 비호하기 위해서 사실을 분명하게 밝힐 수 없었던 「민중의 소리」라는 장편 시는 장기표의 작품이었다.

1970년 11월 서울 동대문 근처 평화시장에서 분신자살로 사회에 호소한 20대의 기독교 청년이 있었다. 전태일이었다. 그는 피복 공장에서 일을 하는 여공들의 노동조건을 개선하기 위해서 싸우다가 결국 모든 방책이 바닥난 것이었다. 당시 서울대학교 법학부 3학년 학생이었던 장기표는 즉시 전태일의 어머니 이소선 씨를 만나 그 어머니에 그 아들이라고 감동을 받고, 이후 그는 학생운동과 노동운동의 다리 역할에 전력을 다했다. 장기표의 최종진술에 대해서 「통신」은 3페이지가량이나 할애를 하고 있었다.

장기표는 진술에서 민주회복의 정당성과 근로자의 실태 그리고 노동운동의 핵심에 대해서 말을 하고 비민주적인 정부와 외국 자본 아래에서 국민의 부담이 어떻게 가중되고 있는가를 지적했다. 그리고 특권계급의 축재와 표면적인 국민소득이나 수출 증대와는 전혀 다른 국민생활의 실태를 해부하고 마지막으로 그가 활동하던 지역에 있는 사람들을 향해서 다음과 같은 연대의 말로 끝을 맺고 있었다.

"평화시장 여러분께 감사한다. 내가 체포되어 나 때문에 많은 고통을 받았을 것을 생각하면 견디기 힘든 심정이다. 그러나 문제를 정확하게 바라보면 그 원인은 다른 곳에 있다. 우리들의 고통은 우리들이 어려운 시기에 살고 있기 때문에 생긴 것이다. … 동지들은 우리들의 목표가 각성과 분노와 투쟁에 의해서만 이룩되는 것이고, 결코 자선으로 달성되는 것이 아니라는 것을 깊이 명심하길 바란다. 정부의 탄압과 회유에 굴하지 않고 전태일의 마음을 여러분의 마음이라고 여기는 한 여러분에게 승리가 찾아오리라는 것을 믿어 의심치 않는다."

법정에서 방청하고 있던 여공들은 연이어 울었다고 「통신」은 쓰고 노동자의 저항에 박 정권은 어떻게 대처하려는 것일까? "여기에서도 어두운 충돌이 계속 일어날 것이다. 그러나 불의를 향한 외침과 저항이 있는 이상, 결코 사태는 절망적이 아니다"라고 소리를 높이는 수밖에 없다고 썼다. 「통신」의 말미에는 매미 울음소리에 비유해서 읊은 어느 시인의 시 한 구절을 소개하고 있다.

"저렇게 노래할 수 있다면 희망은 그것으로 가득 차 흘러넘친다. …"

『군정과 수난 — 제4 · 한국으로부터의 통신』(제4집)

(1) 1977년 11월 '유신체제 5년'

통신은 참주僭主와의 대결이었다. 한국 내에서 민주화를 요구하는 인사들은 각자의 방법과 언행으로 그리고 지명관은 현대사의 증언을 기록해 저항운동과 국제적 연대를 발전시킴으로써 참주와 싸우고 있었는데, 1972년 10월부터 시작된 유신체제라는 박정희 체제도 5년째를 맞았다. 지명관은 마음을 새롭게 하고 쓰기 시작한다.

대학교에서 퇴학을 당한 학생들의 상당수가 직업혁명가라고 할 정도로 성장했고 사회참여에는 약하다는 순수문학잡지의 작가들과 편집장이 감옥에 구금을 당할 정도의 작품을 게재했다. 다른 한편에서는 박정희의 딸이 등장을 해서 충효로 몸을 다지는 '새 마음 갖기' 운동을 실시했고 자연환경보호운동을 전개한다면서 농민들로부터 강제적으로 토지를 수용해서는 재벌기업의 사원아파트를 짓고 있었다. 지명관은 "도덕적인 냉소주의의 정체를 규명할 필요가 있다"고 했다.

(2) 1978년 4월 '동일방직 사건'

인천시에 있는 동일방직에는 1,300명의 노동자가 있었는데 1972년에는 여성조합지부장을 탄생시켰다. 1978년 2월 21일 노동조합의 대의원선거를 시행하려 하자 회사 측이 방해를 했다. 고용된 행동대원의 수법은 투표를 하러 온 여공들의 입에 인분을 밀어 넣는 광기 그 자체였다.

매스컴은 이 사건에 대해서 한 줄도 보도하지 않았기 때문에 3월 10일, 여공들은 정부가 주최하는 노동절 기념식장에 밀고 들어가 "아무리 가난해도 인분을 먹고 살지는 않았다"고 외치다가 체포를 당했다. 그들

중 40여 명은 명동성당에서 단식투쟁에 들어갔다. 게다가 3월 20일, 30여 명이 기독교방송국 스튜디오에 뛰어들어갔는데 국원들에게 발로 차여 넘어지고 방화용 모래를 뒤집어 쓴 끝에 기동경찰에 체포되었다. 이 사태는 각서 없이 여공들을 직장에 복귀시킨다는 약속으로 정상화된 것처럼 보였지만 중앙정보부가 약속을 파기했다. 여공 126명을 무단결근을 했다는 이유로 해고했고 경기도 지방노동위원회에서도 해고를 승인했다. 대한노동총연맹에 의해서 그들의 이름이 전국의 기업으로 통지가 되어서 그들은 길 위에서 헤매게 되었다. 그들을 비롯한 여공들의 20퍼센트 이상이 실질적인 세대주로 한 집안의 생활을 지탱하고 있었기 때문에 그 앞길은 매우 비관적이었다.

그들과 함께 싸우던 목사 중에는 조화순이라는 여성 목사가 있었다. 그리고 다른 한편에는 '산업선교'[86]를 빨갱이들의 공작이라면서 파괴시키려고 전국을 돌아다니고 있던 전 중앙정보부원 홍지영이 있었다. 홍지영은 팸플레티어[87]로 대학 연구소에서도 강연을 하고 있었다.

지명관은 한국의 언론에서는 배제되고 있는 동일방직 여공들의 투쟁이나 산업선교의 실태에 대해서 친구들의 이야기를 소개하는 형식으로 다음과 같이 쓰고 있다.

"'산업선교' 20년의 역사 중에서 가장 무서운 시기에 놓여 있다. 박정권 하에서 인간다움은 모두 파괴되었다. 여공들에게 인분을 먹인 것은 이 나라의 노동운동이 단순히 임금인상 같은 노동조건 개선을 위해 싸우는 것이 아니라는 것을 보여 주고 있다고 우리들은 생각한다. 한 사람의 인간으로 취급하지 않는다. 우리들의 싸움은 폭력을 앞에 하고

86) 가톨릭과 개신교가 연합해서 노동자의 인권침해를 대처한 조직이다.
87) Pamphleteer: 특정 주제의 소논문 집필자 - 역자.

인간답게 살고자 하는 몸부림이다.”

(3) 1978년 6월 ‘법정과 감옥’

지난 77년 평화시장 노동교실을 습격한 경찰에 저항을 하다가 법정에 서게 된 여자 노동자 3명과 남자 노동자 2명이 최종진술을 하게 되었다. 그것은 자신의 몸을 희생해서 동료를 석방시키고자 하는 것이었다. 피고 중에 한 사람이었던 임미경은 다른 여공과 마찬가지로 초등학교를 졸업하고 나서 하루도 쉬지 않고 일을 해 왔다. 그런 임미경이 “나는 아직 어리다. 10년, 20년 감옥에 있어도 상관없다. 오빠들은 젊은 남자이기 때문에 밖에서 일을 하지 않으면 안 된다. 언니들은 몸도 약하고 또 시집도 가지 않으면 안 된다. 모두 빨리 나갔으면 좋겠다. 내가 모두를 대신해서 감옥에 남고 싶다”라고 말했다. 법정으로 달려갔던 동료 여공들은 목 놓아 울 뿐이었고 같은 피고 신순애는 졸도를 했다.

옥중에서 200명이 넘는 무명의 정치범들이 혹독한 취급을 받고 있었을 뿐만 아니라 민청학련 사건에서 사형을 당하지 않고 살아남은 사람들조차 망각의 저편에 놓여 있었다. 그들은 위장병・관절염・안질・신경증 등 온갖 병마와 싸우고 있었다. 「통신」은 이처럼 세상 사람들의 눈에 띄지 않는 혹은 기억에서 멀어지고 있는 희생자들의 존재를 거듭 환기하고 있었다.

(4) 1979년 3월 ‘3・1 운동 60주년’

1919년 3・1 운동은 200만 명 이상이 참가해서 2만 명 이상의 사상자를 내고 5만 명 가까이가 체포된 민족 최대의 민중 저항운동이었다. 3・1 운동 60주년을 맞이해도 민중은 씁쓸한 마음을 숨길 수 없었고 슬픈 오늘날의 상황을 강요받고 있었다. 같은 민족 사이의 증오와 장벽은 이민족의 그것보다도 높았고 남북 모두 국가예산의 30퍼센트 이상을 국방비에 투입하고 있었다. 대일무역적자는 1966년부터 78년까지 총액 129억 달러였는데 79년도의 국가 예산을 웃돌고 있었다. 사람들이 반공법에 발이 묶이고 인플레이션으로 고통을 받고 있는 중에도 박 정권은 남북통일과 복지국가 건설이라는 정권유지를 위한 거짓말을 거리낌 없이 내뱉었다.

이런 상황 아래 가택연금을 당하고 있던 민주 인사들이 3월 4일 '3·1 운동 60주년에 즈음한 민주구국선언'을 윤보선·함석헌·김대중의 이름으로 발표했다. 이것은 민족·민주·평화의 3·1 독립 정신을 선양하고 민주주의의 회복을 지향해야만 하며, 1) 민주주의를 기본 신념으로 한다. 2) 민족통일을 지상목표로 한다. 3) 평화를 절실하게 희망한다. 이런 사항들을 들어 희생을 두려워하지 않고 평화적으로 민주회복 투쟁에 나선다고 공약을 한 것이다.

(5) 1979년 4월 '아카데미 사건'

거듭 말하지만 「통신」은 한국 현대사에서 말살될 기록들을 모아 놓은 귀중한 자료이다. 앞으로 한국사 연구자들이 자료를 탐구할 때 가장 큰 자료 중의 하나가 지명관이 엮은 피눈물의 역사가 되지 않을까. 이런 판단을 하게 된 것은 YH무역주식회사 사건을 둘러싼 글 속에 노동문제로서는 "드물게 이 사건은 신문에까지 보도되었다"라고 쓰여 있는 것처럼 대부분의 유사한 사건들이나 노동쟁의는 한국 내에서 보도되는 일이 없었기 때문이다.

이 사건은 1979년 4월 30일을 기해 YH무역주식회사를 폐업한다고 공고한 사장이 300만 달러 정도에 해당하는 상품들을 가지고 미국으로 도망을 가서 실업에 내몰린 노동자 500여 명이 농성데모를 했고, 여기에 기동대가 난입을 하여 여성 노동자들의 몸을 마구 만지고 때려서 200여 명이 부상을 입은 사건이다(그중 80명이 심한 상처를 입었고 5명이 중상, 한 사람은 의식불명이 되었다.). YH무역은 여성 노동자들의 조합 활동이 활발했기 때문에 활동을 말살하기 위해서 한 폐업공고였던 것 같았는데 77년의 평화시장 노동조합 파괴, 78년의 동일방직쟁의 파괴와 같은 맥락에 놓여 있었다.

'아카데미 사건'이란 1979년 3월 1일 크리스천아카데미의 간사가 체포되고 그후에도 25명 이상의 사람들이 계속 체포·구속·연행된 사건인데, 이것은 박 정권이 크리스천아카데미가 하는 농민 교육과 노동자 교육에 위기감을 품기 시작했기 때문이었다. 「통신」은 중앙정보부는 아카데미 사건 다음에는 무엇을 날조할 생각일까? 어찌되었든 민중의 활동은 점점 봉쇄되고 있어 부득이 고민을 할 수밖에 없지 않겠는가 하고 경고하고 있었다.

(6) 1979년 6월 '김영삼 씨의 승리', '용기 있는 손님'

1979년 5월 30일 야당 신민당의 정당대회가 열렸는데 김영삼이 이철승을 누르고 당수로 선택되었다. 김영삼은 대회가 종료된 후에 먼저 동교동에 있는 김대중의 집을 방문하고 포옹했다. 김대중이 금권선거를 전개한 체세 내의 야당이자 사이비 야당의 리더인 이철승을 이겨야 한다고 전력을 다해서 김영삼을 지원한 것에 대한 감사의 표시였다.

함석헌도 김영삼을 응원했다. "이란혁명의 전야처럼 비판적 정치세력과 재야의 비판적인 지식인과 민중이 엮은" 승리였다. 전당대회 전날

밤, 김영삼은 김대중과 함께 "민주회복의 그날까지 동지로서 싸울" 것을 지지자들 앞에서 맹세를 했다.

지명관은 이 결과에 대해서 "모두의 마음은 들떠 있었다. … 박 정권은 폭력으로 새로운 사태를 억압하며 온갖 계략을 부릴 것이다. 김영삼 씨의 다난한 앞길에 행운이 있기를 기도하자. 신민당에도, 재야민주세력에도, 무엇보다도 윤보선 전 대통령과 김대중 씨에게도 행운이 있기를"이라며 승리를 기뻐했다.

용기 있는 손님이란 아카데미 사건 관계자들의 석방을 촉구하기 위해서 독일 연방 교회가 파견한 서독 교회의 전 베를린 감독 샤프를 말하는 것으로 그는 일주일 정도의 방문 기간 동안 정말 열정적으로 활동했다. 샤프 감독은 그후에도 재차 한국을 방문했고 아카데미 사건으로 감옥에 갇힌 이우재를 면회했다. 나치스 아래에서 형무소에 수용된 적이 있던 샤프 감독은 6월 3일 영락교회에서 우간다의 독재자 아민Idi Amin의 멸망에 대해서 그리고 나치 독재를 멸망하게 만든 역사의 신에 대해서 이야기하고 "어떤 폭력도 굴하지 않는 신앙을 격려했다"라고 전했다.

지명관은 샤프 감독의 활동에 감격해서 "어디선가 이런 숭고한 인간의 혼이 숨을 쉬고 있는 한, 우리들은 인생에 대한 희망을 완전히 잃지는 않는다"고 썼다. 이 일은 1978년 2월에 일어난 동일방직 문제를 조사하기 위해 국제섬유노련에서 파견한 대표 세 사람이 정부나 회사 등의 접대만 받고 쫓겨난 여자 노동자들과는 만나지도 않고 귀국한 것과 좋은 대조를 보였기 때문이다. 파견된 회원 중에는 일본 전국섬유산업노동조합연맹의 아시아 지역 책임자도 포함되어 있었다.

(7) 1979년 8월 'YH무역 사건'

폐업공고로 문제를 일으킨 가발·봉제품 제조수출회사 YH무역은 여자 노동자들의 필사적인 저항에 부딪혀서 조업을 재개했지만, 1979년 봄 또다시 폐업을 선언했다. 200명 가까운 여자 노동자들은 8월 9일에 신민당의 강당에서 농성을 했다. 11일 경찰 1,000여 명이 난입을 해서 유혈사태가 벌어졌고 김경숙이라는 여자 노동자가 생명을 잃었다. 신민당 국회의원과 청년당원들이 경찰의 폭력에 항의해서 농성을 계속했고, 대부분의 신문들도 이 참사를 크게 취급했는데, "이것은 하나의 변화였다."

(8) 1979년 9월 '자결이라는 학살', '다시 타오르는 학생 데모'

경찰은 YH무역 여자 노동자의 사인을 세 번이나 번복했는데, 이것은 실로 정치적인 죽음이었다. YH무역 외에 해태제과나 원풍방직 등에서도 여성 노동자들이 폭행을 당하고 있었지만 그들을 비롯한 많은 한국의 노동자들은 불법적 행위 아래에서 침묵하기를 거부했고, 또한 일본 노동자들의 지원에 대해서 마음으로부터 감사를 표하고 있었다. 그 심경을 담은 '사랑하는 일본의 노동자, 친구들에게'라는 편지는 자신들의 투쟁과 노동자·농민 및 한국 내에서 억압받고 있는 민중연대 등에 대해서 언급한 후, 다음과 같은 문장으로 끝을 맺고 있다.

"… 사랑하는 일본의 노동자·친구 여러분, 우리 두 민족 간의 갈등과 지배·피지배의 관계 그리고 대립과 투쟁은 결코 우리들 노동 대중에 의한 것이 아니었습니다. 억압받고 있는 우리 노동자들에게는 국경을 넘어 우리들 공동의 적을 향해 힘을 모으는, 서로 힘을 합한 사랑과 격려가 있을 뿐입니다. 여러분의 건투를 빕니다. 1979년 9월, 한국 노동자들로부터."

지명관은 "고난의 투쟁은 이와 같은 아름다움을 낳는다는 의미에서 보다 좋은 역사를 준비하는 일이라고 말할 수 있지 않을까?"라고 쓰고 있었다. 실로 국경을 초월한 아름다운 연대의 호응인데, 30년이 지난 오늘날, 한국과 일본 두 나라의 노동자들 사이에 이런 공조의 정신이 존속하고 있는지 나(필자)에게는 확신이 서질 않는다.

(9) 1979년 10월 '제명 제1호', '민중예술'

앞에서 말한 신민당 총재 선거에서 당원 자격이 없는 사람들은 무기명으로 비밀투표에 참가했다. 이것이 문제가 되어 김영삼은 1979년 9월 8일, 신민당 총재 직무 집행정지 가처분을 받았다. 그리고 10월 4일 국회의장은 국회의 한쪽 통로에서 김영삼 의원에 대한 징계동의안을 여당의원들의 찬성만으로 채택하고 법사위원회에 회부했다. 그리고 40초 만에 징계동의=제명이 가결되었다. 야당의원이 한 사람도 없었던 본회의에서도 징계동의안은 만장일치로 통과되었다. 이 모든 것이 10분 동안 이루어졌다.

김영삼은 한국 의회정치 30년 역사에서 제명 제1호가 되었다. 그는 제명이 완전한 불법이므로 승복할 수 없다고 하면서 "우리들에게는 국민의 절대적인 지지가 있고 하나님의 보호하심이 있기 때문에 결코 외롭지 않다. … 공화당 정권은 오늘 국회를 권력의 시녀로 타락시켜 야당의 총재를 의회로부터 추방하는 폭력정치의 하수인으로 만들었다. … 민주주의를 위한 더욱 영광스러운 과업을 맡게 되는 것으로 새로운 십자가를 질 것을 각오한다"는 결의를 나타냈다.

김영삼의 제명과 같은 어두운 현실 속에서도 지명관은 "자유가 자라고 민중이 자라는 것"에 감동을 받았다. 민중극이라는 이름으로 풍자극이 연출되자 수천 명의 젊은이들이 모여들었다. 연극과 축제가 하나가 된 퍼포먼스가 실현되었다. 민중극의 배후에는 윤리와 정치가 있었고 남북통일을 위한 싹도 움트고 있었다. 민중시도 주목을 받았다. 노동자들과 작가가 서로 함께 배우는 문학적인 경험 또한 큰 수확이었다. 이런 민중예술은 투쟁의 연대에서 성장한 것이라는 서술도 분명한 사실이었다.

(10) 1979년 11월 '떠나는 자 · 남는 자', '부산에 부는 폭풍우', '잔당 통치는 인정하지 않겠다'

"결국 10월 26일 저녁, 박정희 씨가 쓰러졌다. 그것은 27일 이른 아침, 서울을 뒤덮은 충격적인 뉴스였다. 그러나 많은 사람들은 결국 올 것이 왔다고 중얼거렸다."

1979년 10월 26일, 중앙정보부 김재규 부장은 박정희와 청와대 근처의 궁정동에 있는 중앙정보부 건물에서 함께 연회를 하고 그 자리에서 박정희를 사살했다. 이 사건을 둘러싸고 소식통들의 해설이나 유언비어가 수없이 날아들었는데 지명관은 이런 정보들을 상당히 자세하게 소개를 하고 자신의 논평과 사건 후의 전망에 대해서 다음과 같이 기술을 했다.

"이처럼 서울의 정계政界는 정체를 알 수 없는 유언비어 속에서 이리저리 흔들리고 있다. … 이 같은 정치적 공백이 길어지면 싫든 좋든 군軍은 정치화되고 양심적인 군인들이 우려하듯이 안보가 문제 될지도 모른다. … 정말 다난한 노정이 지금부터 시작되려 하고 있는데 독재자의 갑작스런 죽음이 민중의 완전한 승리의 결과가 아닌 만큼 낡은 체제의 잔당들이 아직 길을 막고 있다. 그리고 그들은 사라진 독재자와 똑같은 말투로 질서유지와 북한에 대한 안보를 과장스럽게 반복하고 있다. 그러나 전진하기 시작한 민중의 발걸음은 결코 멈추지 않을 것이다."

지명관은 박정희가 죽음에 이르기까지의 나날들 — 박정희는 1961년 군사 쿠데타로 장면 정권을 쓰러트린 후에 18여 년 동안이나 권력의 자리에 앉아 있었다 — 을 회상하면서 민중의 가슴 밑바닥에 침전되어 있던 모든 한스러운 사건들이 "결국 저런 피비린내 나는 사건을 일으키고 말았다"고 했다. 또한 박 정권이 붕괴할 징조가 도처에서 드러나고 있었는데, "이번의 이른바 궁정참극을 낳은 큰 계기가 된 부산과 마산 사태"에 주의를 기울였다.

부산 사태란 10월 15일 부산대학교에서 일어난 작은 데모가 확대되어 시민과 고등학생들도 참가함으로써 부산시 전체가 봉기한 것만 같은 양상을 띠게 된 사건이다. 이 사건으로 스무 명 정도가 사망했다고 한다. 마산 사태란 부산에서 일어난 데모가 군항인 진해와 자유무역항구인 마산에도 영향을 미친 사건으로 10월 18일과 19일에 일어난 마산의 데모에는 학생보다도 노동자가 많이 참가를 해서 18일에만 해도 175명이나 체포되었다.

이 사태 때문에 마산과 창원 일대에는 위수령이 발포되었고, 서울은 물론 지방 중소도시도 마치 계엄령이 발포된 것 같은 상태가 되었다. 기동경찰이 운동장에서 대기했고 주요 교회들은 경찰이 포위했다. "이런 상황에서 박정희 씨의 죽음은 일어날 법한 일이 일어났다고 말하지 않을 수 없다."

박정희 암살의 배경을 이렇게 설명하면서 지명관은 전망을 했다. "누구도 한국의 상황에 대해서 확실한 전망을 가지고 말할 수는 없겠지만 잔당 혹은 공범자들의 지배를 계속 허락한다면 무엇보다 미국에 대한 실망이 커질 것이 확실하다. 케네디Edward M. Kennedy 상원의원에게 기대를 거는 목소리가 크다. … 한국 민중이 이렇게 싸워서 이런 기회를 만들었는데 인권과 민주주의의 이념을 내세운 카터 정부는 민주화에 힘을 실어 주는 것이 아니라 공범자들에게 맡김으로써 한국 민중을 억압하려고 하는 것인가라는 비판을 받을 것이다."

군부에 대한 전망은 어떠했을까? 그는 이렇게 쓰고 있다.

"국민들은 지금 가지고 있는 보잘것없는 것이라도 잃지 않으려는 심정으로 참고 있지만, 저 부패한 잔당들의 지배가 계속된다면 어쩔 수 없이 분연히 떨쳐 일어설지도 모른다. 그렇게 되면 민주적인 민간정부를 희망한다고 말하던 군부는 다시 악의 정치세력에 가담해서 총을 쥐게 될 것인가? 그때 그들은 이제까지 주장한 국가의 안전이라는 입장을 어떻게 관철할 것인가라는 선택 앞에 서게 될 것이다. 부패한 세력을 옹호하는 힘은 진정한 힘이 되지 않는다. 그것은 단순한 폭력이 될 뿐, 국민의 양심으로 인해 결코 지지를 받을 수 없다."

그는 군부의 동향을 경계했다. 군을 국토방위에 전념하게 만들지 않으면 안 되고 그런 정치체제를 만들어 내지 않으면 안 된다고 했다. 이런 생각은 민주화를 위해서 싸우는 사람들의 공통된 인식이었는데 그것은 예를 들면 김대중이 박정희의 흉악한 죽음 직후에 작성했다고 하는 '당면 상황에 대한 정치판단과 우리들이 해야 할 일'이라는 글에서도 분명히 나타나 있다.

이 문서는 '1. 기본 인식, 2. 우리의 원칙, 3. 우리들의 행동자세, 4. 앞으로의 전망'으로 구성되어 있는데 1.에서는 "10 · 26 사태로 독재자는 사라졌지만 결코 민주주의가 온 것은 아니라는 사실을 가슴에 새기지 않으면 안 된다. 신과 역사는 아직 우리들에게 새로운 시련에 대처해야 할 준비를 요구하고 있다"고 말하면서 남에게 의지하는 것을 경고하고 민주체제 회복을 위해서 한층 더 노력할 것을 맹세하고 있다. 또한 2.에서는 민주회복을 위해서 국민에 의한, 국민을 위한 헌법제정과 박 정권 아래의 희생자들의 권리회복 등을 주장하고 있다. 3.에서는 미국과 일본 등과의 우호와 경제협력에 대해 고려할 것, 군이 국토방위에 전념할 수 있도록 노력할 것, 또한 새롭게 정권을 잡은 사람들은 보복을 삼가할 것 등을 주장하고 있다. 그리고 4.에서는 상당한 시련이 예상되어도 국민을 믿고 민주세력의 단결과 힘에 자신을 가진 우리들은 민주회복의 숙원을 달성할 수 있도록 노력하자고 호소하고 있다.

지명관은 활자 인쇄 두 장 반에 이른 이 글의 전문을 소개하고, "김대중 씨의 견해를 뛰어넘는 말을 누가 할 수 있을까? 이것은 온건하고 리얼하며 민족적 이념에 기초한 말이다"라고 평가하고 있다. 그리고 통신의 마지막을 다음과 같이 맺고 있는데 이것은 그의 기쁨이 어느 정도였는지가 느껴지는 말이었다.

"아아, 어느 사이엔가 새벽이 밝아 온다. 지금까지 우리를 격려하고 박정희 독재와 싸워 준 해외의 친구들, 여러분들에게 마음으로부터 감사를 전합니다. 언젠가 만나서 축배를 나눌 수 있는 그날을 희망하며."

(11) 1979년 12월 '명동 YMCA 사건', '반동 쿠데타'

1979년 11월 24일 서울 명동 YMCA에서 결혼식으로 가장하고 모인 1,000여 명이 넘는 사람들은 통일주체국민회의가 실시하는 대통령 선출에 반대하는 국민대회를 열었다. 대회 의장은 함석헌이 되었고 일찍이 박정희 삼선에 반대하다가 의원직을 잃은 박종태가 '총대저지를 위한 국민선언'을 낭독했다. 이것은 박정희 잔당이 하는 통치를 허용하지 말고 거국민주내각을 수립하자는 선언이었다. 또한 이 선언에서는 권력 편에 있는 김종필·이후락, 신민당을 어용화시킨 이철승, 전국경제연합 회장인 정주영(현대건설), 어용노동조합의 김영태 등 '반민중적 부패특권분자'에 대한 심판을 주장했다. 더 나아가 군부가 부패세력의 연명을 돕고 있다는 점과 미국의 간섭에 대해서도 비판을 가했다.

선언이 발표되자 곧바로 서울시경이 YMCA에 난입을 해서 연행을 시작했고 110명 정도가 투옥되었다. 명동 YMCA 사건을 계기로 민주세력은 군부, 즉 그 핵심인 전두환 소장이 이끄는 육군보안사령부와 전면 충돌을 하기에 이르렀다. 지명관이 '상상을 초월할 정도의 잔인한 무리'라고 본 전두환 보안사령관 일파는 12월 12일에 정승화 계엄사령관과 그 밖의 장군들을 체포했다. "이것이야말로 반동 쿠데타이다. 이런 행동을 한 자들은 전두환 보안사령관과 노태우 제9사단장을 중심으로 한 정규 육사 제1기 장군들이다."

이 사건 후 이희성이 참모총장에 천거되었고 노태우는 수도경비사령관에 임명되었다. 이 쿠데타를 지원한 제1군단 사령관과 노태우는 의형제였다고 한다.

(12) 1980년 2월 '김재규 씨의 공소심'

박정희를 사살한 김재규는 정의감이 강했던 사람으로 몇 번이나 박정희 암살의 기회를 노리고 있었다. 김재규는 변호사를 통해서 법정에 '위민주정도爲民主正道'와 '비리법권천非理法權天'이라는 휘호를 내놓았다. '비리법권천'이란 비非는 리理에게 양보를 하고 법法은 권權에게 양보를 하지 않으면 안 되는데 그 권權도 하늘에는 이르지는 못한다는 의미이다. 김재규는 일본의 5·15사건(1932)[88]이나 2·26사건(1936)의 예를 인용하면서 자신의 명령에 따른 부하들은 용서를 받아야만 하지만 만약 본 사건으로 인해서 처형되는 부하가 있다면 자신의 재산을 나누어 그 유족에게 각각 증여해 주길 바란다고 진술하고 암살행위에 대해서는 이렇게 주장을 했다.

"10·26 혁명이 없었더라면 이 나라에서는 지금도 자유민주주의가 불가능했을 것이다. … 혁명이 완전하게 성공하지는 못했지만 자유민주주의의 토대를 마련했다는 점에서 나는 죽어도 후회되는 일이 없다. … 나는 전쟁에 승리한 장군이 어떤 계기로 인해서 체포된 것 같은 기분이다."

김재규는 10·26 혁명의 목적은 자유민주주의의 회복에 있었고 더 이상의 국가의 희생을 막고 미국 등과 국제관계를 개선하는 것에 있었다고 진술했다. 그리고 "자유민주주의가 이 나라에 만발하는 것을 보지 못하고 가는 그 여한이 한량없습니다. 그러나 이미 모든 것이 기약되어 있기 때문에 내가 못 보았을 뿐이지 틀림없이 오기 때문에 나는 웃으면서 갈 수 있습니다." "나에게 극형을 주고 남은 사람들에게는 극형만은 면해 주십시오"라는 말로 끝을 맺었다.

김재규는 박정희는 헌법이고 국가였으므로 그를 살해하는 것은 혁명행위이지 단순한 '사고'가 아니라고 주장했는데 지명관은 이렇게 쓰고 있다. "박정희가 헌법이며 국가이기도 한 상황을 바꾸기 위해서는 그 엄중한 경계 속에서 그런 사람이 결단을 내리는 것 외에는 방법이 없었

---

88) 1932년 5월 15일 일본 해군 장교들이 중심이 되어 일으킨 반란. 무장을 한 해군 청년 장교들이 수상관저에 난입해서 호헌운동의 필두에 선 이누카이 쓰요시(犬養毅) 수상을 암살한 사건이다. - 역자.

을지도 모른다. … 그는 사건에 관여한 부하들에게 '국가가 길을 잘못 들어서게 되면 너희들도 나도 모두 죽는 거다. 민주주의를 위해서'라고 말했다고 한다. 단, 박정희 체제가 무너지고 자유와 정의와 평등이 회복되면 자신들의 목숨은 더 이상 유지될 수 없다고 생각하는 자들의 세력이 그들이 생각했던 것보다 훨씬 더 강했다는 것이 문제였다. 그들의 김재규 씨에 대한 적의는 하늘을 찌를 정도였다. 그 대표적 인물은 12·12 반동 쿠데타를 지휘한 전두환 보안사령관이었다고 할 수 있을 것이다."

지명관은 「통신」에서 김재규의 구명에 그리고 '남북조선민족 해방전선준비위원회 사건'의 피고들의 구원에 세계가 손길을 뻗쳐 주기를 호소했다.

(13) 1980년 3월 '서울의 봄 — 그 상황'

1980년 2월 29일 긴급조치 제9호 위반자 등의 공민권 회복이 일부 인정되어 687명이 복권했지만 그것은 전체의 3분의 1에도 미치지 못하는 것이었다. 그러나 역시 민주화를 향한 움직임은 저지할 수 없다는 듯이 김대중도 정치 활동을 재개했다. 「통신」은 민주화를 추구하는 사람들이 지금 당당하게 모여서 시국을 이야기하고 투쟁방안을 짜고 있는 상황을 전달했다.

'삼김三金'에 대해서는 이렇게 말했다. 잔당세력과 결탁한 김종필의 통치는 또다시 국민을 탄압하는 방향으로 나아갈 수밖에 없을 것이다. 김영삼은 국내의 양심적인 세력을 결집하지 못할 것이고 일본의 정치세력이나 기업 등에게 접근하려는 자세에는 실망을 금하지 않을 수 없다. 김대중은 유능하고 국제적으로도 우수한 수완을 발휘할 것이며 국민 다수의 지지도 얻었지만 그 개혁성 때문에 재계·관계의 지지는 기대하기 어렵다. 김대중은 "좀 더 현실적인 정치가로서 국민 앞에서 신화적인 모습을 벗어가지 않으면 안 된다."

지명관은 '삼김'에 대해서 이렇게 논평을 한 후 "드디어 민족적 양식이 승리를 얻게 될 것인가? 이번에는 제목을 서울의 봄이라고 붙였다. 정말 서울의 봄이 오는 것을 확인할 수 있을까? 7년에 달하는 이 통신, 이 짐을, 봄 햇살 아래에서 여러분에게 뜨거운 감사의 말을 전하면서 내려놓고 싶다는 생각이 특히 오늘은 절실하다"고 토로하고 있다. 서울에 봄은 도래할 것인가? 그랬으면 좋겠다. 그러나 그것은 아무래도 미덥지가 않다. 봄이 오지 않는다면 계속 이 무거운 짐을 짊어지고 가지 않으면 안 된다. 희망과 더불어 실로 피로감이 배어 나온 말이었다.

(14) 1980년 4월 '어용교수', '김대중 씨의 주변'

분명 봄이었다. 그러나 언제 계절을 잊은 싸라기눈이 내릴지 모른다. 봄의 운명이 아직 유신 잔당의 수중에 있는 것처럼 보인다. 「통신」에는 대학 캠퍼스에 불기 시작한 자유화의 바람이 유신체제 하에 어용교수였던 자들의 진퇴를 묻는 활동과 함께 보고되었다. 경찰과 군대는 대학 당국의 요청이 없다면 학교 안의 동향에는 개입하지 않겠다고 했다. 전두환 보안사령관은 선배가 쿠데타를 시사해도 "그렇게는 할 수 없다고 분명히 대답했다고 한다." 국민의 무언의 압력이 권력의 무중력 상태에서 크게 작용하고 있는 것이라고 「통신」은 전했는데 그래도 경계를 풀 수 없는 상태였다.

지명관의 정계 분석 및 전두환의 움직임에 대한 경계는 다음과 같았다. 김종필이나 이후락은 권력적 부패와 밀실정치로 옥신각신하고 있다. 김영삼과 신민당은 개혁의사가 있는지 의심스럽고 무엇보다도 신민당은 오랫동안 국민에게 등을 돌려 왔다. 민주세력은 지금까지는 정치적 리얼리즘이라는 것으로 신민당과 타협을 해 왔는데 이제 안이한 타협은 거절한다. 김대중의 제1관심은 민주화이다. 김대중은 신민당에 입당하지 않겠다고 성명을 발표했다. 신민당, 특히 김영삼이 민주화 세력을 맞아들이는 일에 성의를 보이지 않기 때문이다. 김대중이 신민당에 입당하지 않으면 야당 대통령 후보 단일화는 실현 불가능할 것이라고 국민들은 우려하고 있다.

전두환이 보안사령관을 겸임한 채로 중앙정보부장 서리에 취임했다는 충격적인 뉴스를 접하고 전두환의 동향에 대해서 다음과 같이 예견을 하고 있었다.

"전두환 씨의 중앙정보부장 취임은 틀림없이 그가 공공연히 정치에 손을 뻗치려고 한다는 것을 의미한다. 그리고 최규하 정부가 완전히 그를 중심으로 한 군부 쿠데타의 폭력과 협박 그리고 음모 아래 놓여 있음을 드러낸 것이다. 그들은 무엇보다도 중앙정보부의 기구와 거기에 있는 막대한 자금을 어떤 정치 목적을 위해서 동원하려고 할 것이다."

힘은 힘을 부르기 때문에 그들도 어쩔 수 없이 표면에 나서는 것일까? 그러나 그것은 자기의 분수도 모르는 승부라고 할 수 있을 것이다. 만약 그것이 박정희의 경우와 마찬가지로 권력의 무한확대의 길을 걸으려는 것이라면 그들의 권력은 박정희의 경우보다도 훨씬 단명할 것이다. 한국의 역사와 국민이 크게 성장하고 전진하고 있기 때문이다. 또한 국민이 지지하는 시민적 민주정부의 수립이라는 국민의 꿈을 처음부터 부정하는 것은 너무나도 위험한 정치게임일 것이다.

지금 국민이 계엄령 하에서 침묵하고 있는 것은 민주화의 행방을 조용히 지켜보는 것이지 일부 군인들의 폭력에 굴종하고 있는 것이 아니다. 게다가 전두환 자신이 중앙정보부장에 취임한 것은 그 무리 중에는 누구도 그런 부질없는 악역을 맡으려고 하지 않았다는 것을 의미한다. 또는 그가 신뢰할 수 있는 사람을 찾을 수 없었다는 것을 의미하는 것 같다.

그만큼 그 무리들은 불안정하기 짝이 없는 것이다. 앞으로 이 같은 반동적 폭력에 맞서서 또다시 자신의 희생을 염두에 두지 않고 정면에서 싸우는 세력은 민주세력일 것이고 김대중일 것이다. 그렇게 된다면 국민은 그들이 선택해야만 하는 정치세력이 어떤 것인지 더 확실하게 똑똑히 볼 수 있을 것이다. "김대중 씨는 국민과 직접 살을 맞대는 투쟁을 그것이 허용되는 한 최대한 전개하려고 하고 있다고 생각할 수 있다. 어떤 정당과의 교섭 속에 민주세력을 붙들어 매는 것은 아직 시기상조라고 간파하고 있는 모습이다."

전두환 일당과 그 폭력. 그들이 박정희 집권보다도 훨씬 단명할 것이라고 예견하면서도 그들과의 일전이 김대중과 민주세력의 앞날에 기다리고 있는 시련이 아닐까라고 말하고 있는데, 이것은 지명관 자신의 군부 반동과의 투쟁에 대한 거듭된 결의표명이기도 했다.

그는 「통신」의 마지막에 또다시 김대중의 연설 — 4, 5만 명이 모였다고 하는 한국신학대학교에서의 '도덕정치의 구현'이라는 제목의 연설과 만 명 이상이 참가했다고 하는 YMCA 수요강좌에서의 '민족혼'이라는 제목의 연설 — 에 대해서 언급하면서 김대중에게 기대를 걸고 있었다. 그가 투쟁을 계속하는 한 한국의 장래는 결코 어둡지 않다고 전망한 것이다. "그(김대중)는 이 국민과 민족의 정의감과 에너지에 뿌리를 둔, 그것을 동원하지 않고서는 민주주의와 평화와 통일은 있을 수 없다고 생각하는 정치가이다. 그는 무슨 일이 있더라도 지금까지처럼 용기를 가지고 그 길을 계속 걸을 것이다.”

(15) 1980년 5월 ‘심야의 계엄령’, ‘광주 긴급 리포트’

1980년 5월 17일 심야, 계엄사령부는 김대중 등을 계엄포고 위반으로 체포했다. 김종필과 이후락 등도 부정축재의 용의로 연행을 당했다. 18일 오전 0시 정부는 한국 전역에 계엄령을 확대했다.

지명관은 쓰고 있다. “군은 국민을 지키는 존재가 아니라 먼저 국민을 공격하는 늑대라는 생각이 든다. 군부의 민족화·민주화 없이는 이 나라의 시민은 안심하고 잠을 잘 수가 없다. 군부에게 화를 입지 않으려고 국민들은 신중하게 행동했는데 결국 그들은 난동을 부리고 말았다. 앞으로 어떤 비극이 일어날 것인가! 전율해야 할 나날들을 생각하면서 이 펜은 무디어질 뿐이다. 이 소식을 보내는 것에도 한층 더 위기가 수반될지도 모른다”고 썼다.

“전라남도 광주에서는 이미 학생·시민과 계엄군이 충돌을 해서 유혈사태가 계속되고 있다는 소문이 서울에서도 흘러나오기 시작했다.” 전두환 일파는 민주화가 고조되는 와중에 박정희 일파의 폭력을 승계하려고 하고 있다. 앞으로 어떻게 될 것인가? “이 잔인한 군대는 국민을 진압할 수는 있어도 결코 통치는 할 수 없다. … 그들은 완전히 상식을 벗어난 자들이다. … 무서운 날들이 계속될 것 같다.”

다음날 18일 광주시에서 학생과 시민이 데모를 했다. 군대는 헬리콥터 등을 동원해서 최루가스를 투하했다. 광주에서 벌어진 공수부대의 폭력은 말로 표현할 수 없는 것이었다. 연일 저항하는 시민들을 공격했고 27일 이른 새벽 계엄군이 광주시를 제압할 때까지 남녀노소, 어린이들까지 희생을 당했다. 여자들도 벌거벗기고 찔러 죽였다. 지명관은 서울에서는 광주에서 살해당한 사람이 4,500명이고 부상자는 만 명이라는 소문이 돌고 있다고 쓰고 상황을 전하면서 온몸의 분노를 터뜨리고 있었다.

"지금, 계엄군은 마치 적진에 돌입하는 것처럼 광주시에 돌입하려고 하고 있다. 이렇게 광주를 점령하고 제압하면 그 폭도통치 하에서도 공포심 때문에 제2, 제3의 광주 사건이 일어나지 않을 것이라는 것이 전두환 등의 생각이다. 많은 사람들이 — 민주세력도 — 잔당들의 힘을 오산했다. … 전두환에 대한 증오는 하늘을 찌른다. 살인마 전두환을 죽이라고 광주 시민들은 외친다. 일주일 동안 광주 시민은 잘 싸웠다. 보복을 자제한 질서 있는 행동이었다.

그것은 외부의 지원이 없는 고독한 싸움이었다. 가두데모 중지를 선언한 학생들에게 왜 전두환 일파들은 공격을 하기 시작한 것일까? 이 같은 참극을 만들어 낸 그가 어떻게 권력을 장악하고 연명할 수 있을까? … 전두환과 공수부대, 즉 공수단의 잔학한 행위는 상상을 금하는 것이다. 그 속에 … 전두환도 포함되어 있다. 그들은 20만의 시민들을 죽여도 정권은 살아남는다고 주장하던 일당들이었다. 그런 사실을 알고 있었기 때문에 김재규 중앙정보부장은 암살이라는 비상수단에 호소할 수밖에 없었다. 결국 어제(5월 24일) 그는 처형을 당했다. 그의 용기 있는 행동으로도 박정희 체제를 무너뜨리지 못했다는 것에 대한 분노 그리고 그는 사라지고 전두환이 지배하는 슬픔, 정말 견딜 수 없는 일이다. …

김대중 씨의 생명은 또다시 위험에 노출되어 있다. 그는 빨갱이이고 학생과 시민을 선동해서 청와대까지 점령시키려고 한다는 등, 그에 대한 시나리오가 진행되고 있다."

이런 사태 앞에서 지명관은 국제여론의 힘으로 김대중과 그 주변인물들의 소재를 밝히게 하자고 호소했다. 한국 내에는 그들을 구출할 방법이 없기 때문이었다. 그러나 국제적 압력이라고 말하지만 미국과 일본 정부도 김대중은 빨갱이이고 북한 스파이와 불순분자의 개입으로 광주사태가 일어났다는 전두환의 변명에 동조하고 있는 이때, 얼마나 기대를 걸 수 있을 것인가! 오히려 북한을 의식하면서 "반일, 반미의 험난한 길을 가야만 하는" 것은 아닐까? "일본은 일찍이 아시아 대륙 침략을 했던 때와 똑같은 공작과 외교를 계속하고 있다. 그리고 미국은 퇴폐한 나라가 되어 버렸다."

지명관은 호소를 했다. "유혈이 더 이상 반복되지 않도록 저 폭도군이 더 이상 발포하지 않도록 압력을 가해 줬으면 좋겠다. … 감옥 안팎에서 많은 사람들이 고문을 받고 살해당해도 알지를 못한다. 가능한 빨리 국제적인 조사단을 보내 주기를 바란다. 한국 국민의 투쟁으로 저 잔당이 물러가고 민주화의 기쁨을 함께 기뻐할 수 있는 그날을 위해 기도해 주었으면 좋겠다. 폭도로 인해 피를 흘리고 지금은 고립되어 있는 저 광주와 목포를 위해서 할 수 있는 것은 무엇인가? 그것이 지금 우리에게 호소를 하고 있는 역사의 소리라고 믿는다."

(16) 1980년 6월 '아아 광주!', '김대중 씨의 생명은?'

지명관은 광주의 죽음의 열흘간에 대해서 '가슴이 터질 듯한 통곡의 기록'을 쓴 후, 광주 시민이 조사한 바로는 2,000명의 사망자가 나왔다고 한다고 전했다. "그것은 정말 광주 시민 살육작전이었다. … 시민들의 행동은 폭력에 대한 단순한 자위적 저항에 지나지 않았다." 군대는 왜 전국적인 계엄령보다 앞선 5월 17일 낮에 이미 광주를 향해서 이동하고 있었던 것인가? 왜 부상자를 치료하지 않고 수많은 사체를 가지고 사라졌는가라고 규탄했다.

그의 광주 사건에 대한 통찰은 간단명료했다. "5월 17일 한밤중부터 전두환 일파가 한 행동은 무엇보다도 김대중 씨의 제거를 목표로 한 것이었다." "광주 지방을 선택한 것은 김대중 씨를 밀어 넣을 덫을 만들기 위한 것이었다."

그는 김대중을 한국 현대사가 낳은 위대한 존재로 "지금이야말로 그는 한국인에게 있어서 유일한 가능성이다"라고 평가하고 그 이념과 정치적인 역량에 기대를 걸고 있었다.

광주 사건을 전해 듣고 지명관은 많은 민주 인사들과 마찬가지로 침울해졌다. 절망하고 "여러분의 격려에 그냥 매달리고 싶은 심정이다"라고 정직하게 말했다. 그러나 그래도 김지하의 「1974년 1월」이라는 시를 상기하면서 「통신」을 다음과 같이 끝맺고 있었다. 용기를 내어 견뎌 나가자는 말이었다.

"아아 1974년 1월의 죽음을 두고 / 우리 그것을 배신이라 부르자 / 온몸을 흔들어 / 온몸을 흔들어 / 거절하자 / 네 손과 / 네 손에 남은 마지막 / 따뜻한 땀방울의 기억이 / 식을 때까지"

(17) 1980년 7월 '주인 없는 역사', '내란음모 사건'이란?'

전두환이 이끄는 국가보위비상대책위원회는 손에 닿는 대로 광주 시민을 살해하면서 광주 사건 이래 '도의道義 정치'·'도의 사회'·'사회정의 구현'을 목표로 한다고 말했다. 기가 막혀서 아무 소리도 할 수가 없는데 전두환 일파는 파멸할 때까지 폭도 짓을 계속할 것이다. 전두환은 박정희를 암살한 김재규를 처형하고 권력형 축재자 김종필 공화당 총재로부터 어느 정도의 재산을 빼앗은 후, 7월 9일에는 공무원들의 부정을 바로잡는다며 고급공무원의 12.1퍼센트를 추방함(대한민국 성립 이래 최대 숙청)과 동시에 15일에는 3급 이하 공무원 4,760명을 숙청했다. 남은 것은 김대중 처리뿐이라고 호언장담을 하고 있었다.

전두환은 말했다. "나는 세 사람의 김 씨를 제거하고 중앙정보부를 축소하면 임무를 마치게 된다." 그러나 중앙정보부를 축소한다는 것은 육군보안사령부를 강화해 정치에 깊이 개입하려는 것이었다. 이런 사정을 「통신」은 다음과 같이 분석하고 있었다. 박 정권은 군부정권이었음에도 불구하고 중앙정보부가 너무 비대화되어서 장군들이 영領관급이었던 중앙정보부의 감시를 받아 사생활에까지 자유가 없었다. 전두환의 상관이었던 수도경비사령관 윤필용 소장은 중앙정보부 배제를 내세웠지만 실패를 하고 15년 형을 선고받았다. 윤필용에 대한 신뢰가 깊었던 전두환은 중앙정보부 간부 300명을 추방하고 한을 풀었다고 한다. 전두환 일파에게 남은 것은 김대중 문제뿐이었다.

1980년 7월 4일 계엄사령부는 '김대중 일당 내란음모 사건'의 수사 결과를 발표했는데 예상대로 김대중은 공산주의자로 학생들을 선동해서 정부 전복을 기도했고 과도정부까지 구상하고 있었다고 했다. 지명관은 이 결과를 조잡한 작문이라고 보고 "중앙정보부원들을 그렇게 많이 자르지만 않았다면 아마도 조금 더 그럴싸한 글을 썼을 것이라고 모두 비웃고 있다"고 야유를 했는데 전두환 일파는 여하튼 조직폭력배와 다름없었다.

미국의 대한 정책은 안보관에서 기인을 했고 일본의 대한 정책은 기업가의 이익에 뿌리를 두고 있다. 미국과 일본의 자본가들과 미국의 군인들은 "한국에서 가장 부패한 세력과 결탁해서 한국의 양심적인 국민들과는 전혀 다른 한국 상像, 아시아의 안정과 평화의 상像을 그리고 있다. 그것이 그들의 눈앞의 이익이 될 거라고 생각하는 것일 것이다."

지명관은 이렇게 미국과 일본의 군사 중심 · 경제우선정책에 대해서 비판을 가하고 김대중의 신상을 다시 한 번 걱정하면서 권력의 정통성에 대해서 주의를 환기시켰다. 김대중을 살해하면 전두환 일파와 그들의 지배 하에 있는 군 · 정부 · 국민의 사이는 완전히 화해할 수 없는 단계에 접어들게 될 것이다. 한국에서는 '이겨도 관군官軍'이 아니다.[89] 권력은 정통성을 가지지 않으면 안 된다.

이것은 평범하게 보여도 의지와 기개가 드높은 중요한 정치적 시점이다. 지명관의 「통신」 속에는 이렇게 권력과 인간의 존재방식과 사회의 존재방식에 대한 훌륭한 통찰과 인간성이 도처에서 빛나고 있었다는 것에 대해서는 더 이상 언급할 필요가 없을 것 같다.

잡지 『세카이』의 「통신」은 1988년 3월호까지 이런 필조를 바탕으로 계속되었는데 지면 관계상 나의 이야기는 여기에서 마치고 그후의 이야기는 「통신」을 직접 읽어 봐 주시길 바란다. 끝으로 뒷날 지명관이 『한국으로부터의 통신』 총 4권에 대해서 다음과 같이 말한 것을 소개하면서 부족한 부분을 대신하고 싶다.

"기쁨보다도 깊은 고통이 따르는 기억들이다. 그리고 무엇보다도 한국의 민주화를 지지해 준, 아마 일본 근현대사에 있어서 일찍이 없었던 그때 그야말로 들판에 번진 불 같았던 일본 시민의 격려에는 지금도 눈물이 어릴 정도이다.

그리고 그런 일들이 한국에 충분히 전달되었는가를 생각하게 된다.

---

89) '이기면 관군(官軍), 지면 역적(逆賊)'이라는 속담에 비유한 말로 전쟁에서는 이기는 자가 곧 정의로운 자가 된다는 의미이다. - 역자.

윤리가 있는 사회를 추구하기 위해서 싸웠던 당시 사람들의 의지가 잊힌 것은 아닐까? 혁명은 아직도 이루어지지 않았다는 느낌이 강하다. 어려움이 많은 요즘에는 더욱더 동아시아의 평화와 연대를 위해서 그 같은 불꽃이 계속 타오르지 않으면 안 된다고 이제는 늙어 버린 나는 끊임없이 생각을 하고 있다."[90]

나(필자) 자신은 지명관의 곁에 있으면서도 이상과 같은 한국의 민주화 투쟁과 부정과 비인간적인 소행에 대한 이웃나라 사람들의 저항에 아무런 도움을 줄 수 없었다는 것에 부끄러움을 느끼지 않을 수 없다. 이런 반성을 하면서 「한국으로부터의 통신」을 읽던 것을 덧붙이면서 희생을 당한 많은 한국 시민 여러분들을 애도할 뿐이다. 통신이란 '사람에서 사람으로 마음이 전해지는 것'[91]이다. 하나의 통신이 또 하나의 통신 — 응답을 사람들의 마음속에 낳는다. 이것이 통신이 의미하는 바였기 때문이다.

---

90) 『T・K생의 시대와 '지금' — 동아시아의 평화와 공존을 향한 길 — 』.
91) 쓰루미 슌스케(鶴見俊輔), "일본의 대중소설," 사상과학연구회 편, 『꿈과 추억(夢とおもかげ)』, 1950년 수록.

제3장
신앙과 사상

기독교적 정신

"바람직한 인간의 모습, 다가올 진실한 사회라는 관점이 없이 오늘날의 문제를 논해서는 안 된다."

지명관은 이렇게 주장한다. 이것은 그의 신앙・사상・행동의 기점을 분명히 보여 주는 말이고 지금 세상의 로고스에 만족하지 않는 기독교적 정신의 정수가 아닐까? 그의 신앙과 사상에 대해서는 이미 그 발자취에서 그리고 『한국으로부터의 통신』의 초록에서도 어느 정도 살펴보았지만 다시 한 번 새롭게 논의해 보고 싶다. 하지만 기독교인도 아니고 어떤 종교와도 거리가 먼 내가 그의 신앙 깊숙한 곳을 들여다보고 이해하는 일은 어려운 일이다. 그러나 조금이라도 그의 인격을 그려 내고 싶은 마음에서 계속 써 내려 가는 것에 대해 양해를 구한다.

지명관에게 봉사를 촉구한 것은 한국의 재야지식인이 보여 준 권력비판의 전통과 기독교적인 정신일 것이다. 그는 후자의 정신에 대해 1973년에 쓴 논문 "아시아의 선교와 오늘날의 복음의 이해"에서 다음과 같이 말하고 있다.

선교의 전통적인 의미의 기독교화[92]와 인간화[93]는 둘이면서 하나이다.

"이른바 인간의 요구와 일상의 요구와 영적인 요구가 함께 있는 곳, 그곳이 우리들의 선교의 장이고 거기로 우리들은 부르심을 받은 것이

---

92) 신의 말씀만을 말하고 정신적・영적인 의미에서의 구원을 가져오도록 하는 것. 교회 내에서는 부흥운동을 일으켜서 신앙의 동일성을 유지하게 하고 밖으로는 개종시켜서 기독교 내로 들어오게 하는 것.

93) 새로운 신학적 사고방식이라고 하는 하나님의 선교(Missio Dei)를 말하는 것으로 선교라는 것은 교회 안에 있는 사람들이 밖으로 나가는 것, 굶주리고 고통받는 사람들의 문제 해결을 위해서 인간적인 노력을 하는 것(humanization)이다.

다.” “아시아의 유교적 또는 전통적인 권위주의의 풍토 속에서 … 사람들의 사고방식을 바꾸어 그 머릿속에 새로운 변화를 가져오지 않는 한, 나는 아시아 국가들의 내일은 어둡다는 생각을 가지고 있다. 그래서 기독교화 없이는 인간화도 있을 수 없다고 생각하는 것이다.”

신앙인으로서의 이러한 자세는 그가 쓰고 이야기한 모든 것을 관철하고 있기 때문에 어떤 저술이나 강연을 살펴보아도 상관이 없겠지만 ‘빛과 어둠의 대결’이라는 제목이 붙은 문장을 보면 다음과 같다.

“극단적인 표현을 쓴다면 박해도 수난도 없다는 것은 아직 기독교 신앙에 철저하지 못한 탓일지도 모른다. 빛이 되기를 그만두고 어둠에 자신을 물들이고 있는 탓일지도 모른다. … 박해와 수난은 늘 함께한다는 것을 잊고 있다는 것은 지금 이 자리가 신앙고백의 장이며 수난을 견뎌야 할 자리라는 것에 대한 자각을 상실한 무자각의 신앙에 안주하고 있는 것을 의미한다고 할 수 있지 않을까?”

“박해 속에서 살아남으려고 할 때에는 단지 두려움이 있고 주위에는 어둠만이 있어서 신께서 행하심의 증표가 보이지 않는 것이다. 그 같은 어둠 속에서도 고백적인 삶을 살아가고자 한다면 신의 지혜를 접하고 어둠 속에 빛나는 신의 영광을 볼 수 있는 것은 아닐까? ‘7,000명’[94]의 존재와 그것에 움직이신 신의 행하심을 볼 수 있게 되는 것도 박해에 대한 저항을 결의할 때에만 가능하다고 할 것이다.”

그는 수난과 고백의 길을 택한 소수의 신앙인들은 기독교인으로서 깊은 자각적 신앙을 가진 사람들로 이런 사람들의 신앙은 고난이 사라진 뒤에 수많은 신앙인 또는 교회 전체의 공동소유가 되어 성장해 왔다

94) 열왕기 상 19장의 바알에게 무릎을 꿇지 않고, 그것에 입을 맞추지 않고 남은 자들.

는 것에 주의를 기울였다. 그러나 한층 힘주어 말한다. 과거의 저항의 영광에 살고 그 승리에 우쭐거려서는 안 된다. 다음 시대에는 역사에 대응하지 못하는 패배자가 될 수 있기 때문에 "묵시록에 기록되어 있는 '회개하지 않으면' 때때로 '촛대'가 자리를 옮긴다는 것을 명심해야 할 것이다"라고 말한다.95)

십자가의 종교는 그에게 있어 무엇을 의미할까? 그것은 "결정적인 장면에서 기적이 일어나지 않는 상황에서도 꿋꿋이 살아나가는 신앙"을 말하는 것이다. 본회퍼가 나치의 감옥에서 "신은 이 세상으로부터 스스로를 십자가에 몰아넣으신다. 신은 이 세상에서는 약하다"고 쓴 것처럼 십자가에서 찾아낸 것은 힘이 있는 신이 아니라 무력하고 약한 신이었다. 그러나 이 같은 신을 만나면 ("이 세상의 삶을 신의 고난에 맡길 때") 성공에 들뜰 일도 실패에 방황할 일도 없는 '불굴의 낙관주의자'(본회퍼)가 된다. 지명관도 역시 불굴의 낙관주의자가 되고자 노력해 온 것이다.

지명관은 기적에 대해서 다른 방식으로도 이야기하고 있다. 누가복음 15장 11절부터 32절에 있는 이야기 — 그것은 잃어버린 한 마리의 양을 발견하는, 방탕한 아들이 아버지의 곁으로 돌아오는 등의 이야기이다 — 를 들어 "성서는 결코 많은 윤리적인 교훈들을 묶은 것이 아니다. 그것은 신앙에 의해서, 또는 사랑에 의해서 일어난 기적이라고 해야 할 감동적인 인생을 엮은 것이다. … 그것은 감동의 글이다. 아무리 어두운 때라도 사랑의 기적을 믿을 수 있도록 힘을 주는 말씀이다." 이런 사랑에 의한 기적을 믿을 수 있는 사람은 동시에 패배 속에 승리를

95) 지명관, "빛과 어둠의 대결," 『성서와 교회(聖書と協會)』 제195호, 1982년 6월.

볼 수 있다고 말한다.

사랑에 의한 기적에 대해 기독교인이 아닌 나(필자)는 쉽게 이해하기 어렵지만 이런 것은 아닐까. 예수는 '겨자씨 한 알만 한 신앙'이 있다면 "이 산을 명하여 '여기서 저기로 옮기라' 하여도 옮길 것이다"라고 했다. 내가 이해하기로는 기적을 행한다는 것은 일반적으로는 불가능하다고 생각되는 곳에서 행위를 하는, 새로운 시도를 시작하는 것이다.

군국주의의 탁류가 사람들을 집어삼키는 속에서 『철학입문哲學入門』(1940)을 쓴 미키 기요시[96]는 이 시류를 유유낙낙 추종하는 사람들에 대해서 시대를 분석하고, 인간의 존재방식을 제시했는데, 지명관에 의하면 이러한 영위가 기적인 것이다. 폴란드 연대의 레흐 바웬사Lech Wałęsa[97] 의장의 투쟁도 기적이었다. 자동적自動的인 시류時流를 타파하고자 하는 행위, 거기에 인간의 자유가 있기 때문에 기적이란 "새로운 시작을 만드는 것," "역사의 변혁에 대해서 낙관하고자 하는" 것이다.[98]

승리와 패배의 역설

지명관이 1990년 출판한 『승리와 패배의 역설』은 부정이 승리하는 현실 앞에서 실망하지 않고 성서대로 살아가는 지명관 자신의 자세를 밝힌 것이다. 이 책에 대해서 나는 1991년 2월 『기독교 신문』 제23호

96) 패전 직후 옥중에서 사망한 철학자.
97) 1943~1995, 폴란드의 노동운동가이며 정치가 - 역자.
98) 『승리와 패배의 역설』.

에 다음과 같은 서평을 썼다. 졸렬한 글이었지만 여기에 그대로 옮겨 둔다.

"걸프전쟁의 귀추는 더 혼미해지고 있다. 발트 3국도 커다란 희생을 낳고 있다. 우리들의 주변에는 민주주의나 평화외교에, 그에 따른 이성이나 인간성에 허무를 느끼기 시작하는 사람들이 늘고 있지는 않은가! 이런 세계의 움직임을 눈앞에 두면서 나는 이 책에서 '희망 없는 사람들이 존재하는 한 우리들은 절망해서는 안 된다'는 한 구절을 발견하고 깊은 감동을 받았다. 오늘날만큼 실망하지 않고 인간과 역사에 맞서야 할 필요가 있었던 때가 없었기 때문이다.

이 책은 지명관이 1980년부터 10년 동안에 걸친『성서적 단상』, 성서와 현실의 괴리 앞에서 시도한 성서와의 대화록이다. 한국과 동유럽의 상황을 지켜봐 온 저자의 세계사에 대한 통찰과 '풍요로움'의 그늘 아래 진행되는 일본 사회의 정신적 공동화에 대한 우려에 뿌리를 둔 이 책은, 현실과 성서 사이에서 다리 역할을 시도하는, 이른바 "성서를 살아가는" 기독교인으로서의 행동록이기도 하다. 격동하는 세계의 향방을 알기 위해 혹은 매일 매일을 어떻게 살아가야 하는가 하는 각각의 관심 소재에 따라서 이 책을 읽어 가는 독자는 성서에 대한 저자의 문제제기와 해설을 통해서 성서가 얼마나 풍요로운 글이며 창조적인 글인가를 재확인하게 될 것이다. 기독교인이 아닌 내가 이 책을 이해하기에는 부족함이 있다는 것을 자각하면서 저서를 통해서 시사를 받고 고무된 한 부분을 소개하고 싶다.

"저자에 의하면 성서는 특히 감동과 희망으로 가득 찬 글이다. 감동이란 사랑을 기르고 사랑에 의해서 길러지는 이성이 뒷받침된 감정이다. 이런 관점에서 저자는 '서로가 그리스도의 팔과 다리며 몸'이라는 감정에 입각해서 인간과 사회와 자연을 파악하고 그런 감정에 근거해서 '다가올 진실한 사회'를 탐구해야 한다고 설명하고 있다. 내 입장에서 보면 이 제언은 '지체肢體의 정치학'이라고 할 수 있는 시점에서 정치사회를 비판하고 구축해야 하는 책무에 대해서 생각하게 만드는 것이다.

또한 저자는 말한다. 부정과 사악이 횡행하는 현실에 있어서 성실하게 살아가려는 사람일수록 실망하고 패배를 마다하지 않는다. 그러나 이 패배의 고배를 마셔 버리는 것이 진정 성경에 근거한 삶을 사는 자의 승리가 아닐까라고 말한다. 피상적인 승리를 의심하고 진실한 패배를 자랑스러워하는 자세이다. 이것은 기독교인이 아닌 사람에게도, 국가의 진로에 있어서도 타당한 진실된 말이다. 걸프전쟁의 군사적 승리가 어느 쪽에 있든 간에 그 자가 과연 이성과 역사의 승리자일까? 또한 자유를 추구하면서 싸운 발트만 국가의 국민들이 탄압으로 일시적인 패배를 맛본다 해도 그것을 미래와 광명을 향한 과정으로 파악해야만 하기 때문에, 이런 확신이 있어야만 패배 속의 승리를 발견할 수 있는 것이다.

『승리와 패배의 역설』을 밝힌 이 책은 절망하기 쉬운 현실이기에 더욱 성서에 의거한 사색과 행동이 넓은 시야와 희망을 가져온다는 예증의 글이다. 명료하고 조리 있는 일본어의 향기로 넘치는 이 책을 반복해서 읽음으로써 독자와 더불어 나도 감동에 넘친 인생을 살고 희망에 가득 찬 세계 창건에 조금이라도 참여하고 싶다는 생각을 했다."

나는 이렇게 썼는데, 지명관 자신은 감동으로 살아갈 것, 패배 속에서도 승리를 발견할 것을 스스로의 인생 속에서 실천해 왔다. 그것은 에리히 프롬이 지적한 죽음과 파멸을 추구하고 타자를 배제하고자 하는 네크로필리아necrophilia[99])를 앞에 하고 이 감동 없고 무표정한 경쟁의 시대에서 삶과 생명을 사랑하는 바이오필리아biophilia[100])를 품고 살아가는 것이다.

감동으로 살아가는 것과 고독에 내달리는 일은 정반대이다. 지명관은 말한다. 바울의 시대와 마찬가지로 고통의 시대 · 악의 시대를 사는 사람들은 플라톤 등이 그랬던 것처럼 고독을 선택한다. 왜냐하면 장 폴 사르트르가 말한 '사로드salaud'(추접하고 혐오스러운 인간)만이 존재하고 양식 있는 사람들이 없어지는 상황에 무력함을 느끼는(『구토』), 다이얼로그는 있어도 모놀로그가 없는 상황이 출현하기 때문이라고 한다. 이런 상황을 앞에 두고 지명관은 교회에 모여서 사랑을 추구하는 사람들에게 희망을 걸었다.

이 점을 이해하기 위해서는 특히 교회의 역사와 역할에 대해서 검토해야만 하는데, 여기에서는 일반 교회가 아니라 특히 한국 교회의 역사적 역할에 대해서 조금 개관해 두고 싶다. 그것은 우리 일본인들이 저지른 범죄에 대한 책임의 일부분을 생각하는 일과도 직결되기 때문이다.

한국의 교회

한국 교회는 복잡한 면을 가지고 있다. "한국 교회는 승리로 쌓아 올려진 교회가 아니라 패배의 눈물 속에서 아무도 돌아봐 주는 이가 없어

99) 시간증(屍姦症) - 역자.
100) 생명애(生命愛) - 역자.

울다 지친 교회라고 할 수 있을지 모른다. 교회를 투쟁 속으로라고 말하던 지도자들도 패배하고 돌아온 사람들에 대해서는 힘도, 대책도 없었다. 민중의 슬픔 한가운데에서 진정한 신의 말씀을 전하지 못했다. 민중은 대부분 샤먼적 · 이기적 피안주의의 길을 홀로 터벅터벅 헤맸다."[101]

그러나 한국 교회는 애국적이었고 민주화 투쟁을 담당한 전통도 있었다. 교회가 애국적이고 친미적이었던 것에는 몇 가지 요인이 있겠지만 1895년 민비살해 사건(을사사변) 때에 보여 준 미국 선교사들의 활동에 기인한 것도 그 하나이다. 민비가 일본 낭인들에 의해서 살해되고 고립된 고종 황제는 미국 선교사들에게 도움을 받음으로써 기독교 및 미국에 희망을 걸게 되는데 민중들 또한 기독교 신자들은 애국자라는 이미지를 갖게 된다. 기독교 엘리트들 사이에서도 역시 애국자이어야 한다는 자각이 계속되었다.

이렇게 애국적이고 정치화된 교회는 제2차 세계대전 전의 일본 교회가 그랬던 것처럼 국가가 국가주의를 내세우고 팽창할 때에는 그것에 참가하는 경향이 있지만 한국 교회는 이민족에게 억압을 받음으로써 민족주의적 저항으로 나갔다. 특히 1919년 3 · 1 운동에 바친 한국 교회들의 희생은 민중들에게 민족적 교회로서의 강한 이미지를 심어 주게 되어 토착화를 이루는 커다란 계기가 되었다. "어두울 때에 등불을 밝혀 주는 유일한 집단이라는 것은 얼마나 자랑스러운 지위인가! 한국 민중이 이런 기대를 갖게 만듦으로써 교회는 한국 국민들 사이에서 존재의 의미를 부여받은 것이다."

1920년대에는 민족의 문화 · 사회운동에 참가함으로써 교회는 그 책

---

101) 『아시아 종교와 복음의 논리』.

임을 다했고 스스로를 발전시켰다. 그러나 20년대 후반부터 30년대에 걸쳐서 교회는 가혹한 식민지 수탈로 인한 빈곤이 초래한 민중의 절망감에 직면했고, 카타르시스를 추구하는 일반 신도들의 심리 앞에서 신비주의적 경향을 강화해 갔다. 신과의 일치라는 신비적 경험으로 신앙에 대한 자신감을 얻었고 괴로운 현실을 초월하고 싶다는 심리는 행동하는 기독교 엘리트들 사이에서도 싹텄는데 그것은 단순히 정의감의 소실이 아니었다. 신앙의 내재화이기도 했다. 신비주의를 강화하면서도 조선 민족의 융성을 기도하고 있던 사람들이 존재한 것이다.

1930년대가 되자 1932년 9월 평양에서 기독교 학교가 만주 출정 전몰장병위령제에 참가하기를 거부하는 사건이 일어난다. 35년에는 이런 학교들이 신사참배를 강요받았다. 38년 9월에는 장로파 교회들이 관헌의 탄압 때문에 신사참배를 하기로 결정했다. 이때 당사자들은 신사는 종교가 아니고 기독교 교리에 위반되는 것도 아니라고 알고 있다고 했지만, 참배 문제는 기독인들에게 더할 나위 없는 고통을 주었다.

"신사참배를 하고 이방인의 신, 이교도의 신을 숭배하는 것은 지금까지 신앙의 깊은 내면세계에 있던 민족에 대한 사랑을 짓밟히는 것을 의미했기" 때문이다. 그것은 신앙에 대한 위반이고 조국과 민족에 대한 배신이며 내면세계에 있는 "마지막 저항을 포기하는 것을 의미"했던 것이다.[102]

교회는 신사참배로 외면적으로도 내면적으로도 복종을 강요당했을 뿐만 아니라 교회 200여 개가 폐쇄되었다. 그리고 2,000여 명의 기독교인들이 투옥되었고 50여 명이 순교를 했다. 30년대 말에는 중학교 교과

102)『한국 현대사와 교회사』.

에서 조선어가 추방되었고 창씨개명(1938)이 강요되었다.

1940년대에 들어서자 징병제가 실시되는 가운데 말기적인 식민지정책에 교회도 농락을 당했고 탄압을 견디지 못해 변절하는 신자들도 적지 않았다. 1945년 8월 1일, 한국 교회는 교파를 해체하고 일본 기독교 교단에 편입되었다.

일본 통치 아래 조선 민중의 저항과 고난은 물론 기독교인에 한정되지 않았다. 노동자도, 농민도, 학생도, 지식인도 가혹한 상황 아래에서 저항을 시도했는데 그들 저항자들은 탄압 때문에 어쩔 수 없이 침묵하고 있던 민중들에게 존경과 격려와 위로를 받았다는 점이 중요하다.[103)]

1945년 8월 15일 해방이 된 후에도 한국 교회는 또다시 고난의 길을 걸을 수밖에 없었다. 출옥한 사람들을 맞아들인 것으로 그 첫 걸음이 시작되었다. 일본 통치 하에서 보인 기독교인들의 태도가 사람들을 분열・대립시킨 것이다. 그리고 남북분단으로 인해 생긴 정부와 종교, 정치와 신앙의 문제는 실로 복잡했다. 북한에서는 1950년 6월 한국전쟁 이후부터 '눈에 보이는 교회'가 존재하지 않게 되었다. 남한에서는 이승만 정권에 접근하는 교회는 '어용교회'라는 비판을 받았다. 남한의 교회는 더욱 분열하기 시작하였고 거기에는 인간적인 대립이 작용을 했다. 남한의 교회는 한국전쟁으로 300여 곳이 사라졌고 250명 가까이가 살해를 당하거나 북한에 납치되었다.

교회가 한국전쟁에서 회복을 하는 여정도 순탄치 않았다. 물질적인 박해도 막대했을 뿐 아니라 이승만 정권을 거의 무조건적으로 지지하

103) 지명관, "저항운동의 실태 — 조선에 있어서의 일본 파시즘에 대한 저항," 아사누마 가즈노리(浅沼和典)・가와하라 히로시(河原宏)・시바타 도시오(柴田敏夫) 편, 『비교 파시즘 연구(比較ファシジュム研究)』, 1982년.

는 무반성적인 태도가 민중에게 빈축을 샀다.

이런 태도는 4·19 혁명을 계기로 차츰 개선되었지만 교회가 중산계층의 소유물이 되어 자기만족에 빠지고 있는 것은 문제였다.

4·19 혁명 이후에도 경제적 곤란과 사회적 혼란은 해소되지 않았다. 그리하여 사회의 공동화 속에서 일어난 1961년 5·16 군사 쿠데타에 민중들도 처음에는 기대를 가졌다. 그러나 기독교인들은 대체로 군사 쿠데타를 일으킨 세력을 의심하고 있었다. 그리고 이 세력이 몇 번에 걸친 부정선거를 통해서 정권을 유지하는 모습을 보고 서울의 성직자들은 한일회담을 계기로 65년 7월 1일 구국위원회를 조직하고 회담반대운동을 전개하기에 이르렀다. 이 운동은 1919년의 3·1 운동 때 했던 기독교인들의 역할을 방불케 했고 민중은 감격했다.

군사정권 아래에서 교회와 기독교인의 고난은 이어졌다. 이 양상에 대해서는 이미 살펴본 것처럼 지명관의 『한국으로부터의 통신』 전 4권 — 프랜시스 베이컨Francis Bacon이 정치학적으로 좋은 책은 모름지기 투쟁의 산물이라고 한 것처럼 『한국으로부터의 통신』은 진정한 투쟁 속에서 태어난 정치학의 서書이기도 하다 — 에 자세히 쓰여 있다. 한국 교회사 백 년은 평탄하지 못한 고난의 역사라고 하지 않을 수 없다.

예를 들어 다시 1919년 3·1 운동으로 되돌아가 보면 그것은 곧바로 이해된다. 3·1 운동에서 기독교인들이 한 역할은 다른 무엇보다도 컸다. 그러나 희생도 엄청났는데 1919년 10월 장로교회 의회가 장로파의 피해에 대해서 발표한 것만 보아도 체포당한 신자와 목사 그리고 장로는 모두 3,938명이었다. 살해당한 사람 6명, 전소된 교회가 12동이었다.

이 같은 고난을 겪었던 한국 교회의 신자들이 현재는 약 천만 명을 헤아린다. 지명관이 『한국 현대사와 교회사』(1975)를 쓴 시점에도 400만

명을 넘고 있었다. 이 책에서 그는 교회와 기독교인들의 장래는 평탄하지 않을지도 모르지만 "신의 손에 따뜻하게 감싸여 있을 때, 우리들은 기도하는 심정으로 고백해야만 한다. 그것이 교회사를 신앙의 공동적 유산으로 보전하고 그것을 미래로 전승하고자 하는 기독교인의 모습일 것이다"라고 끝맺고 있다. 이상이 교회에 모여서 사랑을 추구하는 사람들에게 지명관이 희망을 걸었던 배경(교회의 역사적 역할)이다.

그는 현 시점에서는 한국의 교회와 기독교의 장래가 아무런 문제없이 신의 손에 따뜻하게 감싸여 있다고 말하지 않을지도 모른다. 그는 1970, 80년대의 한국 교회를 민주화 투쟁의 커다란 추진력이라고 보고 있었는데 현재는 (귀국 후 특히 금세기에 들어서는 더욱 그렇다고 해야겠지만) 한국 교회에 대한 실망을 숨기지 못하는 듯하다. 이 점은 아라이 사사구荒井献의 저작집에 실은 다음과 같은 글(2001년 겨울 집필)에서도 엿볼 수 있다.

"… 아라이 성서학의 세계는 학문으로서도 독특하고 … 결코 현학적이지 않았다. … 거기에서는 1970년대 한국의 정치적 현실 특히, 한국의 민주화를 위해서 싸운 기독교인들의 현실도 하나의 중요한 계기로 삼고 있었다. 아라이 성서학은 한국 기독교인들의 투쟁이 일본 성서학에서 열매를 맺은 유일한 예가 아닐까? … 특히 민주화가 되었다고 해도 퇴폐의 길을 재촉하고 있는 것처럼 보이는 한국의 현상과 그 위에 놓인 교회에 대해서 생각을 할 때마다 아라이 성서학 그리고 그것을 바탕으로 한 아라이 씨의 발언은 나를 다시 한 번 '흔들어 깨우는' 것 같다."104)

104) 지명관, "탈 도그마에 대한 공감," 『아라이 사사구 저작집(荒井献著作集) 1』 월보 7, 2001년 12월.

덧붙여서 말하면 지명관은 『한국 현대사와 교회사』에서 초기 한국 교회의 많은 지도자들은 소박하고 감정이 있고 경건한 신앙을 가지고 배우지 못하고 가난한 농민들 속에 융화되어 전도를 했는데 그 민중성은 높이 평가되지만 한국 교회를 비신학적인 교회로 만든 면도 지적하지 않으면 안 된다고 쓰고 있다. 그러나 일본 체재가 장기화되는 사이에 일본 교회들의 신학적 치밀성과 형이상학적이며 사변적인 성격이 기독교인의 사회참여를 소외시키고 있다는 것을 알게 되어서였는지 이런 인식은 변화를 일으켜서 신학의 성숙·미성숙을 묻지 않는 신앙의 완전한 순결성을 존중하게 되었다.

민중신학

한국 교회의 현 상황에 비판적이었다고 해도 일찍이 민중의 교회·민중의 신학에 기대를 걸고 있던 그가 그 기대를 완전히 저버리고 태연히 있었으리라고 생각할 수 없다. 그에 의하면 민중의 교회는 오늘날 갈릴리[105]에 있어서의 가난의 의미를 탐구해 가지 않으면 안 된다. 지배계층이 확립한 가치관 아래에 있는 한 그리고 그 문명과 문화를 최고라고 생각하고 있는 한, 피지배계층의 해방은 결코 있을 수 없다.

정치적 혁명을 추구하는 사람이 간과하기 쉬운 일이지만 가난한 사

105) 갈릴리 또는 갈릴레아라고 한다. 신약 성서 시대에 이 지역은 남쪽에 위치한 사마리아와 유대 지방에 비해 경제적으로 빈곤한 사람들이 모여 산 것으로 전해지고 있다.

람과 풍족한 사람의 자리바꿈만으로는 신의 나라는 실현되지 않는다. 풍요로운 것 자체가 재앙이고 가난한 것 자체가 행복이라는 새로운 태도를 수립해야만 한다. 가난한 민중이 당장 새로운 공동체를 만들어 낼 수는 없다. 새로운 자각과 새로운 교제가 전제되지 않으면 안 된다. 이 자각은 기본적으로는 참고 견디는 것, 기다리는 것을 아는 것이다.

이것은 뒤에서 언급할 프랑스 철학자 시몬느 베이유의 견디면서 희망한다는 사상을 바탕으로 한 새로운 자각과 새로운 교제의 필요성을 설명한 것이다.

"디아코니아diakonia, 즉 사람을 섬긴다는 것은 하인이 식사 시중을 든다는 뜻으로 그리스인들이 몹시 싫어하는 말이었다. 그러나 기독교에서는 '섬김을 받는' 것보다 '섬기는' 것이 고귀한 일이다. 그것이 오히려 우두머리, 지도자의 모습이다. 그래서 성립한 교제가 코이노니아koinonia 이다." 민중신학은 이 세상을 위한 실천과 더불어 교회 안에서의 코이노니아 실현에 노력해야 한다고 말한다. 새로운 교제란 섬김에 의해 성립되는 교제, 즉 코이노니아를 말하는 것이다.[106]

또한 그에 의하면 민중신학은 지금까지의 한국의 '지배자 쪽의 역사'를 부정하고 일본의 식민지 지배나 서구적 근대화의 역사(특히 1945년 이후의 미국적 가치관과 미국의 정치적 · 경제적 지배의 역사)를 부정하고자 했는데 거기에는 민중의 고난이라는 체험이 있었다. 그는 이 고난이라는 근본적인 체험이 인식론적 전환의 계기가 되는 점에 주목하고 독일의 철학자 테오도어 아도르노의 말을 빌려 이렇게 말한다.

"고난에 의해 우리들은 지금까지 영위해 온 생활의 허위에 눈뜨게 되

106) 지명관, "민중의 신학에 있어서의 교제," 『부인신보(婦人新報)』 제1005호, 1984년 6월.

는 것이다. 아도르노는 『부정적 변증법』에서 저항 안에서야말로 사상적 계기는 살아남는다. … 사상이 계속 저항을 하면서 구속당하고 있는 것을 뛰어넘는 곳에 사상의 자유가 있다. … 고난에게 말하게 하려는 욕구는 모든 진리의 조건이다."[107]

지명관은 인식론적 전환의 계기에 대해서 이렇게 파악했는데 거기에는 앞에서 말한 것처럼 인생의 이른 시기에 만난 키르케고르의 존재도 있었다. "키르케고르가 그랬던 것처럼 절망은 진리로 이끌어 주는 위대한 인식론적 계기였기" 때문이다.

지명관은 교회나 개인도 어려운 시기가 되면 인생의 의미를 문제로 삼아 곤란을 넘어서려고 한다고 말하는데, 이것은 앞에서 언급한 라인홀드 니버가 '궁극적 신뢰'라는 설교[108]에서 "기독교가 예언자 종교로서 가장 심오한 의미로 이야기되는 것은 파국의 시대에서이다"라고 말하고 있는 것과 마찬가지이다.

덧붙여서 니버가 파국의 시대로 들고 있는 것은 기원전 6세기 후반 이스라엘이 국가라는 존재를 잃어버릴 때와 로마제국이 몰락할 때 그리고 1930년대로, 각각의 위기에서 예언자들은 가장 심오한 표현을 했다고 한다.

'파국의 시대'에 교회가 어떻게 신앙과 신학을 만들어 낼 것인가는 매우 중요한 과제인데 이 과제에 대해서 한국의 교회는 어떻게 대응해 왔을까? 지명관은 이 문제를 새롭게 제기한다. 한국의 개신교 교회들의 경우에는 첫 번째 파국의 시대는 1910년부터 45년까지의 일본 통치 시

107) 지명관, "한국사상사에 있어서의 민중신학," 『복음과 사회』 제18호, 1988년 10월.
108) 라인홀드 니버, 『비극을 넘어서』, 1937년 수록.

기였고 그 다음은 유신헌법을 공포함으로써 박 대통령의 일인독재가 강화되는 1972년 이후의 경험이었다. 첫 번째 파국의 시대에는 교회의 역사도 짧았고 신학적으로도 별로 성장하지 못한 때였다. 그러나 1973년 5월에 앞에서 언급한 '한국기독교인선언'을 발표한 것이 하나의 계기가 되어 파국의 시대에 투쟁하는 교회의 자세가 분명해졌고 민중신학이라는 것이 형성되기에 이르렀다.

지명관에 의하면 한국에서 민중신학이란 (1) 사건의 신학, (2) 기쁨의 신학, (3) 민중의 신학, (4) 한의 신학을 총칭한 신학으로 이들 네 개 신학의 밑바탕에 있는 것은 "이 세상에서 사랑과 자유와 평등을 정치에 행하시는 신의 활동에 우리들도 참가하지 않으면 안 된다"는 의지이다.

(1) '사건의 신학'은 1976년에 김대중 등이 발표한 '3 · 1 민주구국선언' 사건으로 피고가 된 안병무가 법정에서 사용한 말이다. 신약성서학자였던 안병무는 3 · 1 민주구국선언에 조심스럽게 서명을 했는데, 이 작은 행위가 스스로의 신앙에 있어서 그리고 한국과 세계의 교회에 있어서 커다란 사건으로 작용한 것에 대해 "신은 우리가 아무것도 아닌 것에 결단을 내리는 것처럼 보여도 그 계획 속에서 실로 크게 작용하신다." 작은 관여 · 모험을 했는데 그것이 정치적 사건이 되고 한국 교회의 사건이 되고, 더 나아가 세계 교회의 연대를 낳는 사건이 된 것에 한없는 은총이 주어져서 오랫동안 학자로서 간과하고 있던 것을 성서의 말씀 안에서 발견할 수 있게 되었다고 진술했다. 사건의 신학이란 이런 신앙 경험을 가져오는 혹은 촉진시키는 움직임을 말하는 것이다.

(2) 기쁨의 신학 역시 '민주구국선언' 사건의 피고였던 구약성서학자 문익환 목사와 시인 김지하의 옥중체험을 말하는 신학이다. 문 목사는 옥중에서 오히려 한없는 기쁨에 넘쳤다고 한다. 이 체험은 바울이 옥중

에서 빌립보 교회에 보낸 빌립보서(2장 17~18절)에 나타난 기쁨의 신앙에서 유래한다. 지명관은 처음 문 목사의 고백을 접했을 때, 이것은 감정적 흥분에 의한 일종의 과장된 표현일 것이라고 생각했는데 후에 나치스에 의한 희생을 이야기한 도로테 죌레Dorothee Sölle의 『고통』을 읽고 올바른 일을 위해 죽을 수 있는 자의 도덕적 우월성을 느꼈다고 한다.

또한 김지하의 옥중 수기 「고행…1974」를 읽으면서 지명관은 "저 지옥의 나날, 피투성이가 되어 몸부림치며 순간순간을 싸우면서 결국에는, 결국에는 그 공포감을 이긴 것이다." "죽음을 받아들임으로써 죽음을 이겼고 죽음을 스스로 선택함으로써 영생을 얻는다는 은총을 경험할 수 있었다"는 구절을 언급하면서 고난 속에서 바울처럼 기쁨을 말하는 신앙, 이것이 본래 기독교의 신앙인데 현대신학은 그것을 잃기 시작한 것은 아닐까라고 묻고 있다. 그리고 이 점을 기쁨의 신학이 묻고 있는 것이라고 받아들였다.

(3) 민중의 신학(좁은 의미의)이란 마가복음 3장 31절부터 5장 그리고 8장 1절에서 볼 수 있는 예수를 따르는 사람들과 그 공동체의 자세를 표현한 말이다. 예수를 따른 사람들은 부끄러움이 전혀 없는 가난하고 병들어 떠도는 비참한 민중들이었다. 이 사람들은 너무 깊은 절망 때문에 자칫 퇴폐적이 되거나 인간다운 삶을 포기하거나, 인간의 선善에 불신을 품는다고 해도 이상할 것이 없는 사람들이었음에도 예수를 중심으로 삶의 자세를 탐구하고 희망을 중심으로 공동체를 만들어 나갔다. 지명관은 이 예수와 민중에 의한 희망을 지향하는 공동체를 형성하는 것이 민중신학의 기본적인 입장이라고 말한다.

(4) 마지막으로 한恨의 신학에 대해 말하면 연세대학교 조직組織신학의 서남동 교수는 민중의 현실은 슬프고 괴롭고 한스럽지만 이 같은 상

황 속에서도 자신들의 한이 사라질 때가 올 것이라는 희망을 가지고 사는 것이 한의 신학이라고 표현했다. 원래 한이라는 것은 원망스러운 일이 있어도 되갚지 않고 복수하지 않고 쌓아 두는 것이다. 참고 살아가는 것이 한의 사상이다. 덧붙여서 김지하는 폭력이 우리를 억압할 때에 쌓이는 비애, 비애가 응결된 것이 한이라고 말했다.

서 교수에 의하면 비애를 맛보며 떠돌아다니는 사람들에게 희망을 말하는 것, 그들이 그리스도와 함께 있고 신에게 사랑받고 있다는 것을 말하는 것이 한의 신학의 중요한 점이다. 이것은 "민중은 메시아 대망待望의 사상으로 이런 험난한 시대를 견뎌 나간다. 그리고 그들이 힘을 가지고 역사를 새로운 방향으로 만들어 가는 길에 참가할 수 있도록 해야만 하지 않는가라는 생각"이다.

이상, 지명관에 의거해 민중신학을 살펴봤는데 물론 이것은 네 가지로 확실히 분리할 수 있는 것이 아니다. 단지 말할 수 있는 것은 민중신학은 총체적으로 서양 신학에 대한 비판적인 입장에 서 있다는 점이다. 지명관은 서양 신학의 아류에 만족하고 지적 예종 상태에 있는 신학이 아시아 민중의 현실과 얼마나 격렬하게 싸우고 있는가를 문제로 삼는다. 또한 총체로서의 민중신학은 철학적 사변의 언어를 매개로 하지 않고 경험에 뿌리를 둔 민중생활에서 나온 표현으로 신앙을 말하고 '성서적 장면'을 재연하는 것이 중요하지 않겠는가라고 말한다. 이것은 "어떤 의미로는 서양 신학으로부터의 해방이 필요하다"라는 주장으로 매우 급진적인 신앙적·지적 모험의 언어라고 할 수 있을 뿐만 아니라 아시아 신학의 여전한 과제일 것이다.[109)]

---

109) 지명관, "투쟁하는 교회의 신학," 『공조(共助)』 제32권 제7호, 통상 제362호, 1982년 7월.

잔혹한 자본주의 문화

지명관의 신앙 문제에 대해 한두 가지를 더 첨가하자면 다음 글에서도 그의 생각이 간단명료하게 나타난다.

철학자 발터 벤야민은, 사이비 자유와 풍요를 칭송하거나 인간 차별이나 살해를 일삼는 잔혹한 자본주의 문화 속에서 성공을 지향하는 '문화 순응주의의 감옥'에 몸부림치고 거기에서 탈출하려고 절망적인 노력을 했다. 아도르노에 의하면 벤야민의 이런 사상적 영위는 '텍스트의 주석 · 비판으로 형성'되었는데 그 배경에는 '유대신학의 전통'이 있었다. 오늘날의 문화 순응주의를 거부하고자 한다면 그 실마리는 '유대신학의 전통'으로 복귀하는 것일 것이다. 어떻게 이런 사이비 문화가 반복될 수 있는 것일까? 거기에서 무엇을 배우자는 것인가? 벤야민은 세계를 일식日蝕 속에서 죽은 자의 시점으로 바라보았는데 그 유대신학의 전통에 뿌리를 둔 행위야말로 '온갖 온기와 희망'을 선사하는 것이었다.

지명관은 아도르노의 이런 벤야민론을 받아들여서 "앞으로도 그런 의미의 주석과 비판을 '역사적인 것만이 절대적인 것의 형태를 부여'하는 것이다라는 신앙 속에서 전개해야만 한다. 현대는 문화적 · 정신적으로 이미 사멸하고 있다. 말씀으로부터 새롭게 발상을 하고 수정하지 않으면 안 된다"고 부연하고 있다.[110]

또한 지명관은, 신은 자연을 아름답게 창조하고 유지하지만 그 자연을 우리들이 계속 파괴하고 있는 것에 대해서 제3세계의 시점으로 일찍부터 경고를 하고 있었다. 자연을 파괴하고 그 질서를 교란시키는 것

110) 지명관, "또다시 매니페스트(manifest)의 정신으로," 『복음과 세계』 40호, 1992년 4월.

은 인간사회를 파괴하고 그 조화를 교란시키는 것과 마찬가지이고 재앙이며 죄이다. 그것은 반드시 반격을 받고 심판을 받을 것이다. 현재 선진국은 자국의 자연을 지키는 것에는 유의한다. 그러나 그 자연보호는 아시아, 아프리카, 중남미의 자연을 훼손시키면서 형성되고 있지 않은가라고 말한다.

그는 자연이 신의 '솜씨'로서 칭송되어야 한다는 것 그리고 미국의 시인 소로Henry David Thoreau[111]가 노래한 것처럼 자연 속에서 신의 창조의 손길을 느끼지 않으면 안 된다고 말했다. 그것은 인간 중심의 신학에서 모든 존재 중심의 신학으로의 회귀를 촉구하는 말로 한 마디로 한다면 '자연에 대한 따뜻한 마음의 신앙', 인간과 자연의 화해를 추구하는 것이다.

그리고 지명관이 인간과 자연의 화해를 말할 때, 기독교적인 평화는 신과 인간의 화해, 인간과 인간의 화해와 더불어 인간과 자연의 화해라는 것을 지적한 에리히 프롬(그는 이사야서 12장 6~9절을 들어 그것을 지적했다)을 염두에 두고 있었다.

지성사와 역사서의 자세

다음은 지명관의 사상에 대한 것인데 그가 만난 사상과 사상가를 언급하기 전에 그가 지성사(知性史, 사상사라고 해도 좋다)를 파악하는 방법

111) 1817~1862, 미국의 사상가 겸 문학자 - 역자.

다시 말해 지성사가家의 과제와 방법에 대한 견해가 미국의 크레인 브린턴Crane Brinton과 거의 비슷하다는 점이 눈길을 끈다. 브린턴은 말한다. "그들이 하는 주된 일은 철학자 · 지성인 · 사상가들의 사상과 문명의 과제를 만드는 수많은 사람들의 현실 속의 생활방식 사이에서 관계를 찾아내는 일이다." "우리는 플라톤의 사상 자체에 관심을 가지기보다는 그 사상은 그리스적 생활방식의 일부인가? 그것은 그 생활방식을 포괄하는가? 그리고 후세 사회의 교육을 받은 사람들이 그것을 얼마만큼 받아들였는가에 관심을 가진다."[112)]

브린턴은 영국의 정치학자이며 노동당의 브레인 중에 한 사람이었던 해럴드 래스키에게 가르침을 받고 후에 하버드대학교 교수를 지낸 역사가인데, 지명관도 브린턴처럼 그 사상이 한 시대의 삶으로부터 생겨나서 그 시대의 삶으로 돌아갔던 실제 사실들을 문제로 삼는다. "그것은 그 시대의 민중으로부터 영향을 받았고 또한 민중에게 영향을 준 것이어야 한다. 아무리 위대한 사상가의 사상이라 하더라도 그것이 그 시대의 민중의 머리와 가슴에 스며들어 있지 않다고 한다면 특별히 문제로 삼지 않는다"는 것이다.[113)]

지성사 · 사상사에 대한 지명관의 사고방식이 민중과의 접합에 뿌리를 두고 있는 이상, 역사서에 대해서도 그는 확실한 요구를 가지고 있다. 역사서를 학수고대하는 것이다. 그에 따르면 과거의 사건에 대해서 실증적인 연구만 한 것은 역사서가 아니다. 역사서라는 것은 바로 일본 식민지 하에서 쓰인 박은식의 『한국통사』(1915), 신채호의 『조선상고사』(1931), 함석헌의 『성서적 입장에서 본 조선사』(1934~35)와 같이 사상이

112) 크레인 브린턴(Crane Brinton), *The Shaping of Modern Thought*, 1956.
113) 『한국 현대사와 교회사』.

있고 뜻이 있고 역사관이 있는 것을 말한다(이렇게 평가를 하고 있지만 지명관이 이들 저작에 대해 단지 칭찬만 하고 있던 것은 아니었다는 것은 앞에서 말한 대로이다).

지명관은 특히 프랑스 역사가 쥘 미슐레Jules Michelet에 대해서도 언급하고 있다. 미슐레는 "역사가는 상속자가 없는 이런 사람들의 불행한 명예를 받아들이고, 이들을 부활시키는 것이다. 그리고 그들이 아직 풀지 못한 인생의 수수께끼를 풀어야만 한다. 나는 죽은 자를 위해서 '민중의 서'를 쓰고 싶다고 생각"했지만 결국 이런 '민중의 서'를 완성하지 못한 것에 대해서 이렇게 말하고 있다. "나(미슐레)는 민중 속에서 태어났다. 나는 민중을 마음속에 품고 있었다. … 그렇지만 그 언어, 민중에게 그 언어를 말하게 만드는 것을 나는 해내지 못했던 것이다." 지명관은 이렇게 탄식하고 있던 역사가에 대해 오늘날의 한국, 일본의 역사 연구자들도 알아 두어야 한다고 말한다.[114)]

죽은 자를 되살아나게 해서 말하게 만드는 민중의 역사서란 바로 지명관이 15년에 걸쳐서 쓴 「한국으로부터의 통신」을 가리키는 것이 아닐까? 미슐레는 그 시도를 『19세기사』 제2권에 다음과 같이 쓰고 있는 것이다.

"그렇다. 죽은 자 한 사람, 한 사람이 보잘것없는 재산, 즉 그의 추억을 남기고 그 추억을 소중하게 여기도록 사람들에게 요구하고 있는 것이다. 친구가 없는 사람을 위해서는 사직司直이 그것을 대신해 주어야만 한다. 왜냐하면 우리의 사랑의 감정은 어차피 잊히기 쉽고 우리의 눈물은 얼마 지나지 않아 말라 버리지만 그러한 우리의 모든 애무나 눈물보다도 법과 정의는 훨씬 확실한 것이기 때문이다.

---

114) 『한국과 한국인』.

이 사직의 직무, 그것은 '역사'이다. 그리고 '로마 법'과 같은 말투를 빌린다면 죽은 자들은 역사의 사직이 배려하지 않으면 안 되는, 가련히 여겨야만 하는 경계에 있는 사람들miserabiles personae인 것이다.

생애 단 한 번도 나는 '역사가'의 이런 의무를 잊은 적이 없다. 나는 너무나 잊힌 많은 죽은 자들을 위해서 언젠가는 나 자신도 필요로 할 그곳을 지킨 것이다. …

역사는 상속자가 없는 이런 불행한 명예들을 맞아들이고 이들을 부활시키는 것이다. 역사는 이 죽은 자들에게 생명을 주고 그들은 되살아나게 하는 것이다. 역사의 정의는 이렇게 해서 동시대에 살지 않았던 사람들을 연결시키고, 사라지기 위해서 겨우 한 순간 나타났던 것에 불과했던 사람들에게 보상을 하는 것이다."[115)]

독서의 방법과 토인비

한편 사상과 지성이 어떤 모습으로 존재해야 하는가에 대한 지명관의 자세는 당연히 그의 독서방식과도 직결된다. 개개인의 독서방식은 글자 그대로 그 사람의 사고방식, 발상의 방식을 말하는 것이다. 생각하기 위해 읽고, 읽은 것을 생각한다. 촉발된다는 점에서는 책 대신 영화나 그림이나 음악을 감상해도 좋을 것이다.

---

115) 롤랑 바르트(Roland Barthes), 『미슐레(ミシュレ)』, 후지모토 오사무(藤本治) 역, みすず書房, 2002년 5월.

지명관의 독서법은 아널드 토인비[116]가 "그리스 · 로마 문명"(『시련에 선 문명』 수록)이라는 논문에서 말한 두 개의 독서법 가운데 그리스 · 로마적인 방법이다. 이미 이 점에 대해서는 다소나마 '제1장 지명관의 발자취'에서 언급을 했는데 이 방법은 선구자들의 텍스트를 기점으로 해서 자신의 독창적인 사상을 엮어 내는 자세를 말한다.

지명관에 의하면 그 대표가 미셸 푸코였다. 그것은 「감옥에 관한 대화」 속에서 밝히고 있는 그의 사색법에서 입증되고 있다. 푸코는 "다른 작가를 해석하기보다는 이용하는" 방법으로 읽었다.

또 다른 방법은 시리아적인 독서법으로 이것은 책을 '신의 계시의 말씀'으로 숭상하는 것이다. 텍스트에 충실한 '유대 랍비식'의 연구법이나 그보다 더 철저한 이슬람의 코란 독서법에서 전형을 찾을 수 있다.

지명관은 아도르노의 '미니마 모랄리아Minima Moralia'에 대해서 "감동을 받으면서 읽었지만 상당히 내 멋대로 읽은 곳도 적지 않겠지요"라고 말하고 있다. 지명관의 사고는 이런 그리스 · 로마적인 독서법을 체득함으로써 확실히 날개를 얻은 것처럼 높이 떠올라 멀리까지 이르게 된 것이다.

토인비의 독서론에 관련해서 지명관이 영향을 받은 토인비의 역사관이나 지혜에 대해서 언급하면 1969년대 그는 우연히 토인비의 『시련에 선 문명』을 번역하게 된다. 그리고 토인비가 그리스 · 로마사와 현대사를 동시대사로 파악을 하고 양쪽을 계속 왕래하면서 현대사를 조명하는 방법은 '소경이 눈을 뜬 것 같은 기분'이 들게 만들었다.

그는 토인비에게서 더욱 큰 시사를 받았다. 토인비는 서구의 문명 속

116) 1889~1975, 영국의 역사가 - 역자.

에서 미래에 대한 희망을 본 것이 아니라 고통을 받는 지역과 사람들 그리고 서양 문명의 주변에서 미래에 대한 구원의 징조가 나타날지도 모른다고 생각했다. 지명관은 '그 역사관은 잃어버린 한 마리의 양으로부터 역사를 바라보는 것'이라고 이해했다.

즉, 토인비의 사상은 아시아적 생산 양식이라든가 아시아 정체론을 전개한 카를 마르크스Karl Heinrich Marx[117]와 도교나 유교를 주술에서 해방되지 않은 후진적인 것으로 생각하던 막스 베버Max Weber[118]보다는 훨씬 반차별적이다. 미셸 푸코의 『광기의 역사』의 서언을 빌리면 토인비는 서구 지성에 의한 '세계의 비극적인 분할'에 가담하는 것을 부인했다고 할 수 있다. 토인비는 그들(마르크스나 베버)처럼 유럽 중심주의, 역사의 모델로서의 서구라는 관념에 얽매이지 않았다. 그는 오히려 문명 전체를 그 주변에서부터 다시 보려고 했다. "그리고 빛은 문명의 주변에서 괴로워하고 있는 사람들 사이에서 빛나는 것"이라고 말했다. 확실히 이것은 한국의 민중신학과도 통하는 사상이었다.

지명관은 토인비의 역사관이나 사상이 오늘날 더욱더 빛을 발할 것으로 생각했는데 이렇게 주변에서부터 조명을 해 가는 방법을 18세기에 대두한 조선 실학이나 19세기에 민중들 사이에서 발생한 동학사상과 동학혁명군의 윤리적 자세를 해석하는 일에 적용하고 있다.[119]

"동학농민혁명은 유교적·봉건적 질서에 대한 혁명적 저항인 동시에 일본에 대한 최초의 무력항쟁이었다. 그것은 민족사에 길이 계승되어야 할 일이었다. 그 혁명이 미완으로 끝난 것은 민족문화에 있어서 거듭되

117) 1818~1883, 독일의 경제학자이며 정치학자 - 역자.
118) 1864~1920, 독일의 사회과학자 - 역자.
119) 지명관, "토인비의 사상과 한국사상사," 『비교문명(比較文明)』 2, 1986년 12월.

는 단절과 마찬가지로 외세의 침략 때문이었다. 무한한 잠재력을 가진 민중이 처음 조직되고 이념적 자각을 가질 수 있었던 동학에 의한 혁명이라는 귀중한 기회를 놓쳐 버리고 말았다. 반민족적 지배세력과 외세가 야합하여 번번이 민중혁명을 탄압하는 한국 근대사의 슬픈 패턴은 언제 끝날 것인가."[120]

그는 민중사상을 체험하게 한 동학을 중요하게 생각하고 몇 번이나 언급을 했는데 그가 동학을 어떻게 이해했는가는 다음 문장에서 뚜렷이 나타난다.

19세기 말 동학은 당시의 국내 질서와 세계 질서를 부정하고 후천개벽사상을 주장했다. 선천시대는 끝나고 새로운 시대로 옮겨 갈 희망을 노래했다. "그것은 그 당시에 '오늘날의 사회의 잔학성'에 괴로워하고 '오늘의 역사에 대해서 파국적 견해'를 가졌던 민중의 사상"이었다고 한다.[121]

또한 지명관은 토인비의 다음의 말을 중요하게 여기고 있다. "인류역사상 이만큼 풍족했던 적은 없다. 굶주리고 있던 사람들이 연회에 초대를 받아서 탐욕을 부리는 모습은 실로 인간적이다. 그러나 이제는 적당한 양에 만족을 하고 보다 풍요로운 마음을 추구하는 지혜에 도달하지 않으면 안 된다."[122]

---

120) 『한국문화사』.
121) "한국사상사에 있어서의 민중 신학".
122) 지명관, "부와 인간," 『환(環)』 제18호(권두사), 1988년 봄호.

다시 한 번 지명관의 역사관으로 되돌아가면 그는 『역사란 무엇인가』의 저자 카E. H. Carr에게서도 자극을 받았다. 지명관은 북한에 관련된 출판물 중 특히 여배우 최은희와 영화감독 신상옥의 저작 『김정일 왕국: 홍콩－평양－비엔나 탈출까지 상・하』(1988)에 강한 인상을 받았다. 권력의 내부에 바짝 다가갔을 뿐만 아니라 정치권력 그 자체의 보편적인 성격을 밝힌 이 책이 끊임없는 권력의 공포와 민중의 고통과 농락당하는 지식인의 운명에 대해서 생각하게 만들었기 때문이다.

또한 이 시기에 러시아사 연구자인 다니우치 유즈루溪內謙의 『현대사회주의를 생각한다 — 러시아 혁명에서 21세기로 — 』(1988)를 읽고 한반도의 남북관계에 대해서 정쟁政爭을 넘어선 역사관을 가질 필요성에 도달했다. 다니우치가 E. H. 카의 러시아 혁명관을 평가하는 글에서 E. H. 카는 러시아혁명을 정통인가 이단인가, 고발인가 변명인가, 증오인가 찬미인가, 성도인가 악마인가라는 정쟁의 차원을 넘어선 역사를 누구보다도 먼저 기술한 사람이라고 주목한 것에 자극을 받은 것이다. 이 정쟁을 넘어선 역사 인식은 다음과 같이 북한에 사회가 탄생하는 날을 희망하는 태도를 만들었다. 즉, 북한은 한국전쟁과 그후의 부흥 등을 위해서 오직 한 길, 국가만을 위해 질주한 것이다. 그렇기 때문에 무력화無力化되었고 국가 의존 및 명령 의존에 함몰되어 버린 인민을 껴안고 고민하고 있다. 이런 '국가의 위기'에 몸부림치는 북한이 "국가로부터 사회로" 변화하기를 바란다고 했다.[123)]

---

123) 지명관, "북을 생각하며 남을 생각한다(北を考え南を考える)," 『민투(民鬪)』 3호, 1988년.

이 "국가로부터 사회로"라는 관점이 중국의 현실을 바라볼 때도 커다란 의미를 가지는 것은 말할 필요도 없을 것이다.

한편 이에나가家永 재판[124]의 증인이 되기도 했던 지명관은 한일공동역사교과서의 준비에도 참여했다. 일본뿐만 아니라 한국에서도 역사교과서가 준비되지 않은 것을 그대로 내버려 둘 수 없다고 생각했기 때문이다. 그는 종전 직후의 일본을 그린 존 다우어John W. Dower의 『패배를 껴안고』에 대해서 언급하면서 이 책을 읽고 이상했던 것은 히로시마広島와 나가사키長崎의 원폭에 대해서 거의 언급이 없었다는 것이라고 지적한 후에 다음과 같이 쓰고 있다. 여기에서는 한국에 대한 혹독한 비판을 읽을 수 있다.

"이러한 생각에 사로잡힌 채 나는 한국의 중・고등학교 역사교과서를 펴 보고는 깜짝 놀랐다. 1945년 일본 식민지부터의 해방을 구가한 나머지 히로시마와 나가사키의 원폭에 대해서는 전혀 언급하지 않았다. 그것은 한국을 일본의 지배라는 쇠사슬에서 벗어나게 해 준 것이라고 보고 그 이상 관심의 대상으로 삼지 않았던 때문인지도 모른다. 일본과 대립하는 의식 속에서 원폭이라는 인류 최대의 참극이 이처럼 한국의 역사교과서에서는 소거된 것이라고 하겠다. 여기에도 한일 역사교과서에 관한 또 하나의 문제가 숨어 있다고 할 것 아닌가."[125]

더 나아가 일본에 대한 지명관의 역사 인식을 보자. 그는 1989년 6월 한 잡지 인터뷰에서 근대 천황제에 대해서 이렇게 말하고 있다.

---

124) 이에나가 재판이란 고등학교 일본사 교과서의 집필자였던 이에나가 사부로(家永三郞)가 교과서 검정문제로 국가를 상대로 소송을 제기한 재판.

125) 『한국과 한국인』.

“‘모든 물상화物象化는 일종의 망각이다’라는 말은 현대 철학자인 아도르노가 한 말로 한일관계나 일본의 아시아 침략이라는 과거의 경험을 단순히 연표 속에 넣어 버리는 것은 물상화를 하는 것입니다. 물상화를 하고 망각을 할 것이 아니라 이것을 어떻게 회상하고 살려 갈 것인가가 일본의 과제입니다. … 일본의 근대화를 되돌아보고 천황제와 직결된 구체적인 실수를 생각해 보지 않는 한, 경험은 망각으로 사라집니다. 그래서는 새로운 관계를 만들 수 없지 않겠습니까?”

일본인 자신이 계속 고통을 떠올리며 과거의 죄악을 회상하고 새로운 관계로 나아가야만 한다는 것은 굳이 지명관의 말을 빌릴 필요도 없겠지만 이러한 경건함이 요구될 때, 때마침 다케시타 노보루竹下登가 “… 그러나 이것을 통괄해서 침략전쟁이라고 하는 것은 역시 후세의 역사가가 평가해야 할 문제라고 생각하고 있다”라는 발언을 한 것이다.

지명관은 “전후 일본에 정착한 평화헌법이라 할지라도 인간이 만든 것인 이상, 문제는 있을 것입니다. 그러나 일본이 계속 국제화를 향해 나아가면서 이 헌법을 어떻게 적극적으로 해석할 것인가가 중요합니다. 화려한 색으로 포장된 천황의 상징성 문제는 계속 논의되어 미래에는 문화적인 상징으로 남겨질 뿐 정치적 통합으로서의 상징은 해체되어 가겠지요”라고 말한다.[126)]

‘평화헌법’을 둘러싼 현실은 그가 희망하는 것과는 다른 방향으로 가고 있고 그가 일본의 국제화에 걸었던 기대는 배신을 당하고 있다고 해야 할 것이다. 그리고 그가 강조한 헌법의 적극적인 해석에 대해서는 오에 겐자부로의 헌법론 ‘사사적思賜的과 회복적恢復的’[127)]이나 필자의

126) “안에 있으면서도 밖을 향하는 눈을 가지고 현대 일본을 본다”.
127) 『상상력과 상황 · 오에 겐자부로 동시대논집 3』.

논문[128]을 참조해 주시길 바란다.

그는 국가권력이 현대의 천황제를 “좌로, 우로 몰고 가는 듯이 보입니다. 그렇게 하는 것은 황실을 고립시켜 버리는 일이 아닐까 우려됩니다”라고 말하는데 이것은 정확히 말하자면 “천황제가 근대의 어떤 상황 속에서 성립된 것인가, 그 역사의 기원 또는 발생을 확인함으로써 해체해 가지 않으면 안 됩니다. 그로 인해 동요가 일어나겠지만 그것을 받아들여 소화시키고 새로운 역사적 단계로 나아가지 않으면 안 됩니다”라는 뜻이었다.

“황국사관을 예로 든다면 황국사관을 단절하고자 하는 우리의 의지에 의해서 새로운 시대가 만들어집니다. 그런 의미로 역사는 내면적으로는 단절의식에 의해서 만들어져 가는 것입니다. 즉, 지금까지 황국사관적으로 보는 것이 옳다고 생각한, 그 생각의 발생을 멈추고 그것을 해체해야만 하는 것입니다. 또는 차별의식이 생기고 있다면 그것이 어디에서 발생했는지 찾아내어 해체해야만 합니다.”

지명관이 지적하는 것처럼 일본 국민에게 있어서 역사를 재확인하고 해체해야만 하는 커다란 대상 중의 하나가 한일합방으로 구현된 폭력과 차별의식인 것은 말할 필요도 없다. 그는 한국병합에 대해서 그것은 “한국인에게 있어서 일본인이 생각할 수 없을 정도로 깊은 곳에까지 심각한 상처를 남긴 것”이었다는 것을 다음과 같이 논하고 있다. 한국병합으로부터 백 년이 되는 해인 지금, 그의 비판을 일본인은 어디까지

128) “The Constitution of Japan: A Logical Extension of the Ueki Draft Constitution(1881) and the American Constitution’s Bill of Rights,” in J. B. Starr, *The United States Constitution: Its Birth, Growth and Influence in Asia*, 1988. 호리 마키요 옮김, 『세이난가쿠인대학교 법학논집(西南學院大學法學論集)』 제23권 제2 · 3 합병호, 1991년.

받아들일 수 있을지 자성하면서 읽어 보자.

병합의 상처라는 것은 종래에 언급되었던 일본의 식민지 지배의 잔학성 등과는 별개로, 근대로 향하는 역사적 전환기에 식민지화를 경험했다는 것의 의미가 '민족사에 있어서의 총체적인 단절'이라는 것을 이해해야만 한다. 이 단절은 정치·경제·문화 등 모든 곳에서 찾아볼 수 있는데 예를 들어 경제적으로 1876년 한일수호조약이 체결된 이래, 일본의 상인들은 조선 남부로 진출해서 청일전쟁이 벌어지는 동안 북부에 진출하고 있던 청국의 상인을 물리치고 시장을 점유했다. 토착 산업이나 자본은 매판적인 산업 및 자본이 되는 것을 꺼려해서 파멸을 당했다. 이어서 1904년 8월 제1차 한일협약이라고 불리는 '외국인 용빙傭聘협정'에 의하여 재정고문이 된 메가타 다네타로目賀田種太郎의 화폐개혁(1905. 6)으로 실업계에 공황이 일어났고, 상인들은 가게를 닫거나 자살을 하는 등 "근대적 공황이 완전히 인위적으로 일어났다."

1910년 한일병합 후에는 조선총독부가 조선 사회령을 공포하고 민족기업의 성장을 억제했다. 이후 경제면에서 수탈체제가 강화되어 1945년 8월 시점에는 대략 "총재산 80%, 제조업 자본 94%가 일본인의 수중에 있었고 기술자의 80%는 일본인이었다." 그리고 해방 후 일본인의 재산은 일본인의 식민지 지배에 관계했든가, 그 지배 하에서 재력을 축적한 친일세력의 손에 불하되었다. 더욱이 이 세력이 정치세력과 깊이 결탁함으로써 「반민족행위처벌법」조차 공공연한 방해에 부딪쳐서 실효성을 가지지 못했다. "근대로 가는 문턱에서 식민지화된다는 것"은 이렇게 해방 후 오늘에 이르기까지 역사에 꼬리를 드리우고 있는 것이다.

문화적 단절에 대해서 말하자면 1910년 한일병합으로 총독부의 기관지를 제외한 신문·잡지는 모조리 폐간되었고 집회나 결사의 자유도 없었다. 3 · 1 운동이 일어난 1919년부터 얼마 동안은 문화정치의 깃발 아래 다소 통제가 약화되기도 했다. 그러나 1938년부터는 조선어 교과목이 중학교 더 나아가 소학교에서 폐지되었고 소학교에서는 오로지 일본어 창가나 동요를 가르쳤다. 1940년에는 두 개의 조선 민족지가 폐간되었다. 이런 속에서 도대체 어떻게 민족문화를 계승하겠는가!

식민지로 전락한 것에서 자국의 역사에 대한 자긍심도 잃게 되었고 스스로를 엽전이라고 부를 정도로 자학적인 심정이 사람들 사이에 생겨났다. 근대 조선의 개화주의자와 계몽 사상가들은 문학적 전통을 돌보지도, 동학 등을 정당하게 평가하지도 않았고 과거와의 단절로 치달았다. 이처럼 "조선에서는 역사와 전통에 대한 부정적인 자세가 강했다고 하는 것은 식민지가 되었던 것이 초래한 슬픈 유산이라고 할 수 있을 것이다."

역사학을 살펴보면, 1930년대 전후에 일본 정신을 고조시키는 일본의 역사학에 저항할 목적으로 정연보 · 최남선 등이 '조선의 혼' · '조선심' · '조선 정신' 등을 주장했는데 이것은 "지배자의 역사관의 틀에 의한 발상이어서 … 그 저항적인 성격에도 불구하고, 반동으로 흐를 가능성을 충분히 가지고 있었다."

같은 시기에 실증사학이 사실 존중이라는 명분을 내세우고 조선사를 연구했는데, 이것은 민족 현실에 등을 돌리고 있었다는 비판을 면하기 어렵다. 당시의 토속적 문학이나 민속학 등과 마찬가지로 실증사학은 "어두운 시대의 저항의 의미를 가지면서도 비정치적 · 비참여적 성격"을 지울 수 없는 '일종의 도피문학'이었다.

그리고 이들 사학이나 토속적 문학 등은 해방을 맞이함과 동시에 일본 통치 하에서 간신히 유지되고 있었던 민족적 · 민중적 색채를 잃었고, 반정치적・반개혁적 더 나아가서는 반동적이기조차 했다. 이런 경향을 보인 사람들이 해방 후의 역사학, 문학, 그 외의 사회과학, 예술의 세계에서 커다란 지위를 점하고 지도자가 된 것인데, 사실 "이것은 문화적 의미에서 일본 통치의 잔재로서의 가치관과 스스로 대결하려고 하지 않았기 때문이라고 할 수 있다."

이 같은 스스로의 문제점도 지적하고 있는 지명관의 자세가 한국 사회에서는 어떻게 받아들여질 것인가?

아무튼 그는 이런 한국병합에 통해서 얻은 암흑과 오늘에 이르기까지의 잔재를 문제로 삼고 있는데 내가 그를 한국과 일본을 연결하는 다리, 상호이해의 매개자로 부르는 이유 중의 하나는 이 암흑을 초래한 일본인의 역사적 책임을 정면에 들이대고 이 비판을 받아들이지 않으면 두 나라 사회의 진정한 대화는 불가능하다고 주장하고 있기 때문이다.

벤야민의 '역사의 천사'

지명관은 라인홀드 니버나 아도르노, 토인비 등으로부터 크게 영향을 받았는데 지금부터 언급할 사상가와의 대화는 그가 일본에 온 후 이른바 사회적 반평생의 수확이기도 했고 그가 이 사상가들의 메시지를 어떻게 살아 있는 것으로 재창조했는가를 개관해 보는 것이다. 여기에서는 지명관과 사상가들의 만남에 대해서 철학자 아렌트를 축으로 살펴보기로 한다.

그가 아렌트[129]에게 주목하고 그 사상에 "크게 기울게 된 것은 1984년 경이었다." 그녀의 사상을 근거로 한국의 정치적 동향이나 세계정세를 보자 마음속에는 거친 분노나 동요가 일어나기는 했어도 오히려 편안함을 얻었다고 한다. 아렌트에게 격려를 받은 것이다. 지명관에게 아렌트의 문장 한 줄, 한 줄은 현대의 경구警句처럼 깊은 의미를 가지고 있었다.

지명관은 역사를 생각할 때 아렌트가 말하는 다음의 점에 주목을 한다.

아렌트는 역사가 3중의 의미로 성립한다고 말한다. 첫 번째는 예를 들어 마르크스가 과거의 역사를 계급투쟁의 역사라고 해석한 것처럼 역사에 대해 의미를 부여함으로써 성립한다. 과거에 대한 해석으로서의 역사이다. 두 번째는 예를 들어 마르크스가 계급 없는 사회를 만들기 위해서 행동하는 것에 의미를 부여했듯이 함으로써 성립한다. 미래에 대한 목표 설정으로서의 역사이다. 세 번째는 계급투쟁에서 인생의 의미를 찾음으로써 성립한다. 삶의 목표로서의 역사이다.

아울러 아렌트가 이 세 가지의 의미를 포함한 역사를 일원화해서는 안 된다고 주장하고 있는 점을 그도 공유한다. "마르크스는 역사를 돌아보고 그 의미를 계급투쟁으로 파악하고, 역사는 계급 없는 사회로 나아간다는 필연적인 의미를 겨냥하고 있는 것이라고 파악했다. 그래서 그런 무계급 사회를 만드는 것이 현재 활동의 목적이고 또한 그런 인생이야말로 보람이 있는 인생이라고 생각한 것이다. 역사의 의미를 이렇게 일원화하는 것이 과연 올바른 것일까? … 역사의 의미가 일원화되

129) 한나 아렌트에 대해서는 엘리자베스 영-브루엘(Elisabeth Young-Bruehl)의 『한나 아렌트— 세계를 사랑해서 — 』(*Hannah Arendt: For Love of the World,* 1982)가 주목할 만한다.

어 문화가 없어지는 물질적으로는 풍요로울지도 모르지만 여유가 없는 현대 사회를 그녀는 격렬하게 비판했다.”

그러면 역사의 의미가 일원화되는 것을 피하고 보다 풍요로운 인간, 보다 풍요로운 인생과 문화를 회복하기 위해서는 어떻게 생각하면 좋을까? 지명관은 아렌트가 발터 벤야민[130)]이 말하는 ‘역사의 천사’를 자신의 삶의 자세로 받아들이고, 역사에 대한 자세를 명확히 한 점을 중요하게 생각한다.

‘역사의 천사’라는 것은 벤야민이 1940년에 쓴 『역사철학 테제』에 등장하는 것으로 이 천사는 평범한 사람들이 역사를 사건의 연속으로밖에 보지 않을 때 파국을 간파하는 존재이다. 폐허 위에 폐허가 쌓이는 가운데 거기에서 도망가지 않고 ‘천사는 거기에 멈춰 서서 죽은 자를 다시 되살려서 산산조각난 것을 하나로 짜 맞추려고’ 한다.

이 천사는 또한 벤야민이 “괴테의 ‘친화력’에 대하여”에서 전개한 것처럼 과거의 잿더미 위에서 계속 불타고 있는 불씨를 살려 내어 진보라는 강한 바람이 파라다이스에서 불어오기를 기다리는 존재이다(‘역사의 천사’에 대해서는 벤야민론에서 더 언급하기로 한다).

“과거로부터, 역사로부터, 선구자들이 남긴 문화로부터 분리되어서는 안 된다. 게다가 과거에 사로잡히는 것이 아니라 파라다이스에서 불어오는 강한 바람에 떠밀려 미래로 나아가지 않으면 안 된다. 이것이 역사를 대하는 자세이고 진정한 인류의 문화, 일본의 문화와 대화를 나누는 자세”이다.[131)]

---

130) 1892~1940, 유대계 독일 평론가 - 역자.

131) 지명관, 『현대에 살아 있는 사상－한나 아렌트와 함께－(現代に生きる思想－ハンナ・アレントと共に－)』, 新教出版社, 1989월 1월.

또한 그가 현대 정치에 대해 생각할 때 아렌트의 『인간의 조건』(1958)은 시사하는 점이 매우 많았다. 여기에는 목적을 위해서 수단을 가리지 않는 정치, 부정과 더러움의 대명사가 되어 버린 정치에 대해서 진정한 반성을 촉구하는 사고가 있었기 때문이다.

아렌트는 『인간의 조건』에서 인간의 존재와 활동에 대해서 고찰한다. 존재의 조건이란 생명자체 · 출생 · 가능성 · 타자와의 사귐 · 세계성(인간의 활동에 의해서 만들어진 이 지상세계에 사는 것)을 말하는 것이다. 활동의 조건은 세 개의 측면, 즉 노동 · 일 · 활동으로 분류된다. 아렌트에 의하면 노동은 생명을 지지하는 것이다. 일은 공작 · 제작을 말하는 것이다. 활동은 개인의 생명유지나 이해를 떠난 공공을 위한 말과 행동에 의한 움직임이라고 한다.

이 공적 영역에서의 활동을 아렌트는 자유민의 활동, 정치적 인간의 활동이라고 간주하고 애덤 스미스Adam Smith나 마르크스가 인간의 활동을 노동에 수렴해 버린 것에 대한 반론, 근대화에서 노동이 가장 높은 자리를 점유하기에 이른 상황에 대한 반론을 시도했다. 이런 상황은 공적 영역의 축소 경향을 의미한다. 공적 영역 속에서 '노동으로는 표현할 수 없는 본래적인 자기, 자신의 능력, 자신의 특징이 표현되'는 것과는 반대로, 사람들은 사적 영역의 작은 행복으로 후퇴한다. 사적인 공간에서야말로 자유를 만끽할 수 있다고 생각한다. 대중사회에서 개인은 원자화되고 군중화되고 개성을 잃어 가면서도 소비경제 속에서 동일성에 집착한다는 것이다.

대중사회에서의 정치는 조작정치가 되어 소수자의 조작에 맡겨지는 위험에 직면한다. 나치정치도 그 한 예이다. 아렌트는 오늘날의 선진국에서 보이는 이 같은 병리를 암울한 눈으로 지켜보았다. 그러나 지명관은 그녀의 통찰을 승인하면서도 그후에 전개된 폴란드 연대투쟁에 이르는 일련의 동구권 투쟁에는 아렌트의 암울한 시선을 떨쳐 버리게 할 가능성이 있는 것은 아닐까? 아렌트는 새로운 가능성을 격려하고 조언을 해 주어야만 하는 것은 아니었을까 하고 비평한다(덧붙이면 아렌트는 1975년에 서거했다).

지명관은 『인간의 조건』의 더욱 중요한 시사점에 대해서 위르겐 하버마스[132]의 아렌트론을 인용하면서 논한다. 하버마스는 '한나 아렌트, 권력의 개념'(『철학적 · 정치적 프로필』 수록)에서 막스 베버는 권력을 타자에게 행동을 강요할 가능성이라고 파악했지만 아렌트는 권력을 강제 없는 커뮤니케이션을 통해서 공동체의 활동에 동의시키는 능력이라고 간주했다고 한다. 베버와는 근본적으로 대조적인 입장에 선 아렌트의 이런 권력론에 지명관도 공감을 했는데 그것은, 한국의 폭력적 정치와의 투쟁이 낳은 아렌트 이해라고 할 수 있을 것이다.

"아렌트에게 있어서 다수의 동의라는 것은 권력이 권력이게 하는, 즉 힘을 가지게 하는 근거였다. 다수의 동의가 없다면 그것은 권력이 아니라 폭력이다. 권력에 대해서 이렇게 정의를 했기 때문에 공적 영역에서 활성화된 정치행동의 전개를 추구할 수 있었을 것이다. 그뿐만 아니라 그녀가 권력을 이렇게 정의한 것은 정치를 힘에 의한 강요라고 간주한 근대정치에 도전을 하기 위해서였다. 그렇게 해서 나치가 독재를 하게 되고, 600만 유대인을 학살한 근대정치에 대한 아렌트 한 사람의 유대인으로서의 눈물겨운 투쟁을 의미한 것일 것이다."

또한 폭력과 강제가 아닌 동의에 의한 정치에 대해서는 앞에서 말한

132) 1929~ , 독일의 철학자이며 사회학자 - 역자.

해럴드 래스키가 아렌트보다 훨씬 앞서서 '동의에 의한 혁명'(혁명이란 근본적으로 사회변혁이라는 의미)을 주장하고 그 현실에 몸을 바치고 있었다. 폭력을 배제하고 동의를 정치 활동의 중심에 앉힌 래스키의 사상에 대해서는 필자의 글("래스키 재판 — 동의에 의한 혁명에 대해서 —," 『와세다 정치경제학잡지』 제350 · 351 합병호, 2002년 7월 및 래스키의 『파시즘을 넘어서』)에서 논하고 있다.

지명관은 아렌트의 정치관에 한층 더 공감을 나타내고 있다. 그것은 아렌트가 훌륭한 정치는 아리스토텔레스에 의거해서 "목적을 묻지 않고 작품을 남기는 일도 없이 단지, 연기 그 자체 안에 완전한 의미가 있는 모든 활동력"이라고 한 점과 "정치의 술術이란, 위대하고 빛나는 것을 만드는 방법을 사람들에게 가르치는 것"임에 주의했다는 점이다.

이런 퍼포먼스는 그것에 참여하는 사람에게 덕德을 요청한다. 또한 물리적으로는 공허하다고 해도 사람들의 기억에 남는 내구성을 가진다. 지명관은 아렌트의 이런 지적을 앞에 하고 1987년 12월 부정으로 조작된 한국의 대통령선거에서 김영삼과 함께 맞선 김대중이 야당 후보자 단일화를 위해서 사퇴하는 정치적 퍼포먼스를 순교자적으로 연기했다면 어땠을까? 그것은 "영원한 기록으로 남아서 오늘날 한국 정치에서 저런 침을 뱉어 마땅한 상황은 만들어지지 않았을지도 모른다. 그리고 그것은 예측할 수 없는 역사의 전환을 초래했을지도 모른다." 『인간의 조건』을 읽으면서 이런 "순진한 생각에 잠기지 않을 수 없었다"고 했다.[133] 지명관은 한국의 현실을 넘나들며 한나 아렌트를 읽고 있었다. 이것이 대화라고 부르는 까닭이다.

한편 그는 아렌트의 『어두운 시대의 사람들』(1986)을 아렌트 전 생애

---

133) 『현대에 살아 있는 사상 — 한나 아렌트와 함께 — 』.

에 걸친 과제가 된 질문에 대한 탐구의 글이라고 평하고 있다. 어두운 시대란, 시인 베르톨트 브레히트Bertolt Brecht[134)]의 시 속에 있는 혼란·기아·폭동·반역의 시대, "앞길은 여기도 저기도 늪"인 시대를 말하는 것으로 이 책은 이런 시대에 양심적인 사상가들이 어떻게 살았고 어떻게 죽었는가를 밝히려고 한 것이었다.

아렌트는 브레히트에 대해서 그는 시인으로 사는 것이 다른 어느 때보다 곤란한 시대에 살았고 그런 시대에 폭력을 칭송함으로써 하늘로부터 받은 재능을 상실하는 형벌을 받았다고 보았다. 아렌트가 '가련한 BB'라고 부른 브레히트는 나치스를 피해서 덴마크로, 그리고 미국으로 망명을 했다. 브레히트는 망명자인 자신을 '비보悲報의 운반인'이라고 말했는데, 지명관의 「한국으로부터의 통신」에 흐르는 색조를 보면 그 또한 자신을 '비보의 운반인'으로 여기고 있었던 면이 있었던 것 같다. 아니 '비보의 운반인'이라기보다 '광보狂報의 운반인'이었는지도 모르겠다.

지명관 자신은 "나는 나의 '한국으로부터의 통신'을 다시 읽으면서 이것도 일종의 광인의 글이 아닌가 하고 생각했습니다. 그때는 일본에 있었기 때문에 한국의 상황을 바라보면서 근심이 하늘을 찌를 듯한 상태였기 때문에, 역시 이건 미친 거야 하고 생각하면서 …"라고 진술하고 있다.

브레히트는 그후 1947년 미국에서 서독으로 가려고 했지만 이루어지지 못했고 결국 동베를린에서 생애를 마감했다. 이 행로에서 그는 스탈린에 대한 송시를 쓰고 잔학한 공범자가 되었는데 아렌트는 브레히트를 단지 책망만 한 것은 아니었다. 그가 피할 수 없었던 정치참여를 이

134) 1898~1956, 독일의 시인이자 극작가 - 역자.

해하면서도 예술로부터의 이반을 문제 삼고 “그렇게 문학 부정적인 자세를 택할 수밖에 없기 때문에 그렇기 때문에 더욱 어두운 시대인 것이다”라고 논했다. ‘가련한 BB’인 것이다.

지명관은 아렌트의 이런 브레히트론을 시인 김지하의 활동에 대입해서 읽고 있다. 브레히트는 아렌트가 지적한 면에서는 ‘가련한 BB’라고 할 수 있지만, 자신이 살고 있는 시대와 사회에 대한 고발이라는 과제를 문학에서 완전히 포기해 버린 것이 아니라 풍자와 해학에 넘치고 희극적이기조차 한 서사시적 연극으로 지상에서의 우애 건설을 추구한 것은 아닐까? 지명관은 이렇게 말하는 한편, 이 브레히트의 삶의 자세와 비교해 일찍이 그렇게 그의 안전을 걱정하게 만들었던 김지하가 서사시적 형식의 작품에서 벗어나 서정시를 향한 동경을 보이는 경향은 어찌된 일인가 하고 말했다.

“그것은 미의식을 우선시해서 사회혁명을 포기하는 일이 될지도 모른다. 또한 그의 문학의 룸펜 프롤레타리아트Lumpenproletariat의 이상화는 지나치게 감상적이라고 할 수 있을지도 모른다. … 룸펜 프롤레타리아트란 억압받는 민중이면서 억압자의 가치관에 종속되어 있는 자이다”라고 평했다.[135] 지명관은 ‘가련한 BB’가 던진 문제제기를 한국 사회에서 살아가는 시인의 문제로 받아들인 것이다.

그런데 지명관은 때때로 ‘완전히 인용문만으로 만들어진 작품’을 쓰고 싶다, ‘일종의 초현실주의적Surréalisme 몽타주’로 저작을 만들고 싶다고 했는데 이것은 발터 벤야민이 가장 희망하던 방법이기도 했다.

아렌트는 벤야민에 대해서 “살아 있으면서도 죽은” 삶의 방식을 취

135) 『현대에 살아 있는 사상 — 한나 아렌트와 함께 —』.

하면서, 그 인생을 난파선의 쓰러져 가는 돛대의 한쪽 끝에 올라서서 구조신호(희망의 메시지)를 보내려고 했던 것으로 간주했다. 앞에서 말한 것처럼 아도르노도 벤야민의 인생을 죽은 자의 슬픔을 담은 시점을 가지고 세계를 바라보고 "차디찬 삶 속에서" 온갖 온기와 희망을 선사한 것이라고 인정했다. 지명관도 또한 벤야민을 절망하면서도 희망 없는 사람들에게 희망을 써 보내는 시대를 거스른 수난자라고 파악하고 있다.

앞에서도 잠깐 살펴보았지만 벤야민은 『역사철학 테제』에서 '역사의 천사'에 대해서 언급하는데 천사의 얼굴은 과거를 향하고 있다고 했다. 역사에서 단순히 사건의 연쇄(과거로부터 현재로의 연속)를 보는 사람과 달리, 천사는 거기에서 파멸에 파멸을 거듭한 파국을 본다. 이 파국 앞에 천사는 멈춰 서서, 폐허 속에서 지금도 계속 타고 있는 파편을 긁어모아 새롭게 인간의 문화를 짜 맞추려고 시도한다. 역사의 천사가 이런 작업을 하고 있을 때, 반드시 파라다이스에서 세찬 바람이 불어와서 천사는 얼굴을 과거로 향하고 있지만 이 세찬 바람으로 인해서 천사는 등을 돌리고 있었던 미래로 떠밀리게 된다. "이 폭풍이 우리가 진보라고 부르는 것"이라고 한다.

지명관은 벤야민의 '역사의 천사론'과 함께 벤야민의 멈춰 선 산책자의 스타일에도 주목을 한다(산책자의 의미를 분명히 보여 주고 있는 것이 벤야민의 『파사주passage론』이다). 벤야민의 멈춰 서고, 돌아보고, 좌우의 미세한 것들을 보고, 과거와 미래를 조망하는 산책자의 눈이, 진정한 인식에 도달하기 위한 본질이었다고 간주하기 때문이다.

산책이란 원래 수입이 보장되어서 일할 필요가 없었던 19세기의 '상류 중산계급의 자제'에게 주어진 '19세기적 보행과 사고의 스타일'이었다. 이 산책자야말로 프랑스의 전통적 문인이었다. 그들의 생활태도에서 '파스칼B. Pascal의 잠언'과 '몽테스키외C. L. de S. Montesquieu의 대담한 공평성'이 태어났는데, 아렌트에 의하면 그들은 19세기, 20세기에 과거로 향하는 교양인(교양 있는 계급)과 직업적 혁명가로 분열되었다. 이 분열의 역사 속에서 "교양의 요소가 완전히 독특한 형태로 혁명적·반역적인 것과 연결되어 있던" 유대인 벤야민은 이스라엘에 돌아갈 수도 없었다. 그는 유대 전통의 폐허를 보고 있었던 것이다. 공산주의로 갈 수도 없었다. 그는 공산주의에서도 폐허를 보고 있었던 것이다.

벤야민은 이런 상극相剋에 괴로워하면서 보편적이고 근본적인 문제에 매달렸다. 그리고 벤야민은 '전체로서의 서구적 전통의 적합성'을 의심하기에 이르렀다. 지명관은 이 시점에까지 나아간 벤야민과 함께 "현대 문명, 현대 세계는 존재할 가치가 있을까? 그것은 과연 계속 존재할 수 있을까? … 서구적 근대가 선택해 온 길을 앞으로도 똑같이 계속 가야만 하는 걸까? 그 부도덕한 지배를 언제까지 허용해야만 하는가?"라고 묻지 않으면 안 된다고 했다. 이 문제제기는 일본이 서구적 근대의 길을 선택했다는 것 그리고 그 아래에서 억압받은 한국을 비롯한 아시아의 지식인들이 벤야민과 같은 싸움을 할 것을 요청받고 있다는 것이다.

지명관은 벤야민의 『파사주론』을 자주 언급한다. 그리고 '애도적 상기想起'를 끄집어낸다. 애도라고 말하는 것처럼, 그것은 과거의 고난에 가득 찬 시절이나 사건을 행복하게 받아들이지 못한 채 그대로 죽은 사람들을 애도하는 마음으로 상기하는 것이다. 국가도 개인도 끊임없이 행복을 추구하면서 이제 행복하다, 만족한다고 말하지 않는다. 행복은 완결되지 않는 것이지만, 벤야민은 발상을 역전시켜서 이제 행복하다, 이젠 충분하다고 행복을 완결시킬 것을 설득했다(이런 발상은 앞에서 살펴본 적당한 것에 만족을 해야만 한다고 한 토인비의 말과 일맥상통하는 점이 있다). 그리고 고난에 대해서는, 자국 또는 자신의 고난이 사라지고 고난이 완결되었다고 이해될 때 더욱 타국과 타인의 고난을 애처로운 마음으로 상기할 것을 촉구한다.

"고통받는 이웃을 볼 수 있기 위해서는 자신의 고통스러웠던 역사를 완결된 것으로 삼지 말고 미완결의 것으로 삼아 그것을 항상 기억하고 그 위에 서서 생각하고 그것과 더불어 살아가야만 한다. 이것이 퇴폐해지는 자신을 구하는 길이고 자신의 행복을 끝없이 찾음으로써 퇴폐해지는 현대 사회에 일종의 구원을 가져다주는 것이라고 하겠다"고 말한다.[136]

야스퍼스의 삶의 방식

지명관이 경애하는 아렌트의 스승은 앞에서 말한 카를 야스퍼스이다. 야스퍼스에게 격려를 받은 아렌트를 이해하기 위해서라도 야스퍼스의 『철학으로의 길』에서 볼 수 있는 그의 메시지를 몇 가지 언급하고 싶다.

"나는 자신에게 말했습니다. 현실 세계에서 사람들과 함께 살아가지 않고서는, 즉 무엇인가를 행하지 않고서는 진정한 철학을 하는 것이 불가능하다는 것은 확실하다. 철학을 향한 길은 추상적인 사유의 길을 취하는 것이 아니라고."

"이 세계 속에서 이 세계의 고통을 맛보고 이 세계 속에서 서로 사랑

136) 『한국과 한국인』.

하며 이성의 길을 찾아내는 것, 사상을 활동시키는 것, 이것이야말로 철학 그 자신의 진리성을 결정하는 시금석인 것입니다."

"인간은 항상 타자에게 몸을 헌신함으로써 인간이 되는 것입니다."

지명관은 이런 정신을 보여 준 야스퍼스의 위대함을 아렌트와 공유하는 것일 것이다. 이성과 성실성을 가지고 나치스의 시대도 살아 낸 야스퍼스의 정신은 시대의 사건을 추구해 가는 프락시스praxis에 의해 가능했다. 위르겐 하버마스는 미셸 푸코를 '역사적인 매 순간이 발하는 도발에 답하는' 사상, '액추얼리티actuality의 존재론'의 제출자라고 평했는데, 야스퍼스의 자세도 지명관의 삶의 방식도 그야말로 중대한 결정을 내포한 바로 그때에 현대의 심장을 향해 화살을 쏘는 액추얼리티의 철학을 실천한 것이다.

또한 아시아의 장래를 위해서 지명관은 7세기부터 11세기에 걸쳐서 동아시아에 평화와 번영이 존재했다는 것에 자주 주의를 기울였는데 이런 발상은 야스퍼스의 인류사의 발상과 관련된 것은 아닐까? 야스퍼스의 발상이란 그가 『역사의 기원과 목표』(1935)에서 전개한 인류사의 구축시대를 말하는 것이다. 기원전 5세기를 중심으로 기원전 800년부터 2,000년에 걸쳐서 중국에는 공자와 노자, 인도에는 우파니샤드와 불교, 페르시아에는 조로아스터, 팔레스타인에는 예언자, 그리스에는 호메로스Homeros와 철학자와 비극작가 등이 출현했다. 무력한 인간의 구제와 해방을 추구하고 살아가는 것의 의미를 묻고 어떤 사회를 건설해야 하는가를 물은 다양하면서도 공통된 것을 내포한 사상과 종교를 야스퍼스는 인류적 발상이라고 칭하고, 앞으로 기대해야 할 세계적 통합의 원천이라고 생각했다. 지명관도 야스퍼스도 마찬가지로 "인류란 … 우리들의 정신에 내포되어 있는 것이고 인류적인 발상을 추진하는 정신적 에너지일지도 모른다"고 이해하고 이것을 아시아의 차원에서 다시 일으켜서 아시아 땅에 평화와 번영을 가져올 사상을 모색한 것은 아닐까?

덧붙여서 아렌트는 야스퍼스에게 있어서 "진리와 커뮤니케이션은 동일하다, 진리는 전달되어야만 한다"라고 하는 삶의 자세에 주목을 하고 "야스퍼스는 고독에 대해서 반항한 최초이며 유일한 철학자이다"라고 쓰고 있다. 지명관도 또한 고고한 철학 등에 흥미를 가지지 않았던 점은 야스퍼스나 아렌트와 마찬가지였다.

브로흐의 죽음의 사색과 디네센의 이야기의 철학

지명관은 헤르만 브로흐Hermann Broch[137]에 대해서 "브로흐의 저작에는 완성된 문학작품보다는 에세이가 많았다. 그가 살았던 시대는 시스템의 시대가 아니었다. 시스템을 동경하면서도 실제로는 경구警句적인 것을 만들어 내는 것에 그칠 수밖에 없었다. 단편적인 시대였다고 할 수 있을 것이다"라고 쓰고 있다. 이 비평은 브로흐를 폄하하는 것이 아니다. 그 반대이다. 정말 잘 썼다는 평가인 것이다. 이 평가를 진정 지명관 자신에게 돌려도 좋을 것이다.

브로흐는 600만 명의 유대인이 죽임을 당한 어두운 시대에 거칠게 저항한 인물이다. 인간을 구해 내는 일을 과제로 삼은 그는 단순한 시

137) 1886~1951, 오스트리아 소설가 - 역자.

인으로, 철학자로 있을 수만은 없었다. 그는 죽음에 대해서 사색을 집중하고, 죽음에 대한 의식을 쫓아 버리려고 했다. 그것은 인간 구조의 사상으로서 어두운 시대에는 불가피한 것이었는데 인간의 대량적인 죽음이 현실에 존재할 때, 죽음과 맞서지 않는 '아카데믹한 철학'은 살인에 가담하고 있는 것과 마찬가지이기 때문이다.

그러나 아렌트는 브로흐를 비판하면서 죽음이 인간이 인간에게 할 수 있는 최악의 행위는 아니다, 브로흐가 말하는 모든 진정한 지식은 죽음을 향하고 있다는 인식에는 세계를 향한 인식이 결여되어 있다고 했다. 전쟁이나 기아에 의한 죽음뿐이 아니라 전체주의가 지배하고 있는 고문이나 고난이 있다고 했다. 나치스 이후의 세계적 문제로서 "양심적인 사람들, 정의를 외치는 사람들이 죽음이 아니라 죽음 이상으로 애도해야만 하는 것에 노출되어 있다"는 점을 지적했다. 지명관도 아렌트의 브로흐 비판에 동의했는데 그것은 한국 현대사(일본 통치 하, 더 나아가서는 해방 후에 출현한 군사정권 하)를 상기한 것일 것이다.

그런데 저술에 임하는 지명관의 심정은 어떤 것이었을까? 그것은 주제에 따라 상황에 따라 분명 달랐겠지만 아이작 디네센Isak Dinesen[138)]의 "어떤 슬픔이라도 그것을 이야기로 만들거나 그것에 대해 이야기를 하면 견딜 수 있다"라는 말을 자주 떠올렸던 것은 아닐까? 디네센은 애당초 "자신의 생애를 이야기하지 못하는 인간은 생각할 가치가 있는 인생을 가질 수 없다"고 생각하던 여성이었다.

덴마크 출신의 작가인 디네센은 영화화된 소설 『아웃 오브 아프리카』로 널리 알려져 있는데 10살 때 아버지가 자살을 했다. 그녀는 평소에

138) 1885~1963, 덴마크의 여류작가 - 역자.

아버지로부터 오지브웨 인디언이 유럽 문명인보다 슬기롭다고 들으며 자랐다. 아버지가 유럽을 부정하던 정신을 잊지 않고 있던 그녀는, 유럽의 젊은이들이 일상의 세계로부터 도망자로서 혹은 혁명자로서 태어난 곳을 떠나는 모습을 동경했던 심리도 작용해서 아프리카로 향하게 된다. 동행한 남자는 어떤 여인의 조카였다. 어떤 여인이란 아버지가 사랑했던 사촌으로 그녀는 스무 살 때 갑자기 죽었다고 한다. 아버지는 결혼한 후에도 그 여인을 잊지 못하고 결국은 자살을 해 버렸다.

"이 슬픈 이야기 때문에 디네센은 그 소녀의 조카와 분별없는 결혼을 하고 함께 아프리카로 건너갔는데 그것은 비참한 결말로 끝났다." 격정을 이룬 결말이었다. 그녀는 그후 아프리카에서 애인이 될 데니스를 만나게 되지만 데니스도 1931년에 죽는다. 그녀는 일련의 사건을 그냥 우연과 불운의 연속이 아니라 어떤 일관된 원칙의 작용이라고 생각하고 일관성의 징조를 찾기 시작했고 이 실패나 슬픔을 운명이라고 받아들임으로써 구원에 도달한다. 슬픈 이야기 또는 "실패라고 말할 수 있을지도 모를 이야기를 상상력 속에서 반성하면서 반복해서 이야기함으로써 결국 그것이 그녀에게는 운명이었다고 깨닫게 되었다. 이때에는 이야기를 한다는 것은 구원을 의미하는 것이었다." 『아웃 오브 아프리카』를 씀으로써 이야기가 운명적인 일화가 된 셈으로 여기에서 이야기의 철학이 성립된 것이다.

지명관은 디네센의 『아웃 오브 아프리카』에 구현된 이야기의 철학을 기독교와 그 제자들의 관계에 비추이 보고 제자들은 "죄도 없이 젊어서 십자가에 매달리게 된 위대한 사람에 대해서 반복해서 이야기하는 동안 그는 그리스도이며 주主라고 고백하게 되었을 것이다. 이와 같이 이야기함으로써 슬픔으로부터 일어서게 되고 힘차게 발을 내딛을 수가 있게 되는 것"이라고 말하고 있다.

그는 또한, 아렌트도 디네센의 이야기의 철학과 동질의 것을 체험했을 것이라고 했다. 아렌트의 『전체주의의 기원』이나 『어두운 시대의 사람들』 등을 가리키는 말이다. 유대인 학살의 공포에 떨기도 하고 위대한 사람들의 고통스러운 인생에 압도되기도 했던 아렌트는 비탄을 하면서도 이런 사태의 의미와 사람들의 이야기를 말함으로써, 어떤 슬픔이라도 견뎌 낼 수 있다는 것을 체험하고 사건을 운명으로 볼 수 있게 되었던 것은 아닐까 하고 이해를 한 것이다.

아렌트는 디네센의 체험에 대해서 "지혜는 노년의 덕이고, 그것은 단지 젊었을 때에는 현명하지도 신중하지도 않았던 자들에게만 나타나는 것 같다"고 지적을 했는데 지명관도 디네센의 인생에 대해서 언급하면서 "이것이 상상력 속에서 반성을 거듭하면서 살아간다는 지적인 생애가 거치지 않으면 안 되는 경로일지도 모른다. 그것은 한나 아렌트의 생애이기도 했다"라고 평하고 있다.[139] 이것은 사람들의 발자취를 따뜻한 눈길로 바라보는 것 바로 그것이다.

그리고 지명관이 여성론이나 여성사를 정리한 글은 없지만 그것은 그가 여성 문제에 거의 관심이 없었다는 뜻은 아니다. 오히려 그 반대이다. 아렌트나 디네센이나 더 나아가 로자 룩셈부르크Rosa Luxemburg에게 가르침을 받는 자세를 보아도 여성의 삶의 방식과 사상으로부터 즉 인간의 삶의 방식으로부터 계몽되고 기대를 걸고 있던 것을 알 수 있다.

---

139) 『현대에 살아 있는 사상 — 한나 아렌트와 함께 — 』.

로자 룩셈부르크의 따뜻한 인간 그대로의 투쟁

로자 룩셈부르크[140]는 독일의 혁명적 조직이었던 스파르타쿠스단의 일원이었다. 그녀는 제1차 세계대전 후부터 독일 사회민주당의 패권(바이마르 시대)을 지나 나치 독일에 이르기까지, 혁명을 꿈꾸는 희망 속에서, 우익군인의 총에 맞고 운하에 내던져졌다. 아렌트는 희망의 시대에서 암흑의 시대로 변화하는 분기점 그것은 로자의 죽음이었다고 한다.

아렌트는 또한, 카프카나 브로흐나 벤야민 등은 세속적인 의미에서의 상승 지향에 집어삼켜진 그들의 아버지 세대와 그 공동체에 반발한 것에 반해, 로자는 유대계 폴란드인의 동년배 집단의 일원인 것에 긍지를 가지고 일생 동안 거기에서 벗어나려 하지 않았다는 점에 주목했다. 지명관도 일본 통치 시절 또는 군사정권 시절의 한국 기독교 교회들이 했던 동년배 집단으로서의 역할을 염두에 두면서 "그녀(로자)는 그녀 자신의 고향인 유대인 집단에 대해 반항하면서 스스로의 일생을 개척해 갈 필요가 없었다. 그것은 그녀가 경찰의 눈을 피해서 머물렀을 때에도, 그리고 투옥을 당했을 때에도 항상 그녀를 지탱해 준 생명의 근원이라고 해야 하는 것이었다"고 쓰고 있다.

로자는 과감한 혁명가였고 이론 면에서도 공헌이 컸다. 그리고 그 혁명에 대한 헌신은 이상주의에 뿌리를 두고 있었다. 그녀는 독일 사회민주당이 거대하고 조직화 된 관료기구로 변하는 것은 아닌가, 혁명에 대해 망각해 버리는 것이 아닌가 하고 걱정을 했다. '사회와의 항상恒常적 충돌・항구恒久적 혁명' 없이는 혁명적 정신의 원천이 고갈되어 버린다

140) 1870~1919, 독일의 여성 혁명가 - 역자.

고 주장했다. 그러나 "혁명의 실패보다도 추악한 혁명을 더욱 두려워하고 있었다." 혁명을 위해서는 전쟁도 필요하다고 생각한 레닌과는 달리 혁명으로 인한 인민학살을 견딜 수 없어 했다. 그녀는 따뜻한 인간 그대로인 혁명가였다. 지명관은 그녀의 이런 훌륭한 인간성에 끌려 그 편지에서 몇 줄을 발췌하고 있다.

" '대중에 대한 실망'이라는 것은 정치적 지도자에게 있어서는 항상 더할 나위 없는 부끄러움의 증거입니다. 위대한 지도자라고 하는 것은 그 전술을 대중의 일시적인 기분에 맞추는 것이 아니라 발전의 철칙에 맞추는 사람으로 어떤 실망에도 굴하지 않고 그 전술을 견지하고 역사가 그 일을 성숙시키도록 안심하고 맡겨 둔 사람입니다."

"그리고 남은 아름다움이나 선善이 아무리 적다고 하더라도 감사하고 즐길 것을 잊지 말도록 합시다."

지명관은 그녀의 선량함에 건 투쟁과 그 비극성을 상기하고 있다. 그녀는 1919년 1월 옥중에서 카우츠키 부인 루이제Luise Kautsky에게 보낸 편지에 "선량하다는 것이 중요합니다. 첫째도, 둘째도 선량하다면 그것은 모든 것을 풀어 내고 모든 것을 묶습니다. 그리고 모든 현명함과 독선보다 뛰어납니다"라고 썼다. 지명관은 로자를 이렇게 말한다. "따뜻하고 상처받기 쉬운 인간이었다. … 그 따뜻함, 어떤 의미로는 상처받기 쉬운 연약함이 그녀의 힘의 원천이 되었다고 할 수 있을 것이다. 결국에는 그런 선량함 때문에 적으로부터만이 아니라 아군 또는 동지라고 불리는 사람들로부터도 그녀는 고독을 강요당했을 것이다."

그녀의 생애와 죽음을 지명관은 단순히 당시의 독일의 죄악에 쓰러진 혁명가의 운명이 아니라 군부와 정치권력의 통합이 세계사적인 현상이 된 현대 사회의 문제를 생각하게 만드는 계기로, 게다가 선량함이 만드는 연대를 향한 등불로 이해하고 있는 것이다. 지명관은 이들 사상가들과 대화에는 항상 그들과의 동지적 연대감을 표명하고 있다.

한나 아렌트의 정치·문화·교육론

현대 정치의 거짓과 허위는 예전과 비교도 할 수 없을 정도로 농도를 증가시켜 왔는데 오늘날의 '역사의 재기술, 이미지 메이킹, 정치의 실제적 정책' 등에서 보이는 대대적인 '사실과 의견의 대중조작'은 비교적 최근의 현상이다. 아렌트는 이렇게 지적했다.

이전에는 거짓이란 사실을 숨기는 것이었는데 지금은 사실을 새로 만드는 것, 파괴하는 것에까지 이르렀다. 이와 같은 현대의 거짓, 전면적 허위체제와 투쟁하는 것은 쉬운 일이 아니다. 아렌트는 그 허위와 싸우는 것은 매우 어려운 일이라는 절망을 내비치면서도 거짓은 패배할 것이라는 희망, 낙관론을 제시했다. 오늘은 어둡지만 미래에 가능성이 있다는 것이다.

지명관은 이상과 같은 아렌트의 논의를 근거로 이렇게 말한다.

"오늘날 그 어떤 나라도 그 허위의 이미지를 오래 유지할 수 있을 정도로 강력한 힘을 가진 나라는 없다. 역사를 고쳐 쓰는 것이 오히려 패배를 조장하게 될지도 모른다. 사실事實은 '거기에 있다'라고 하는 어찌해 볼 도리가 없는 '완고함'을 가지고 있다. 일본이 역사를 고쳐 쓴다면 일본에 대한 아시아 나라들의 비판과 불신은 높아질 것이다. 일본 젊은이들의 눈으로부터 역사적 사실을 감출 수는 있어도 그 사실이 아시아의 역사 속에 엄연하게 존재하고 있다고 하는 '완고함'은 없앨 수 없기 때문이다."

이처럼 지명관은 아렌트와 통하는 면이 많았는데, 특히 그녀의 문화와 교육에 관한 생각에 대해서는 더욱 그렇다. 아렌트에 의하면 문화란 무릇 인간의 생명과정, 즉 신진대사를 하고 보다 많이 벌면 보다 많이 소비한다는 향락의 욕망에 저항하고자 하는 것이었다. 그러나 오늘날 엔터테인먼트가 문화의 가치기준이 되어 내구성과 전통과도 관련이 없는 방향으로 대중의 욕구를 만족시키고 있다.

로마에 기원을 둔 컬처culture라는 말은 자연을 인간에게 친숙하게 하는 것, 마음을 일구는 것, 더 나아가서는 보존하는 것을 의미함과 동시에 미에 대한 감성을 의미하고 있던 말이다.

인간은 문화를 이 세계에 부여할 때에만 지상에서 영속성을 얻을 수 있다. 일본 문화가 없다면 일본이라는 세계는 존재하지 않는 것이다. 문화가 없는 곳에서 인간은 고독하고 판단력을 잃은, 자기중심적인 그리고 공적 영역이라는 사교의 장을 가지지 못한 존재가 된다.

그렇기 때문에 아렌트는 칸트의 미학에 대해서 이렇게 지적했다. '칸트 정치철학의 가장 위대하고 오리지널한 국면'은 '판단력 비판' 속에서 찾을 수 있다. "칸트는, 인간은 미美를 눈앞에 했을 때 자신의 양심대로 살아간다는 윤리적 자세가 아니라 '모든 인간의 입장에서 생각하는' 일이 가능하게 된다고 생각했다"고 한다.

지명관은 이와 같은 논의와 더 나아가 아렌트가 말하는 미의식과 정치의식의 접점에 주의를 돌린다. "칸트에게 미의식은 이처럼 타자와의 일치를 기대하는 것이었다. 미를 감상하는 능력이란 그런 것이다. … 이 같은 미적 판단은 타자를 폭력으로 또는 진리의 이름으로 강제하는 것이 아니다. 그것은 단지 모든 인간의 동의를 구하고 그것을 기대할 뿐이다. 문화의 세계란 그런 것이다. 사실은 정치도 그래야만 한다. 여기에서 미의식과 정치의식은 접점을 가지게 된다. 미를 향한 동의는 사람들을 무엇보다도 하나로 만들지 않는가. … 그것이 진정한 의미에서 정치에 요구되는 것이다."[141]

지명관은 교육에 대해서도 아렌트의 논의에 동조하면서 부연하고 있다. 그녀는 현대 교육의 (1) 유아화 현상, (2) 교육의 내용보다 가르치는 방법을 중요시하는 것, (3) 배우는 일이 하는 일로 교체된 것을 위기라고 간주했다.

제(1)의 문제는 어린이가 자율적으로 할 수 있는 한 내맡긴다는 지나치게 미국적인 사고방식은 부모 또는 어른을 무력한 존재로 만들어서 정상적인 인간사회를 해치고 있다. 어린이의 세계에서 어른을 추방하는 것은 교육의 유아화를 촉진하는 것이다. 왕따의 문제는 어른의 부재, 교사의 권위 부재의 문제가 아닌가라는 지적이다.

제(2)의 문제는 교사가 무엇을 가르치는가보다 어떻게 가르치는가라는 기술에 중점을 두어 교사도 그렇게 훈련을 받고 있다는 것이다. 지명관은 아렌트의 이런 지적에 부언해서 "교사의 권위는 지식 이상으로 그 인간에게 있어 성립되는 것이라고 하지 않을 수 없다. 따라서 교사로서의 인간형성도 교육기술의 연마에 의하기보다는 전문적인 학문에 대한 끝없는 탐구심과 정열에 의한 것이라고 할 수 있다"고 논하고 있다.

삶의 목표와 인생관과 신념이 교육 속에서 중시되지 못하고 어떻게 하면 이 세상을 잘 살아갈 수 있을까, 돈을 모을까만으로는 사회적 위

141)『현대에 살아 있는 사상 — 한나 아렌트와 함께 —』.

기가 도래하는 것을 극복할 수가 없다. 아렌트도 '정상적인 사회'에서 벌어지는 교육의 위기를 논한 에리히 프롬[142]도 지명관도 이렇게 이해를 한 것이다.

제(3)의 문제는 '배우는 일'을 '노는 일'로 환원하고자 하는 경향이다. 어른이 된다는 것은 '노는 일'을 그만두는 것이다. 배우는 일은 즐거운 일을 중단하고 스스로에게 채찍질을 하고 강요하는 것이다. 배우는 것과 일을 하는 것은 영어 work라는 단어가 나타내듯이 같은 의미이다. 어린이를 방치해 버리지 말고 교육을 해야 한다. 아렌트는 말한다. "교육은 우리가 세계를 충분히 사랑하고 세계에 대한 책임을 질 것인가, 그리고 동일한 사랑의 표시에 의해서 혁신이 없이는, 즉 젊은이가 새롭게 이 세계에 등장하지 않는다면 피할 수 없는 파멸로부터 세계를 구할 것인가를 결정하는 장소이다." 이 말은 지명관의 말이기도 하다.

래스키의 인생을 위한 학문

내(필자)가 생각하기에 무릇 교육이란 삶의 자세를 가르치는 것이다. 어린이의 교육에서 한 걸음 더 나아가서 고등교육을 살펴보면, 앞에서 언급했던 해럴드 래스키는 "교육이란 '삶의 자세의 문제,' '인생의 방법'이지 '정보의 수집'이 아니다. 모든 교육의 진정한 주제는 인생을 보

142) 1900~1980, 독일계 미국인, 철학자이자 사회심리학자 - 역자.

다 깊게 파악하도록 이끄는 것"이라고 주장했다. 폭넓고 인간적인 교육이 인생에 대한 최선의 훈련이라고 확신하고 있던 래스키는 "교육이란 정보를 제공하는 것이 아니라 이념 · 사상idea을 늘어놓고" 학생으로 하여금 스스로 생각하게 하는 것이다. "학생들에게 항상 문제를 제기함으로써 그들의 정신을 휘저어 놓고 그들이 모르거나 혹은 일부러 회피하려고 하는 어려운 문제에 맞서게 하는 것"이라고 생각했고 그것을 실천했다.

래스키가 이렇게 인생을 위한 학문과 인생의 방법이 되는 교육에 정진한 것은 모든 것의 기초인 평화를 달성하고 자유를 창출하는 것, 또한 창출해야 할 자유가 평등에 의존하고 있다는 것을 염두에 둔 것이다. "평화가 없이 민주정치는 없고, 민주정치 없이는 자유도 있을 수 없다. 민주정치의 진정한 의의는 개인의 모든 요구를 모든 사회적인 제도에 비추어 평등하게 고려하는 것이다." 이것이 래스키의 교육관 · 학문론의 밑바탕에 있는 신념이었다.143)

지명관은 말한다. "살아간다는 것은 타자와의 만남을 통해서 자신을 반성하거나 부정하면서 자신의 폭을 넓혀 가는 것이라고 생각합니다. 특히 그런 삶의 자세는 국제화라고 불리는 시대에 있어야 할 인간의 모습이라고 생각합니다." 래스키와 마찬가지로 지명관은 산다는 것을 자기실현 또는 자기확충이라고 생각했는데 그것은 타자에 대해서 우월감이나 열등감을 가지는 자세와는 다르다. "약한 자에게는 동정과 공감과 사랑을 보이고 강한 자에게는 저항하는 삶의 자세"이다. 주체성이란 윗

143) 호리 마키요, "래스키와 정치학 교육 — 홈즈 판사와의 왕복서간집을 단서로 —," 『와세다 정치경제학잡지(早稲田政治經濟學雜誌)』 제352 · 353 합병호, 2003년 1월.

사람에 대해서도 바르지 않은 점은 확실히 지적하고 약한 사람에게는 '더 힘을 내, 인생에는 이런 삶의 방식도 있단다 하고 격려하는' 것이라고 한다.

그가 강조하는 것은 '타자의 타자성'을 인정하고 함께 살면서 상대방에게 배우고 상대방을 경애하는 것이다. 즉 시선을 바꾸어 보면 차별하고 있을 때에는 알지 못했던 상대방의 아름다움이 보인다. 일본과 조선의 관계도 침략받은 쪽에 서서 다시 파악할 것을 요구하고 있는 것이다.[144)]

한국과 일본의 교육도 변혁되어야 할 여지가 많이 있지만 지명관에 의하면 그것에는 해럴드 래스키가 『신앙・이성・문명』에서 주장한 '실천으로서의 사상', 초기 기독교가 한 '인심人心 재생'에 관련한 사상이 교육의 장에서도 요구되고 있는 것이다.[145)]

차별의 문제

지명관은 항상 차별받아 생활고에 허덕이는 사람들에 대해서 생각했다. 약한 자, 관계없는 자로서 어린이가 배제되는 것에 대해서는 다른 사람들의 두 배로 슬퍼하고 상황을 개선시키기 위해 나섰다. 이런 태도는 예를 들어 그의 서평에도 잘 나타난다. 그는 주장한다.

중국이나 한국에서 일본으로 귀국한 어린이들이 바보라는 둥 더럽다

---

144) 지명관, "차별하고 있는 동안은 상대방의 아름다움은 보이지 않는다," 인터뷰 기사, 『아라한(あらはん)』 5, 1989년 5월.
145) 지명관, "한일교육 사상에 있어서 전전과 전후," 『교육철학연구(教育哲學硏究)』 제43호, 1981년 5월.

는 등 죽으라는 등의 괴롭힘을 당하고 비명을 지르고 있는 것을 알고, "이런 차가운 세상에서 이 아이들이 어떻게 살아가야 하는 것일까. … 어느 나라 사람인가를 말하기 이전에 같은 인간이다. … 이 아이들이 '왜 일본 사람들은 나를 괴롭히는 걸까?'라고 말하는 대신에 '나에게도 멋진 일본인 친구가 있어'라고 눈빛을 빛낼 날이 하루라도 빨리 오기를 기도하지 않을 수 없다"고 썼다. 이 아이들이란 잔류 고아가 된 사람들의 아이들만을 말하는 것이 아니라는 것은 물론이다.146)

물론 차별 문제를 향한 응시는 재일동포의 운명에도 이른다. 관동대지진關東大震災에서 벌어진 조선인 학살에 대해서 조사한 지명관은 충격을 받았다. "여러 자료를 읽다가 밤늦게 잠이 들었는데 계속 악몽을 꾸어서 잘 수가 없었다. 도중에 무서워서 일어나서 책을 읽거나 하면서 밤을 샐 수밖에 없었던 경험까지 했다."

이런 공포는 나치스의 유대인 학살은 권력의 명령에 의해서 관리나 군인이 수행한 것이었던 것에 반해, 일본의 '조선인 참수'의 중심이 된 사람은 노무자, 통장수, 운전수, 인력거꾼, 화로장수, 버선 만드는 사람, 행상, 일용노동자 등의 민중들로, 그들이 적극적으로 살해행위를 하기에 이르렀다고 썼다.

3・1 운동 때에도 일본의 재향군인이나 소방대 청년들로 구성된 자경단이라는 사람들이 쇠갈고리 등으로 많은 사람들을 살상했다. "일본인의 조선 지배에서 볼 수 있는 특징은 소위 군・관・민 일체의 지배와 탄압으로 일본인 거류민을 철저하게 동원함으로써 조선인과의 사이에는 어떤 우호도 성립되지 않는 적대관계를 만들고 있었던 것이다."

146) 지명관, "요시모토 유키오(善元幸夫)・오시무라 게이코(押村敬子) 저, 『국경을 넘는 아이들(國境を越える子どもだち)』을 읽다," 『책(本)』 1986년 6월 1일.

3・1 운동 때 살해당한 사람은 공식적으로는 '7,509명', 관동대지진 때는 약 6,000명이었다고 하는데 지명관은 관동대지진의 조선인 학살 사건을 "재일조선인 역사의 원점으로 … 두 번째는 일본인의 차별의식에 대한 고발의 원점으로" 파악하지 않으면 안 된다고 지적한다.

왜냐하면 재일조선인 역사의 원점에 대한 연구는 그 자신의 저작인 『한국문화사』를 포함해서 종래의 한국인 역사가의 저작에서는 빠져 있었고 한국사를 국토 내에 사는 사람들만의 역사라고 생각해서 앞에서 말한 것처럼 역사를 민족사에서 잘라 버렸기 때문이다. 그는 반성하면서 말한다.

관동대지진에서 벌어진 학살은 3・1 운동 같은 영웅적 저항운동의 희생으로 초래된 것이 아니라 순진무구한 민중이 마른하늘의 날벼락이라 고밖에 할 수 없는 죽음을 당한 것이다. "재일동포들이 차별을 받고 학살당했다는 것의 단적인 증거가 거기에 있는 것은 아닐까? 또한 정치권력과 민중이 일체가 되어 억압을 했다는 것이 단적으로 드러난 셈이다."

또한 나(필자)는 소설 『대지』로 알려진 작가 펄 벅Pearl Buck[147)]이 '중국의 승리'라고 제목을 단 1938년의 논문에서 일본과 일본인을 다음과 같이 분석하고 있는 것을 덧붙이고 싶다.

"그들은 꽃을, 어린이를, 풍경을, 정원을 사랑한다. … 이렇게 아름다운 나라를 나는 달리 알지 못한다. 가는 곳마다 아름다움이 넘쳐나고 있다. … 이런 국민이 다른 한쪽에 광폭한, 냉혹한, 완강한, 유머를 모르는 무자비함을 함께 가지고 있다는 것은 실로 기묘한 인생의 모순이다. 일본의 군인은 피비린내 나는 전쟁터에서 귀환을 하면 기모노로 갈

147) 1892~1973, 미국의 소설가, 1938년 노벨 문학상 수상 - 역자.

아입고 앉아서 정원의 수목이나 꽃과 풀의 아름다움을 즐기는데 그런 자신을 모순된 존재로 느끼지 않는다. 그들은 진지 그 자체이며 자신에게 깊게 의지하는 그리고 자기 이외의 관점으로 다른 것을 보지 못하는 사람들이다."148)

시몬느 베이유의 사회참여와 경건한 신앙

지명관의 사상적 대화의 흔적을 따라가는 작업이 조금 길어졌는데 그는 시몬느 베이유의 존재에서도 커다란 의미를 찾고 있다. 그는 그 긴 망명의 날들과 한국에서 민주화 투쟁을 하고 있는 친구들의 투쟁, 신앙, 민중에 대한 참가 그리고 사랑과 고통을 이해하고 해석할 기독교적·신학적 언어를 찾고 있었는데 그 언어(신앙의 언어)는 베이유의 삶의 방식에도 존재했다.

베이유는 일 년 동안의 공장생활로 기진맥진이 된 몸을 이끌고 1935년 여름 부모님과 함께 포르투갈을 여행할 때 어느 지방에서 어부의 아낙들이 작은 배의 주변을 돌면서 오래된 찬송가를 부르는 장면을 보고 기독교는 진정 노예들의 종교라고 생각하기에 이르렀다. 그녀는 이 체험에서 기독교를 학대하는 자와 학대받는 자와의 관계로 보고, 학대받는 쪽이 학대하는 권력을 비판하면서 오로지 참고 기다리면서 희망하는 자세를 기독교적인 삶의 자세라고 말했다. 이 기독교적인 삶의 자세를

148) 펄 벅, 『내가 본 중국(私の見た中國)』, 사토 료이치(佐藤亮一)·사토 다카시(佐藤喬) 공역, ぺりかん社, 1971년.

떠받치고 있던 것은 누가복음 10장에 보이는 이름 없는 이웃에 대한 보편적인 사랑이라는 것을 이해한 것이다.

그는 베이유의 권력에 대한 기독교적인 자세에 대해 이렇게 말하고 있다.

"지금까지 라인홀드 니버 등도 권력에 대해서 상당히 비판을 했지만 시몬느 베이유가 그것을 생생하고 근본적인 형태로 제기하고 있다고 생각을 할 수 있습니다. 그와 동시에 베이유는 권력의 반대편에 있는 힘이 없는 쪽에서 종교의 의미는 무엇인가? 특히 기독교의 의미가 무엇인가라는 것을 문제로 삼았습니다. 지금까지 그녀만큼 그런 문제를 명확하게 제시한 사람은 없지 않았나 합니다."

지명관은 베이유가 종교화해 가는 경향(종교성에 대한 회귀), 즉 사회참여를 하면서 오히려 예수야말로 인식과 생명의 원천이고 예수만이 길이라고 고백한 것에 주목한다.

그녀는 "많은 사람들, 내가 사랑하는 차마 버릴 수 없는 저렇게 많은 사람들, 신이 사랑한 저렇게 많은 사람들이 교회 밖에 존재한다는 것"에 괴로워했다. 그녀에게 있어서 증거의 문제였다. 결국 그녀는, 교회 문턱에서 움직이지 않고 참고 기다리는 자세로 민중을, 교회 밖에 있는 사람들을 마주 대하지 않으면 안 된다고 생각했는데, 이 증거에 대해서 아름다운 언어로 이 세상과 교회와의 존재방식을 묻고 있다. 베이유는 '슬픈 사람' 예레미야Jeremiah,[149] 현대적인 슬픔의 예레미야이며 그 사상과 삶의 자세는 지금도 살아 있다고 말한다.[150]

149) 구약성서 '예레미야서'에 나오는 예언자 - 역자.
150) 지명관, " '시몬느 베이유의 사상에 대한 신학적 성찰," 『복음과 사회』(농촌전도신학교 기요) 10권, 1980년.

오에 겐자부로와 미키 기요시

여기에서는 지명관이 만났던 일본의 사상가에 대해서 간단히 그려본다. 그는 작가 오에 겐자부로와 심포지엄 등에서 자리를 같이하고 그 인품을 직접 접했는데, 오래전부터 오에의 작품을 통해서 그의 훌륭한 인간성을 느끼고 있었다. 예를 들면 오에가 1981년 『세카이』 6월호에 쓴 "핵 방공호의 장애아"에서 언급한 한 구절에 대해서 다음과 같이 쓰고 있다.

오에의 아들이 들어갈 양호학교의 입학식에서 교장이 '장애를 가진 아이들'이라고 이야기했을 때, "나(오에)는 장애를 가진 아이들이라는 (교장의) 말이 마치 어떤 인간적인 자산으로서 장애를 가진 것이라는 듯 가슴에 사무쳤다." 지명관은 이렇게 토로한 오에에 대해서 그는 여기에서 자책의 마음, 회개를 수반하는 인식의 전환을 느낀 것은 아닐까 하고 생각했다. 신체적 또는 지적인 장애를 가진 사람이 부모나 사회의 무거운 짐이라기보다 '인간적인 자산'이라고 느꼈을 때, 인간을 보는 눈이 따뜻하고 깊어져서 비인간적인 것에 대한 분노가 생긴다. 그것은 진정 "보지 못하는 자는 보게"(요한복음 9장 39절) 만들어서 상식적이고 차별적인 관점이 무너지고 더 커다란 것을 보게 되는 것이다.

"이런 것에서 오에 씨는 히로시마나 오키나와沖繩에 시선을 둔 문학, 잃어버린 진실한 인간 공동체를 추구하는 문학세계가 가능해진 것은 아닐까? 우리들은 그를 보면서 기독교인이 아닌 사람에게서 즉 교회 밖에서 그리스도의 이미지를 본다고 말할 수 있을지도 모른다." "인식의 전환을 경험한 사람들의 말은 결코 단순한 지식의 말, 공허한 말이 아니다. 그것은 바울이 그랬던 것처럼 고통의 언어, 눈물의 언어일지도 모른다.

파토스pathos의 언어이며 정열적인 언어이며 행위일 것이다."[151]

또한 오에의 전환에 대한 지명관의 지적을 이해하기 위해서는 예를 들면 오에 자신의 작품에 나오는 다음과 같은 구절을 묘사해 둘 필요가 있을지도 모른다.

"… 이요의 동생은 결국 소아암이 아니었다. … 검사를 받고 돌아가는 길에 이요의 동생(사쿠짱 - 필자)을 이 병원 외래 대합실에 남겨 놓고 친구를 병문안하는 일도 있었다. … 결국 H군(친구 - 필자)은 죽었고 나는 장례 책임자의 역할을 받아들였다. 밤을 샌 손님들에게 인사를 하고 찬 바람 부는 창가에 앉아 있는 나의 머릿속에는 또다시 검사를 받고 있는 아들에 대한 생각이 한편에 있었고, 밤샘에 와 준 선배 작가가 '저 녀석의 큰아들이 퇴원을 하지 않았는데 이번에는 동생이 아프다니 안 됐다'고 했다는 그 말에도 신경이 쓰였다. 그것은 정직하게 말한 것뿐이었지만, 의식 저 바닥에 있었던 동생 대신에 이요가라는, 일순 잔혹한 섬광과도 같은 생각을 날카롭게 찾아내어 꽂이에 꽂아 나에게 들이댄 것 같았기 때문에 …"[152] (이요는 오에의 장남, 사쿠짱은 차남을 말한다).

지명관과 오에 사이에는 신앙을 가진 자와 가지지 않은 자 사이의 울타리는 존재하지 않았고 고통을 힘으로 바꿔 간다는 점에 있어서 더 나아가서는 세계를 희망이 있는 방향으로 움직이게 하는 것이 상상력이라고 하는 낭만파의 존중에 있어서 동지적 이해로 연결되어 있다.

또 한 사람, 철학자 미키 기요시도 지명관이 경애하는 사상가였다. 지명관은 미키의 『철학입문』(1940)을 한국어로 번역했는데, 이 책에 대

151) 『승리와 패배의 역설』.
152) 오에 겐자부로, 『새로운 사람이여 눈을 떠라(新しい人よ眼ざめよ)』, 講談社, 1983년.

해서 “그 시대에 가장 저항적인 책 중의 하나였다고 생각한다”고 했다. 그 시대란 제2차 세계대전 전의 폭력과 반이성의 시대를 가리킨다. 미키는 이런 광란의 시대에 소크라테스는 극기와 사랑이 진정한 지식을 얻기 위한 도덕적 조건이라고 생각했다는 것, 아리스토텔레스에게 지식은 지성적인 덕으로서 인간 생활의 최고의 형태였다는 것, 기독교에서는 인식에 대한 사랑의 우위를 설명했다는 것을 『철학입문』에서 보여주었고 일본인들에게 양심적으로 살아가자고 했다고 한다.

현대는 지식으로 넘쳐난다. 욕망의 지식은 범람하고 있다. 그러나 사랑으로 가득 찬 지식은 어떠한가? 살기가 만만치 않았던 그 어두운 시대에 미키는 사랑의 물음에 대해서 세계가 답을 할 것, 대상에 대한 자기 계시를 가질 것을 논했다. 미키는 그 계기를 지식이 양심적인 사랑과 함께 있을 때라고 생각했다. “우리가 양심적이 됨으로써 사물은 우리에게 진정하게 표현적으로 모습을 드러내게 되는 것이다.”[153)]

지명관은 미키 기요시와 마찬가지로 지식이 윤리와 분리된 것이 아니라고 생각한다. 지명관은 미키가 말하는 지식이 사랑과 함께 있을 때, 사랑의 물음에 대해서 세계가 답을 한다는 점, 어두운 시대의 저항자로서의 미키가 사랑에 가득 찬 지知를 이해하고 있었다는 점에 감명을 받고 있는 것이다. 저항자 미키라는 일의적 평가에 대해서는 검토가 필요한 점도 있을 것이다. 미키의 시무론時務論에는 시국에 휩쓸려 간 흔적도 보이기 때문이다. 이 문제에 대해서 필자는 “동아시아 신질서 건설의 사상과 현실”[154)]에서 언급하고 있다.

또한 미키의 『철학입문』에 대해서 조금 더 언급하면 미키는 원고를

---

153) 『승리와 패배의 역설』.
154) 『세이난가쿠인대학 법학논집』 제25권 제2·3 합병호, 1993년 1월.

완성하는 데 악전고투를 했는데 하루에 두세 장, 심할 때는 한 장, 어떨 때는 한 장도 쓰지 못하는 날도 있었다. 그리고 거의 원형이 남아 있지 않을 정도로 교정을 했다. 왜 미키는 집필을 할 때 이렇게까지 괴로워 했던 것일까? 지명관은 그 이유를 다가오는 암흑의 시대를 향해서 시대의 증언을 엮는 일, 이런 시대에서도 인간을 사랑하고 구제할 사상을 만들어 내려고 했던 일에 연유했을 것이라고 보았다.[155] 지명관 자신의 저술이나 강연 등이 진정한 시대의 증언이었고 또한 "인간을 사랑함으로 말미암아 마지막까지 인간 구제의 사상을 그 안에 끼워 넣으려고 했다"는 점에서는 미키와 같은 지평에 섰던 것이라고 할 수 있다.

지금까지 그가 걸어온 길과 「한국으로부터의 통신」과 사상가들과의 대화를 통해서 지명관의 행동과 주장에 대해 살펴보았다. 사상적 섭취와 응답 그리고 신앙에 대해서도 살펴보았다. 그것은 그가 한 모든 일들이 한 가지로 집중된다는 것에 주목하기 위함이었다. 즉, 눈앞에 놓인 사회를 어떻게 하면 보다 좋은 사회로 만들 수 있을까? 어떻게 하면 인간으로서 살아갈 가치가 있는가? 타자와 함께 희망을 느끼는 사회의 건설이 가능한가? 이런 과제에 계속 매진했다는 것을 기록하기 위함이었다. 지명관의 과제는 한 마디로 한다면 민주주의 사회 창조, 바로 그것이었다. 군정에서 민정으로 바뀌었다고 해서 사회의 민주화가 달성된 것은 아니다. 민주주의 사회는 이런 안이한 지표(혹은 시기 구분)로 논할 수는 없다. 아니, 그것은 온갖 종류의 권력 악과의 부단한 싸움이며 자유와 인권 그리고 평화와 번영을, 즉 인간의 조건을 조금이라도 신장시키기 위한 노력을 요구하는 것이다. 그리고 해결해야 할 과제들은 일

---

155) 지명관, "여름방학에 보내는 한 권의 책, 미키 기요시 『철학입문』," 『계간참례(季刊參禮)』 제17권 1·2 합병호, 1987년.

국가 단위에서는 충족될 수 없다. 적어도 동아시아의 협동관계 성립이 필수적일 것이다. 이것이 지명관의 메시지인 것이다.

맺음말을 대신해서

지명관은 한국 사회를 '민중이 거의 부재'한 상황으로 보고 있다. 시인 김지하도 1994년 시집에서 "예전엔 풍성했던 / 온갖 생각들 자취 없고 빈자리에 / 메마른 나무 그림자 하나"라고 읊고 있다. 대중소비사회의 도래 속에서 많은 한국인은 사회적 의식이 결여된 대중·군중으로서 특권을 요구할 뿐이라는 비판일 것이다. 이런 한국 사회 앞에서 지명관도 카를 야스퍼스가 경험한 실망을 맛보고 있었던 듯하다.

야스퍼스는 독일 사회(서독)가 경제적 부흥에 휩쓸리고 "어디서나 볼 수 있는 대중mass은 그들의 겉모습이나 그들의 말투에서 상황이나 성장 과정에서 결정된 '습관'을 보여 주고 있는 것에 불과하다. 그들은 그들 자신을 알지 못한 채 다른 사람들이 말하는 것을 말하고 있을 뿐"156)이라고 쓰고는 스위스 바젤대학교로 옮겨 갔다.

지명관의 실망은 대중만을 향하고 있는 것이 아니다. 지적 엘리트들에게도 던지고 있다. 그는 말한다. 『한국문화사』나 「한국으로부터의 통신」을 쓰고 있을 때와는 금석지감을 느낀다. "그때 나 자신도 지식인의 한 사람이라고 자부하고 있었을 것이다. 그러나 지금은 지적 엘리트와 민중의 구별 같은 것은 거의 찾아볼 수 없고, 모두 대중소비사회에서의 한갓 시민에 불과하다. … 지도적 엘리트라는 자각도 없으며 그러한 엘리트에 대한 기대도 없는 것 같다. 혁명이 없는 시대라고 설정함으로써 변혁을 지도한다는 엘리트의 역할도 끝나고 말았다. 그래서 유교적 전통에서 이어져 온 지식인의 모습이 사라진 것처럼 보인다고 해도 될 것 같다."157)

지식인에 대한 그의 견해는 데이비드 리스먼이 정의한 '이념을 위해

---

156) 한나 아렌트에게 보내는 편지, 1949년 5월 17일.
157) 『한국과 한국인』.

서for ideas 사는 사람들'에 의해서 촉발되었는데 최근에는 위르겐 하버마스가 말하는 "자기 개인에게 관계된 일이 아닌 일에 대해서 권한도 없으면서 책임을 느끼는 사람"(『뒤늦은 혁명』)이라는 견해를 받아들이고 있다.

지명관은 한국 사회의 현실에 그리고 일본 사회의 사회적 지성에도 깊이 실망하고 있다. 그것은 그 자신이 이념에 살았고 타자와 사회와 세계의 현상에 권한이 없으면서도 책임을 느꼈던 까닭에서 오는 고뇌이다. 많은 동포들이 자유 · 독립 · 민주 · 민권 · 평화를 위해 싸우다가 상처받고 죽어 갔다. 이들 동포들과 민주 인사들의 숭고하고 희생적인 죽음에 대해서 그들로 하여금 이야기하게 만드는 과제를 지금은 누가 짊어지고 있는 것일까? 한국 사회는 이 책무를 망각하고 있는 것은 아닐까?

이미 언급했듯이 민중과의 관계에 있어 미슐레가 그런 역사가가 되려고 했는데 본래는 민중이 역사가에게 역사를 구술하게 하는 것이다. 역사가가 역사를 쓰는 것이 아니다. 과연 역사가에게 역사를 쓰게 하는 민중은 어디로 간 것일까라는 의문이다. 지명관은 실망만으로 끝내지 않았다.

최근에도 이렇게 말하고 있다.

"하토야마 유키오鳩山由紀夫 수상이 아직 야당의 민주당의 대표였던 2009년 8월 10일, 한국 신문에 '나의 정치철학 — 우애론'이라는 글을 기고했다. 거기에서 '동아시아 공동체'의 '창조'에 대해 언급하고 '아시아 공통화폐'의 미래에 대해서까지 전망했다. … 이런 이상理想에 중국과 한국이 마음을 하나로 하는 것은 결코 어려운 일이 아니다. 이런 이상이 국민들을 격려할 뿐만 아니라 정치는 국민에 의해서 지탱되어야만 한다고 생각한다. … 현실적으로 동아시아에서 한중일의 '동아시아 공동체'를 우선시키는 일은 북한 문제를 해결하는 일에도 이어질 것이다. 먼저 한국과 일본이 공동으로 북한 문제를 해결하는 일에 합의할 수 있다면 그것은 두 나라 사이에 진정한 화해를 가져오는 계기가 될 것이다. 화해는 단순한 언어의 문제가 아니다. 그것은 행동에 있어 서로 협력하고 공통의 목표에 도달함으로써 만들어지는 것이다. 일본의 새로운 정치와 더불어 그런 날이 빨리 오기를 기도하고 싶다."[158)]

나(필자) 자신은 하토야마의 새 정권에 그다지 기대를 걸고 있지는 않지만 지명관은 오히려 일본 사회의 등을 떠밀고 있는 것이다.

지명관도 이미 80대 중반이 되었고, 만년에 대해 생각할 일도 많을 것 같은데 2010년 1월에도 『한국근현대사』를 세상에 내놓았듯이 그의 나이를 잊은 정신은 빛을 발하고 있다.

야스퍼스와 아렌트의 왕복서간에 지명관이 관심을 보이고 있는 것도 그 증거일 것이다. 그 서간의 내용은 다음과 같다.

1951년 68세가 된 야스퍼스는 "나는 지금이야말로 내가 정말로 말하고 싶은 것을 분명하게 표현하기 시작하게 된 것같이 느껴지는 날들 속에 깊이 빠져 있습니다. 미칠 것 같을 정도입니다. 아마 칸트가 다음과 같이 말한 것은 옳았을 겁니다. '당신이 실제로 진정 당신의 일을 시작할 수 있는 자리에 이르렀을 때 그때 당신은 죽지 않으면 안 된다.' … 나(야스퍼스)는 지금 나의 분수도 모르고 계속해서 새로운 생각을 시작하고 있습니다."

45세의 아렌트는 이렇게 대답한다.

158) 「교토신문」, 2009년 10월 21일, "오피니언 해설".

"신들은 사랑하는 사람들은 젊었을 때 데리고 간다는 말은 지금도 진리입니다. 그것이 글자 그대로 옳다는 것이 아니라 신들은 사랑하는 사람들에게 노년의 안락 같은 것을 허락하지 않는다는 것, 즉 '나이를 먹고 인생에 지쳤다'라는 느낌을 허락하지 않는다는 의미에서입니다. …"

앞에서 언급한 브로흐도 『희망의 원리』에서 깊은 뜻이 담긴 볼테르Voltaire의 말을 소개하고 있다. 즉, 노년은 무지한 자에게는 겨울이고, 학식이 있는 자에게는 포도를 눌러 과즙을 짜는 곳이다. 한 사람의 인간의 만년은, 고도의 집중이 청춘 속에 있었던 자일수록 그만큼 시늉이 아니라는 의미의 청춘을 많이 내포하고 있다.

지명관은 인생에 지쳤다는 느낌을 허락하지 않았고 늙는다는 것을 "백발은 영화의 면류관이라 의로운 길에서 얻으리라"(잠언서 16장)라는 의미로 받아들인 것이다.

이제 드디어 펜을 놓기에 앞서 다시 한 번 지명관을 어떻게 표현하면 좋을까라는 질문에 답해야 하는데 무엇보다도 따뜻한 사람이라고 말하고 싶다. 그리고 절망의 밑바닥에 있어도 민주주의 사회를 향해서 계속 전진하자고 희망을 말해 온 불굴의 시민이라고 말하고 싶다.

그에게 있어서 희망의 원천은 유소년기에 어머니에게 항상 들었던 성서의 가르침인 "하나님을 사랑하는 자 곧 그 뜻대로 부르심을 입은 자들에게는 모든 것이 합력하여 선을 이루느니라"(로마서 8장 28절)에 있을 것이다. 야스퍼스는 다음과 같이 말하고 있다.

"되돌아보면 확실히 인생이 기묘하게도 하나의 계획에 의해 움직여지는 것처럼 보이는 경우가 있을 수 있습니다. 그러나 그런 경우에도 그 사람은 인생의 계획을 가지고 있지 않았던 것입니다. 그것에 대해서 내가 알고 있는 가장 좋은 예는 키르케고르입니다. … 즉, 모든 것이 축복도, 불행도, 하나하나의 저작도 마치 하나의 계획이 전체를 이끌어 온 것처럼 짜여서 계속 나타났다는 것입니다. 그때 키르케고르는 섭리와 신성에 대해서 깊은 마음속 신뢰를 가지고 있었습니다. 섭리가 그를 이끌었고 그를 이용해서 그렇게 하게 만든 것이다. 『섭리가 나를 이끌었다』 — 그것을 키르케고르는 이렇게 표현하고 있습니다."[159]

아니, 그렇게 어려운 이야기는 그만해 줬으면 좋겠다. 나(지명관)는 그때그때 사회의 요구에 고뇌하면서 희망을 가지고 응하려고 한 것뿐이라고 말할 것이다. 그러나 나는 거듭 강조하기 위해서 야스퍼스의 말을 인용한 것이다.

마지막으로 한 번, 선생님이라고 부르는 것을 허락해 주셨으면 한다. 지명관의 지금까지의 인생을 뒤돌아볼 때, 나로서는 선생님 안에는 한국 지식인의 에토스에 깊게 뿌리를 둔 높은 의지가 있었다고 생각하지 않을 수 없다. 더욱이 선생님을 지지해 준 가족, 그중에서도 강정숙 사모님의 존재를 떠올리지 않을 수 없다. 한국과 일본에서 뵐 때마다 나는 부인이 따뜻하면서 매사에 조용한 그리고 동요가 없는 사람이라는 것에 강한 인상을 받았다.

이 평전은 강정숙을 포함해 민주화를 위한 투쟁에 참가했던 그리고 앞으로도 계속 참가할 한국인들에게 바쳐야만 하는 것이다.

그리고 이 평전이 또한 이웃나라에 대해 우리들이 일찍이 저질렀던 일이나, 1945년 8월 이후에 이웃나라 사람들이 직면해 온 일을 상기하고 밝히려고 하는 모든 일본인에게도 전해졌으면 좋겠다. 이런 생각이 한일병합 100주년을 맞은 지금, 더욱 절실하다. "상기한다는 것은 …

159) 칼 야스퍼스, 『근원적으로 묻다－철학 대화집(根源的に問う－哲學對話集)』, 무토 미쓰로(武藤光朗) 외 공역, 読売選書, 1970년.

그 사건이 자신의 존재의 내부에 일부가 되어 버리게 하는 것으로 … 상기하는 일 없이는 화해는 이루어질 수 없는" 것이다.[160)]

남북통일이라는 미래를 희망하면서 선생님에게도 한반도 사람들에게도 잊을 수 없는 한 사람의 시인, 이용악의 시[161)]를 들어 이 작은 지적 평전을 맺고 싶다.

가난한 시인 산운이도
맘놓고 좋은 글을 쓸 수 있게
나라여 어서 서라
그리운 이들 너무도 많구나
목이랑 껴안고
한번이사 울어도 보게
좋은 나라여 어서 서라

---

160) 리하르트 폰 바이체커(Richard Karl Freiherr von Weizsäcker), 『사상과 화해 －함께 공존하기 위해서(思想と和解－共に生きるために)』, 가토 쓰네아키(加藤常昭) 역, 教文館, 1988년.

161) 이용악, 「소원」, 『낡은 집』, 1938년 - 역주.

부록 1

좌담회 "지명관을 둘러싸고"

서정완 오늘은 와세다대학교 출판부와 저희 한림대학교 일본학연구소에서 간행하게 될 『한 망명자의 기록 — 지명관에 대하여 — 』의 저자이신 호리 마키요 선생님을 이 자리에 모셨습니다. 이 책은 지명관 선생님께서 지금까지 어떤 길을 걸어 오셨는가라는 내용을 기본으로 쓴 책입니다. 오늘 좌담회에는 '한 망명자'의 주인공이신 지명관 선생님도 함께 모셨기 때문에 선생님으로부터 직접 이야기를 들을 수 있을 것이라는 기대를 하고 있습니다. 저자이신 호리 선생님과 주인공이신 지명관 선생님의 대담을 축으로 이 책에 쓰인 내용에 대해서 어떤 감상 또는 생각을 가지고 계신지 등을 들을 수 있을 것 같습니다. 그리고 이 자리에는 한림대학교 정치행정학과 양기웅 교수님도 함께 참석해 주셨습니다.

우선 호리 선생님께 『한 망명자의 기록 — 지명관에 대하여 — 』를 집필하신 동기 등에 대해서 듣고 싶습니다.

호리 이 책은 지명관 선생님의 평전이 되는 셈인데, 이 책은 원래 1987년 노태우 대통령 후보가 한 '대통령 직접선거제 선언', 즉 한국 민주화 달성 20주년(2007)을 기념해서 준비한 것이었습니다. 짧은 기간 동안 썼기 때문에 정말 불충분하고 평면적인 기술에 불과한 것이었는데 … 조금만 이야기를 하도록 하겠습니다.

오늘 아침에 서울에서 버스를 타고 춘천에 왔는데 오늘 도중에 본 경치, 산과 밭들이 정말 예뻤습니다. 이런 아름다운 나라를 생각하는 마음과 여기에 사는 사람들에 대한 생각이, 지명관 선생님께서 항상 머릿속에 담고 있던 것들은 아닐까 하는 생각을 했습니다. 저는 지명관 선생님에 대해서 한국과 일본의 잇는 다리다, 아시아의 지식인이다 이런 식으로 말을 했습니다만, 선생님은 이런 마을의 모습을 가진 한국을 가슴에 품고, 지금까지 살아오셨다는 것을 우선 말씀드리고 싶습니다.

그리고 미얀마를 생각해 봐도 그렇습니다만 군사정치라는 것은 정말 철면피랄까, 가혹한 것이지요. 선생님이 맞붙어 싸우셨던 한국의 군사정치는 지금의 미얀마와는 비교도 안 될 정도로 가혹한 것이었다는 것을 선생님의 『한국으로부터의 통신』을 통해서 잘 알 수 있었습니다. 군사정치는 지금도 세계 각지에서 벌어지고 있기 때문에, 이 책을 소개하면서 한국의 역사로만이 아니라, 현대사를 생각하는 실마리로서 새롭게 읽어 주셨으면 하는 생각을 했습니다.

선생님은 망명지식인으로서 발자취를 많이 남기셨는데, 이 점에서 저는 나치즘과 싸운 토마스 만 같은 사람을 떠올렸습니다. 토마스 만은 망명지였던 미국에서 발언을 할 수 있었고, 이야기를 하는 것을 의무로 여기고 있었는데, 지명관 선생님 또한 그런 지식인이셨고, 토마스 만보다도 더욱 활발하게 활동을 하셨습니다. 그에 비해서 일본의 오야마 이쿠오 씨 등은 1932년 미국으로 갔다가 그대로 16년 동안 부득이하게 망명생활을 하게 되었는데, 그 자신은 그 기간을 공백의 16년이라고 말하고 있습니다. 그곳에서는 일본과 미국 시민들 간의 연대도 여의치 않았고, 모국이 그리워도 교통을 할 실마리조차 없었던 것입니다. 그런데 지명관 선생님의 망명의 형태는 어떤 것이었던가 하는 점을 각기 다른 나라에서, 각각의 시대를 살아온 망명자들의 문제로 생각해 보고자 했던 것도 하나의 의도였습니다.

물론 화해와 협력을 향한 연결 다리가 되었다는 점에서 선생님이 정말 큰일을 하셨다는 것도 기록에 남겨 두고 싶었는데, 그 길을 개척하는 일이 얼마나 힘들었을까는 상상 이상이었을 것이라고 생각합니다. 저는 여러 차례 한국에서 개최하는 심포지엄에 참가를 했습니다. 그곳에서는 한국과 일본의 화해라든가 협력이라든가 하는 소리를 하지만, 그것이 얼마나 어려운 일이인지는 그 심포지엄 회장 분위기에서도 느낄 수 있었습니다. 왜 어려운가 하면 인간의 목숨을 빼앗고, 이름을, 종교를, 언어를, 인간의 가장 중요한 것을 빼앗았기 때문입니다. 그것은 청산이라는 단어를 가지고는 도저히 어찌해 볼 도리가 없는 문제들이었습니다.

진주만 공격 50주년을 맞이하던 해에 부시 대통령 등은 미국 호놀룰루에서 정치회의를 하고 저희들은 뉴욕에서 심포지엄을 열었던 적이 있습니다. 저도 일본의 발표자 중의 한 사람으로 갔습니다. 그때 일본인의 전쟁철학에 대해서 발표했는데 미국 청중들의 반응은 냉담했습니다. 진주만 공격에서 희생된 사람들에 대해서 일본 정부는 사죄를 하고 있지 않은데, 너는 한 사람의 시민으로서 어떻게 생각하느냐는 것이었습니다. 심포지엄은 생방송으로 방송이 되고 있었는데, 방송관계자까지 질문을 퍼부어서 저는 쩔쩔매고 말았습니다.

그에 비해 한국에서 회의를 할 때는 일본인을 몰아붙이는 것이 아니라, 일본인에게 내압적으로 생각을 하게 만드는, 그런 방법으로 화해의 노정을 만들어 갔던 것이 지명관 선생님의 방식이었습니다. “너는 어떻게 생각하느냐”가 아니라 마음속으로 저희들이 스스로 생각을 하는, 그렇게 생각을 하게 만드는 방법이었습니다.

한두 가지만 더 말씀드리면 이것은 앞으로의 과제가 되겠습니다만, 선생님의 실질적·문화사적 작업을 보고 "아! 알았다"라고 말하는 것이 아니라, 선생님은 문제를 제기할 뿐이고 후진이 그것을 계승해서 어떻게 발전시킬까 고민하는 것이 과제입니다. 그런 의미로 선생님의 업적은 완결되었다고 생각할 수 없습니다.

그리고 지 선생님은 한나 아렌트에 대해서, 아렌트는 철학자이기보다는 평론가이려 했다고 자주 말씀하십니다. 평론가라는 것은 시무론時務論, 시대가 껴안고 있는 임무를 논할 수 있는 사람입니다. 이것도 저에게는 중요한 가르침이었는데 아직도 제 것으로 만들지 못하고 있습니다. 지 선생님은 바람직한 사회를 어떻게 만들 것인가, 유토피아가 아니라 현재의 상황 위에서 동원할 수 있는 인간관계와 정보를 공유하는 형태로, 시무론을 시도하는 일도 간과할 수 없다고 생각하고 계십니다.

루쉰과 같은 지식인은 중국인을 상당히 주시하고 있었지요. 주시하면서 봉건과 싸우고 파시즘과 싸웠는데, 이런 아시아의 지식인들의 각기 다른 삶의 자세를 생각하면서, 지 선생님의 전기를 써 줄 젊은이들이 나타나기를 희망합니다. 제가 쓴 것은 지 선생님이 하신 일에 의거해서 그 단편을 소개한 것뿐입니다.

지명관 제가 처음 일본에 갔을 때, 제가 한국의 지적 상황 속에서 생각했던 방법들이 매우 잘못됐다는 생각이 들었습니다. 한국에 있을 때는 식민지 통치 시절의 기억을 가지고 일본을 매우 부정적으로 생각하고 있었습니다. 그랬던 것이 일본에 가 보니 그렇지 않더라는 것입니다. 일본에 가서 그때까지의 저의 일본인관 혹은 아시아 전체에 대한 생각, 그런 것들이 너무 많이 바뀌어 버렸습니다. 동시에 한국에 대해서도 말하고 싶은 것들이 많아졌고, 한국 사람들에게도 여러 가지 것들에 대해서 알려 주고 싶은 것이 많아졌습니다.

그런 속에서도 군사정권이 아직 존재하고 있었기 때문에, 군사정권이 빨리 끝나지 않으면 안 된다, 그리고 한일 간에도 자유로운 왕래가 가능해지고 중국과도 그렇게 할 수 있는 시대가 오지 않으면 안 된다고 생각을 한 겁니다.

저 자신은 『한국으로부터의 통신』 때문에 한국 문제를 중심으로 글을 써야만 했고 그것에 집중해야만 했지만, 제 사고의 전면적인 구도는 아시아적인 구도가 되어 갔습니다. 그런 의미에서 일본에 대한, 또는 한국 자체에 대한, 또는 아시아 전체에 대한 사고방식을 밑바닥부터 새로 고치지 않으면 안 되는, 수정하지 않으면 안 되는 궁지에 몰린 것입니다.

요즘은 동아시아의 평화라는 말이 자주 들리게 되었고 동아시아 공동체라는 말도 빈번해졌습니다만, 1970년대 초에는 아직 일본에서는 그런 말이 나오지 않던 시대였습니다. 한국은 군사정권 아래에 있어서 자유도 없었을 뿐만 아니라, 우리들이 우선했던 것은 국내 문제인 동시에 남북 문제였기 때문에 거기에만 집중하려고 했습니다만, 그래서는 안 된다고 생각을 하게 된 것입니다. 일본과의 만남을 통해서 나 자신이 바뀌었다고 말씀드려도 좋을 겁니다.

그렇게 해서 동아시아의 전체적 현상에 비판적이거나 일본 정치에 대해서 비판적인 사람들, 그런 사람들이 연대를 하게 되었다고 할까요? 그러면서 저는 남북 문제에 대해서, 너무 성급하게 결론을 내려 버리는 것인지도 모르겠습니다만, 남북 문제를 우선하기보다는 동아시아의 한·중·일이 우선되어야 한다고 생각을 하게 되었습니다. 한·중·일을 우선시키면서 북한과의 문제를 어떻게 하면 평화적으로, 우호적으로 동아시아의 미래를 생각하면서 해결할 것인가? 이런 생각을 해야만 했다는 의미에서, 한국의 지식인들이라고 할까요? 반체제인사들이라고 할까요? 그런 사람들과 싸우게 된 것입니다. (웃음)

아주 비근한 예를 들자면, 형제가 싸웠을 때 형제가 화해를 하기 위해서는 제3자가 존재해야만 하지요. 둘이서는 화해를 할 수 없잖아요. 그런 전개, 거기에 정치 문제가 있고 이데올로기 문제가 있고 여러 가지 문제가 얽혀 있습니다만, 저는 동아시아의 한・중・일이 어떠해야 하는가 하는 아시아 전체의 문제를 생각하면서 북한 문제를 생각하지 않으면 안 된다고 생각하게 되었습니다.

하지만 1970년대 초에는 그런 말을 할 수 있는 상황이 아니었습니다. 일본에서조차도요. 중국인들과 이야기를 나누어 봐도 중국 공산주의를 그대로 선전하는 것 같은 이야기들이어서 대화가 불가능했던 겁니다. 한국의 군사정권 사람들과 대화하는 것도 굉장히 힘들었는데, 그것보다 훨씬 대화하기 어려운 상황이었습니다. 양식 있는 일본 사람들은 그런 이야기들을 아무렇지도 않게 했는데, 일본의 전체적인 분위기 속에는 매우 우익적인 사고방식이 강했던 시대였습니다. 다른 한편에는 굉장히 이데올로기적인 발상을 하는 사람들도 있었고, 일본에서 이런 저런 우정을 키웠습니다만 사실 저는 그때 매우 고독했습니다. 하지만 그래도 모두가 돌봐주고, 사랑해 주고, 도와주고, 그렇게 해서 일본에서 제 생활기반이 조금씩 만들어져 가게 되었고, 그러면서 점점 자신이 생각하던 것을 말할 수 있게 되고, 뭐라고 해야 할까요. … 일본 사람들을 증오할 수 없게 되었다고 할까요. (웃음)

그런 면에서 한국에서는 "너무 일본 편향적이다, 친일파다"라고 말할

지도 모르겠습니다만, … 하지만 한국에 돌아와서 제가 이런 저런 일을 해도, 아시아의 새로운 방향을 생각하면서 한일관계를 생각해야만 한다고 주장을 해도, 비교적 무난하게 받아들여졌던 것은 한국에 있을 때 군사정권과 싸웠던 경력을 가지고 있었기 때문입니다. 그리고 일본에서 지낸 생활이 문화개방의 문제 등을 할 때 플러스가 된 건 아닐까 생각합니다. 박 정권 시대에 반체제적이었기 때문에, 그후에도 민주화 세력 인사들과 대화를 할 수 있었습니다. 저의 20년 동안의 일본 생활은 의도하지도 않았을뿐더러 그런 일은 전혀 생각조차 하지 않았습니다만, 엄청난 변화를 가져왔습니다.

마지막으로 한 가지만 더 이 연구소에 대한 이야기를 하고 싶습니다. 한국에 돌아올 때, 저는 앞으로는 일본에 대해서 글을 쓴다든가, 일본 언론에 글을 쓴다든가 하는 일은 일절 하지 않을 생각이었습니다. 오로지 한국에 집중하면서 활동했던 생활로 돌아갈 것인가, 아니면 나이도 들고 했으니까 완전히 은퇴해서 아무것도 하지 않고 느긋하게 노후를 즐길 것인가, 그 둘 중 어느 것을 선택하려고 했던 겁니다.

그래서 한림대학교로부터 일본학연구소를 설립할 테니 와 주지 않겠는가라는 소리를 들었을 때, 일주일 정도 고민을 했습니다. 20년이나 일본에 대해서 생각을 했는데, 또 남은 인생을 일본에 대해서 생각해야 하는가 하고요. 그런데 얼마 남지 않은 인생이지만, 뭔가 한국과 일본 사이에서 해야만 할 일이 있기 때문에 나를 일본에 그토록 오래 머물게 만들었던 것일지도 모른다는 생각이 들기 시작했고, 이 일본학연구소를 받아들이게 된 것입니다.

호리 선생님을 친일파라고 생각하는 사람도 있겠지만 저는 그렇게 생각하지 않습니다. 지일파라고 할까, 일본에 대해서 잘 이해하고 계십니다만…, 지 선생님은 일본의 엉덩이를 두들기면서 “일본도 잘 돼야지” 라고 말하고 계십니다. 그 점에서는 친일이라는 단어가 들어맞는다고 생각합니다만, 보통 일반적으로 말하는 친일파하고는 다르다고 생각합니다.

선생님은 한・중・일 이 세 나라가 중심이 된 아시아 지역에서 한국 사회는 어떻게 살아가야 할 것인가, 어떤 지위와 역할을 차지할 것인가, 그 점에 대해서 항상 말씀을 하시고 계시니까 선생님은 친한파입니다. 친일파도 아니고, 친중파도 아니고요. (웃음)

선생님 자신의 자세는 전형적인 한국의 지식인 그 자체였는데, 그런 에토스에 입각해서 일을 하신 분이라고 생각하고 있습니다. 이런 것들을 이 책에 표현하고 싶었습니다만 안타깝게도 한국에 대해서 잘 몰랐다는 점, 그런 면에서 선생님께도 폐를 끼친 것은 아닌지 모르겠습니다. 저는 한국의 정치에 대해서도, 문화에 대해서도, 역사에 대해서도 공부를 하지 못했기 때문에 한국에서 선생님이 어떤 일을 하셨고 어떤 평가를 받고 있는지를 잘 모른다는 점이 이 책을 쓰면서 마음에 걸렸습니다. 그래서 지 선생님이 한국에서 하신 일과 그것을 어떻게 평가할 것인가를 알고 있는 사람이 선생님이 일본에서 무엇을 하셨는지를 이해하면서 논할 때, 비로소 지명관이라는 인물에 대한 평가나 평전이 시작되는 것이라고 생각합니다.

양기웅 한국과 일본의 관계는 가깝고도 멀다는 표현이 있습니다만, 한국에서는 90년대에 들어서면서부터 우수한 일본 전문가 그룹이 생기기 시작했습니다. 그럼에도 불구하고 그 당시, 전반적으로 말하자면 “한국 사회는 일본을 잘 몰랐다. 그런데 지 선생님은 한국 사회가 일본을 이해할 수 있게 만든 귀중한 역할을 하셨다"고 생각합니다. 특히 지 선생님이 키우신 이 일본학연구소와 여기에서 출판된 책들이 한국에서 일본을 학술적으로 연구할 수 있게 만든 귀중한 문화유산이 되었다는 것, 이것도 지 선생님 덕분이라고 생각합니다.

서정완 안으로부터의 반성을 촉구한다는 말씀을 하셨습니다만, 제가 처음 지 선생님을 알게 된 것은 1980년대 무렵이었습니다. 아직 일본에서 대학원에 다니고 있을 때였는데, 도쿄 한국문화원이 중심이 되어 한・일의 이질성과 동질성이라는 테마로 3일에 걸쳐서 대규모의 포럼을 개최했습니다. 그때 한국과 일본 양쪽의 발표 원고 번역을 비롯한 전반적인 일을 담당하게 되어서, "이런 시점으로 이런 말씀을 하시는 분이 계시는구나" 하고 제 나름대로 이것저것 느낀 점이 많았는데 그 중심에 지 선생님이 계셨던 겁니다. 그리고 몇 년 후에 저는 공부를 마치고 1992년 귀국을 해서 한림대학교에 부임하게 되었고, 지 선생님도 귀국을 하시고 한림대학교로 오셨습니다. 1994년이었습니다만, 이것도 무슨 인연이었을까요?

그때부터 곁에서 지켜본 입장에서 말씀을 드리면, 지 선생님이 일본에 계실 때 하셨던 여러 가지 발언들은 이른바 '밖'에서 하던 비판이었습니다. 그런데 귀국하시고 '안'에서 발언을 하게 되자, 당신께서는 같은 말씀을 하고 계셨는지는 모르겠습니다만, 이것이 안으로부터 나오는 소리가 되었습니다. 이런 일들을 곁에서 보고 "아! 무게라고 할까! 의미가 전혀 다르구나" 하고 느끼게 되었습니다. 아까 호리 선생님께서 일본인을 몰아붙이는 것이 아니라 일본인에게 안으로부터의 반성을 촉구하는 방법을 취하고 있었다고 말씀하셨습니다만, 이전에는 지 선생님이 '밖'에서, 이른바 한국 군정에 대한 비판이라고 할까 반성을 촉구하고 있었다, 그런데 귀국하시고 나서는 '안'에서 나오는 소리로, 한 사람의 한국 국민으로 소리를 내었다는 점은 아마 일본 쪽에서도 다른 무게감이라고 할까, 다른 감각으로 받아들이게 되지 않았을까 하고 느꼈습니다.

호리 그런데, 지 선생님이 하신 일을 좀 더 큰 무대 위에 올려서 발전시킬 방법에 대한 이야기입니다만, 한 가지는 이 연구소에서 하는 일이 한국 그 자체의 리더가 되고 한국 학문계의 리더가 되는 것입니다. 그때에 아시아의 지知라고 하는 것이 정말 힘이 있는 점이라는 점을 협소한 아시아주의적인 입장이 아니라, 훨씬 폭넓은 자신감 있는 태도로 발신하는 것. 이것이 한국의 연구자들, 지식인들이 해야 할 일이라고 생각합니다. 일본에 대해서는 거의 포기를 했습니다만. (웃음)

이 과제에 대해서 역시 지 선생님께서 뭔가 말씀을 하시지 않으면 안 된다고, 선생님께도 책임이 있다고 저는 생각을 합니다. (웃음)

지명관 저는 지금부터라고 생각합니다. 한국에서 하는 일본학 연구가 일본의 자기이해 내지는, 일본이 앞으로 가야 할 길에 조금이라도 플러스가 되는 시대가 온다고 생각합니다. 한국과 일본은 전통적인 문화적 흐름에서 보아도 매우 친근한 관계였던 시기가 있었고, 식민지 지배도 받았고, 이런 저런 역사적 사건도 있었기 때문에 한국 문화를 알고 일본을 안다는 것은 일본인들은 가질 수 없는 특권이라고 생각합니다.

저는 일본에 가서 공부를 하고 돌아온 일본학 연구자들이 왜 한국에 대해서 아무 일도 하지 않는지, 지나치게 사양을 하고 있다고 생각합니다. 일본을 알고 있기 때문에, 일본을 알면 알수록 한국에 대해서 더 잘 보이는 점이 많이 있습니다. 또한 한국을 알면, 일본에 대해서 일본인들 자신조차도 잊어버리고 있는 것을 충분히 발견해 낼 수 있게 됩니다. 저처럼 계속 한일관계를 몇 십 년이나 지켜보고 있으면, 조금씩 눈에 띄게 바뀌고 있구나 하고 실감을 할 수 있게 됩니다. 그래서 저는 한일관계에 대해서 보통 사람들이 말하는 것처럼 "아무것도 바뀐 게 없다. 과거와 마찬가지다. 지금은 조금 좋아졌어도 언제 반동적으로 될지 모른다"라는 발상을 하지 않는 겁니다. 굉장히 낙관적으로 "미래는 성큼 성큼 앞을 향해 갈 것이다"라고 생각을 하는 겁니다.

중국이 한창 대두되고 있는 가운데 한국과 일본의 이해가 깊어지고 있다는 것은 어떤 역사적인 역할을 할 것인가? 저는 관계를 하고 있지 않습니다만, 미래에 대한 기대, 그런 마음을 가지고 바라보고 있습니다. 일본학연구소가 단순히 일본에 대해서 연구하는 사람들이 모이는 곳이 아니라, 아시아의 새로운 방향을 모색하는 사람들이 모여드는 장소가 되는, 그런 시대가 오는 것은 아닐까라는 생각을 하게 됩니다. 미래에 대해서 기대를 하고 있습니다.

그런데 이번에 하토야마 수상도 동아시아 공동체를 말했다는 것은 일본의 책임 있는 정치가로서는 처음 있는 일입니다. 지금까지는 그런 소리를 할 수 없었지요. 어느 쪽인가 하면 일본 자민당 정치가들은 우편향이지 않으면 안 되는 시대였기 때문입니다. 그래서 저는 하토야마 수상이 그런 발상 위에서 매우 신중하게 성장해 가기를 물론 희망하고 있습니다만, 설령 실패를 한다고 하더라도 그가 그은 그 선에서 후퇴하는 일은 없을 거라고 생각합니다. 특히 일본이라는 나라는 앞 사람이

한 일이 자신의 마음에 들지 않는 것이라고 할지라도, 그 선에서 후퇴하지 않고 받아들여서 전진하는 나라이기 때문에, 저는 하토야마 수상이 이번에 그은 그 선은 매우 중요하다고 생각합니다. 그 선을 정치가들과, 두 나라의 문제와 동아시아의 문제를 생각하는 사람들은 중요하게 생각을 해야 하고, 일본에서도 귀중한 한 걸음을 내딛었다는 평가를 하고, 앞으로 전진을 해야만 한다고 생각하는 겁니다.

특히 한국 정치를 담당하고 있는 사람들이 이 점을 각성하게 만드는 일이라고 할까요, 눈을 뜨게 만드는 일이 매우 중요하다고 생각하고 있습니다.

양기웅 왜 한국에서 일본 연구가 중요한가, 한국에서 일본을 연구할 필요는 무엇인가라는 호리 선생님의 질문은 중요하다고 생각합니다. 한국의 일본 연구에는 두 개의 의미가 있다고 생각합니다.

하나는 국제정치학으로서의 일본학입니다. 과거 한일관계는 평등한 관계가 아니었기 때문입니다. 한국이 경제개발을 시작한 단계 또는 식민지에서 독립한 단계에서는 일본은 배워야 할 대상 혹은 경계해야 할 대상이었습니다. 상대를 주시하지 않으면 나 자신이 사라져 버린다, 이것이 국제정치학적인 관계입니다. 1970년대까지의 한일관계는 이런 국제정치학적인 관계였다고 생각합니다. 그후 한일관계는 비교정치학의 영역에 들어갔다고 생각합니다. 일본을 이해하면 한국을 더 잘 이해할 수 있다, 또는 한국을 이해하면 일본을 더 잘 이해할 수 있다, 이것이 비교정치입니다. 이것은 또한, 미국의 일본학 연구와 한국에서의 일본학 연구의 차이입니다.

미국은 역시 국제정치학적인 일본학 연구를 하고 있습니다만, 상대주의라고 할까, 다원주의라는 관점에서 일본학 연구가 가능한 나라는 지금의 한국이라고 생각합니다. 이런 의미로, 한국의 일본학은 세계적인 의미와 수준의 연구가 될 가능성을 가지고 있습니다.

한 가지, 한국·일본·중국의 공동체론의 중요성에 대해서 생각을 해 봅시다. 유럽은 이미 유럽합중국 단계까지 가고 있습니다. 그럼 지금의 동아시아 공동체론의 의미는 무엇일까요? 저는 동아시아 공동체를 만들 수 있다면 그것은, 나라와 나라 사이의 발전의 격차나 역사적인 불행을 스스로의 노력으로 극복한, 처음으로 평등해진 진정한 공동체가 될 것이라고 생각합니다. 이것이 동아시아 공동체의 의미이고 나아가야 할 길입니다만, 이 점을 지 선생님께서 계속 말씀하셨던 거라고 생각합니다.

북한에 대한 문제도 그렇다고 생각합니다. 통일을 남북관계, 그런 차원에서 바라보면 그 해결책도 잘 보이질 않고, 평화적이지 않은 방법도 생길 수 있습니다. 그러므로 한국과 일본과 중국이 화해와 협력의 장을 만들면서 남북통일을 이야기해야만 하는데, 독일의 경우를 생각해도 그랬다고 생각합니다. 먼저 지역의 동의가 있었습니다. 그것이 없었다면 독일의 통일도 없었을 것입니다. 그러므로 한·중·일 공동체라는 것은, 지역에서의 남북관계를 위한 합의도 될 수 있는 조건이라고 생각합니다. 동아시아 공동체의 이야기가 왜 중요한가는 이런 면에서도 말할 수 있는 것이 아닐까 생각합니다.

한 가지 더, 하토야마 수상의 이야기는 환영합니다. 하토야마 수상이 말하는 동아시아 공동체에는 역사적 화해를 하기 위한 준비가 되어 있다는 전제가 있습니다. 그리고 더 중요한 것은 한국과 중국의 자신감입니다. 평등한 입장에서 공동체를 만들 수 있다는 자신감을 가지고 있습니다. 10년 전의 중국이었다면, 별로 환영하지 않았을 이야기이지요. 한국도 마찬가지였겠지요. 하지만 지금은 공동체를 위한 조건이 만들어지기 시작했다, 비교적 관점이나 입장에 서서, 상대를 볼 조건이 만들어졌다, 지적인, 경제적인, 역사적인 조건이 만들어지고 있다. 그러므로 앞으로 이 지역의 역사는 좋은 방향으로 나아가지 않겠는가 하고 저는 생각합니다. 이런 국제정치 또는 비교정치의 관점에서 보아도 지 선생님이 걸어 오신 길, 가르쳐 주신 것들의 의미를 다시 확인할 수 있지 않을까요?

지명관 그런 의식을 가지고 있는 사람들은 소수입니다만, 역사에서는 그런 소수자가 중요합니다. 소수자가 전진하면서, 다수를 설득하면서, 모두의 마음을 하나로 만들어 갑니다. 다수의 사람들이 의식화되는 일을 처음부터는 희망하기 어렵습니다.

예를 들어, 일본에서는 지금 하토야마 수상이 그렇게 말을 해도 별다른 반응이 없습니다. 그렇다고 해도 일본 정치세력의 중심에 있는 사람들은 그런 생각을 하지 않을 수 없게 되었습니다. 그리고 양 선생님이 말씀하신 것처럼 중국이나 한국도 이 문제를 진지하게 받아들이게 되었습니다. 예전의 대동아공영권처럼 분개하는 것이 아니라, 일본의 자세를 받아들이면서 함께 앞으로 나아가는 것입니다.

이 일본학연구소 같은 연구소들이 그런 일에 공헌할 수 있는 두뇌집단의 중심이 되길 바라고, 소수이기 때문에 역사 속에서 아무것도 가능하지 않은 것처럼 보여도, 사실은 그 소수들이 새로운 시대의 촉매가 되는 것입니다. 아시아 전체라는 시점으로 바라보고, 정말 올바른 싹이 올라오는 것처럼 보이는 것을 격려하는 겁니다. 그것은 대학의 공생의 문제이기도 한데, 새로운 싹들은 상당히 많이 움텄습니다. 와세다대학과 한림대학교가 교류가 가능하다고 한다면, 그런 싹을 키워 나가기 위해서 우리들은 노력을 해야 할 것이고, 그 싹을 대학 내 아카데미즘뿐만 아니라 실업계로도, 정치계에도 펼쳐 가는 겁니다. 그렇게 한다면 그것이 이미 열매를 맺을 시대가 되었다는 생각이 듭니다. 제가 역사에 대해서 지나치게 낙관적으로 생각하는지도 모르겠습니다만….

호리 그런 사고방식이 지 선생님의 밑바탕에 있는 것이라고 생각합니다. 지 선생님도 양 선생님도 같은 말씀을 해 주신 것인데, 지금이야말로 상호 이해의 정치를 해야 한다, 서로가 인간적인 목소리를 바라고 있다, 여기까지 우리들이 이미 와 있다라고요.

지 선생님은 일본과 한국 정치는 더 이상 후퇴를 하지 않는다, 아니 할 수 없다라는 식의 각오를 촉구하고 계신데, 그런 소리를 전달하는 방식을 볼 때, 좋은 의미에서 선생님의 정치성이 엿보인다고 할 수 있습니다.

서정완 동아시아를 말할 때에 '한자문화권'이라는 단어가 자주 사용되고 있습니다만, 일본의 중세설화문학의 권위자이신 고미네 가즈아키小峯和明 선생님은 '한문문화권'이라는 단어를 사용하고 계십니다. 그러니까 문자 차원이 아니라, 한문을 통한 사상이나 생각을 공유하던 시대와 지역이 있었기에 오늘에 이르렀다라는 생각입니다. 당연한 일이지만 이 '한문문화권'에는 동아시아뿐만 아니라 베트남 등도 포함되어 있습니다. 이처럼 문자뿐만 아니라 넓고 깊게 사상이나 생각까지도 포용한 발상으로 동아시아 또는 아시아 공동체적인 발상을 할 필요가 있는 것은 아닐까 생각합니다. 이런 새로운 시점으로 한국 연구나 일본 연구가 가능하지 않을까라는 생각이, 말씀을 들으면서 들었습니다.

지명관 저는 문화 문제에 대해서 항상 마음 한 구석에 걸리는 것이 있습니다. 가령 우리들은 곧잘 마루야마 마사오丸山眞男를 화제로 삼곤 하는데, 마루야마 마사오라고 말해도 특별히 일본을 전문으로 하는 사람은 그렇다 치고, 다른 사람들은 거의 알지 못합니다. 일본인조차도 알지 못합니다. 유럽에서는 사르트르Jean Paul Sartre라고 하면, 프랑스뿐만 아니라 유럽 전체의 사르트르이고, 독일의 하이데거M. Heidegger도 유럽 전체가 알고 있고 세계가 알고 있습니다. 우리들도 이렇게 되지 않으면 안 됩니다. 마루야마 선생님 자신은 일본만을 중심으로 생각하셨을지 몰라도, 앞으로 사상가는 동아시아 전체의 무대 속에서 또는 세계까지 생각해도 좋은데, 이런 사상가가 나타나지 않으면 안 됩니다.

중요한 것은, 이미 우리는 암묵 속에서 동아시아의 새로운 시대・새로운 방향으로 나아가고 있는 것입니다. 이런 속에서 한국이 일본과 중국에 평화적으로 공헌하게 된다면, 정말 훌륭한 역사 전개가 아니겠습니까? 저는 조금씩 그런 방향을 향해서 나아가고 있다고 생각합니다. 역사의 자취를 계속 바라보고 있으면 말이죠.

호리 선생님은 시대가 바뀌었다고 자주 말씀하십니다만 그 점을 분명히 느끼지 않는 것은 아닙니다만, 하지만 한 가지, 우리들 사이에 아직 확실한 상호 이해가 없는 것은 아닐까라는 생각을 합니다. 뭔가 다른 요소가 개입을 하면, 상호 이해 혹은 공조는 괜찮을까? 정치가들의 말만으로는 불충분하지 않을까라는 생각이 드는 겁니다. 전쟁 전과는 달리, 서열 관계의 시대가 아닌 윈 윈Win Win을 지향하고 있는 것은 분명합니다만, 단 우리들도 연구자로서 맡은 자리 곳곳에서 계승해 나가지 않으면 위태롭다. 그렇게 하지 않으면, 여기까지 온 것들조차 잃어버리게 될 것이라는 걱정을 하게 됩니다.

케임브리지 대학교의 심스Brendan Simms 교수는, 최근에 『세 개의 승리와 하나의 실패』라는 18세기 영국제국과 유럽 대륙의 관계를 주제로 한 책을 쓰고 좋은 평을 얻었는데, 그가 염두에 두고 있는 것은 오늘날의 EU 속에서 영국이 나아가야 할 길이라고 생각합니다. 과거에서 재료를 구해서 현대적인 작업을 한다는 이 자세가 중요한데, 우리 연구자들에게 주어진 테마가 많은 것입니다.

앞으로는 동아시아 공동체의 시대라고 합니다만, 유럽이 끌어안고 있는 고민 등도 현대사로서 어떻게 함께 배워 갈 것인가도, 이 연구소가 가진 중요한 과제라고 생각합니다.

지명관 저는 일본학연구소에 중점을 두어야 한다고 생각합니다만 어떻습니까? (웃음) 대학 당국은 그것을 인정하고 지원을 하는 겁니다. 그리고 연구소 자체는 매우 오픈된 자세로 사람들을 모으고, 그것이 중점기관이 나아가야 할 방향이겠지요. 중요한 것은, 자신들이 하고 있는 일들을 사람들에게 알리는 것입니다. 아무리 열심히 일을 해도 모두 알아 주지 않는다면 아무런 영향력을 가지지 못할 테니, 그 작업을 어떻게 언론을 통해서 알려 나갈지도 중요하겠지요.

서정완 하토야마 씨의 이야기가 나왔습니다만 '정권 교체'라는 것에 일본인들은 아직 익숙하지 않은 듯합니다. 하토야마 정권 탄생 무렵에 일본의 친구에게 메일이 왔는데, 그 내용 속에 그 친구가 "큰일이 나버렸어"라고 썼습니다. 한국은 일본보다도 민주주의의 정착이 늦었고, 군사정권에서 민주화를 향해서 위험한 길을 걸었던 것도 바로 얼마 전의 일입니다만, 그런 한국에서조차도 이미 '정권 교체'라는 것을 경험했습니다. 경험한 입장에서 보면 그렇게 대단한 일도 아닌데, 일본의 경우에는 자민당의 장기집권에 익숙해져 버려서 뭔가가 바뀌는 것에 큰 불안을 느끼는 듯합니다. 소비에트 공산당보다는 짧지만 동독 공산당보다는 길었던 자민당 집권이 그렇게 만들어 버린 것이겠지요. 앞으로도 몇 번 정권 교체라는 것을 경험하면, 일본인들 사이에서도 '이것이 정상이다'라고 느끼는 시대가 오겠지요. 그렇게 되었을 때 '동아시아 공동체'라는 사고도 더 앞으로 나아갈 수 있지 않을까요?

호리 서 선생님이 말씀하신 대로 우리들이 바뀌면서 동아시아 공동체를 지향해야겠지요. 정권 교체에 대한 이야기입니다만, 제가 영국에 있을 때 일본에 정권 교체가 일어날까라는 질문을 받은 적이 있습니다. 그때는 희망적인 관측으로 10년이면 일어나겠지 하고 대답했습니다. 그랬던 것이 약간 빨리 실현된 셈인데, 그때에는 민주주의 사회에는 정권 교체가 필요하다는 마음으로 말했던 것입니다.

단 걱정되는 것은 교체를 한 다음에 올 반동입니다. "뭐야! 자민당이든 민주당이든 결국 바뀌는 것이 없잖아! 어차피 정치가가 하는 일은 다 똑같아!"라는 정치 불신이 퍼지는 것입니다. 이것이 걱정입니다. 한국은 군사정권과 싸워 민주정치를 이루었고, 그 바탕 위에서도 민주화 운동을 계속했는데, 그것을 "다이내믹한 정치로구나!" 하고 바라보고 있었습니다. 문제는 일본의 정권 교체가 일본 국민뿐만 아니라, 아시아의 여러 나라, 나아가서는 세계가 기대를 품게 만드는 일인가, 아닌가 하는 겁니다. 그런 점에서, 한국의 현 정치에 대해서 한국의 학자들은 어떻게 생각하고, 그리고 일본의 연구자들의 관찰을 어떻게 평가하고 있는지 그것이 알고 싶습니다. 일본의 한국학자들은, 예전에는 한국어를 몰라서 영어문헌을 가지고 슬쩍 손질을 해서 논의를 하던 시대가 있었는데, 요즘은 어떤가요?

지명관 일본에서 한국에 대해서 코멘트를 하거나 공부하고 있는 학자들을 한국의 입장에서 본다면 어떤가요?

양기웅 거기에서도 역시 세대교체가 일어나고 있다고 생각합니다. 정치학, 국제관계학의 관점에서 보면, 일본에서의 한국 연구도 이전에는 국제정치적인 관점이었던 것이 지금은 비교정치적인 관점이 되었는데, 저는 특히 지도를 하고 있는 선생님의 역할이 중요하다고 생각합니다. 누가 어떤 관점으로 학생을 가르치는가가 중요하다고 생각합니다. 다행히도 최근에는 일본의 대학교에서도 한국으로 유학을 오고, 한국 문화나 언어에 정통한, 비교정치적인 감각을 체험한 젊은 선생님들이 조금씩 늘고 있습니다. 이것은 일본을 위해서도 한국을 위해서도 좋은 자산이 될 것이라고 생각합니다. 선생님이 가지고 있는 관점이나 가치체계가 학생들에게 쉽게 영향을 주기 때문입니다.

지명관 그런 일에 더 노력을 하지 않으면 안 되겠지요. 그냥 시간에 맡긴다면 그렇게 간단하게 이루어지는 일이 아니지요. 젊은 세대들에게 기대를 합니다. 하지만 새로운 세대가 뭔가 하려고 한다고 해서 그것이 그대로 효과가 나타나는 것이 아니라, 일단 좌절하고, 혹은 실패하고, 혹은 축소된 형태로 역사는 침전되어 가는 것이라고 생각합니다. 우리들이 한국의 민주화 운동을 했을 때 세웠던 목표는 훨씬 높은 것이었지만, 그것이 그대로 실현되는 것은 아닙니다. 실현하고자 노력을 해도 현실 속에서 실현되는 것은 아주 조금입니다. 자칫하면 아무리 해도 결과가 나오지 않는다고 반동적이 되기 쉽습니다. 현실에서 큰 열매를 맺지 않아도, 그 속에서 열매가 어디에 있는지 지켜보면서 역사에 희망을 걸고 살아가는 것이 중요하다고 생각합니다.

그런 자세로 역사를 보는 법, 요즘 들어 저는 점점 더 그런 시선을 키워 가고 있는데, 역시 역사의 움직임에는 어떤 세력도 어떻게 할 수 없는 것이 존재한다고 생각하면서, 스스로 위로를 받고 있다고 할까요, 스스로 위로를 하고 있다고 할까요 … (웃음).

아! 요전에 공감을 느꼈던 일이 있었습니다. 러시아 지식인 단체가 성명을 냈는데 그 속에, 요즘은 진보세력과 보수세력이 정치적인 구별이 없다고 씌어 있었습니다. 왜냐하면 상대방이 제기한 것이든 뭐든 간에 자신의 정권을 공고히 하기 위해서 좋은 것들을 성큼성큼 받아들이고 있기 때문입니다. 독일의 사회민주당이 실패한 이유는 거기에 있습니다. 보수당이 사회민주당이 하고 있던 일을 그대로 해 버렸기 때문입니다. 그것이 역사라고, 그렇기 때문에 이제는 이데올로기로 재단을 하는 것은 불가능하다고 말하고 있는 것입니다.

최근에 제가 일본의 칼럼에 쓴 것 중에서 한 가지만 말씀드리면, 국민이 이렇게 강해진 시대는 없습니다. 국민의 시선을 이렇게 신경을 썼던 시대. 중국에서조차 국민을 무시하는 일은 불가능합니다. 한국도, 일본도 국민의 눈초리를 보고 그 움직임을 중요하게 여기는 시대가 되었습니다. 예전의 자민당과 지금의 민주당을 보십시오. 민주당은 조마조마한 심정으로 민중을 바라보고 있지요. 한국도 그렇습니다. 이런 시대에 정치권력을 어떻게 만들어 갈 것인가? 그것이 큰 문제겠지요. 그런 시대에 우리들이 한일관계에 관심을 가지고 있는 것입니다.

어떻습니까! 두 나라의 지식인들이 함께 동아시아의 성장을 어떻게 봐야만 하는가, 우리들은 거기에 어떤 충고를 하고 어떤 공헌을 해야만 하는가에 대해서 대대적으로 이야기를 나누면 어떨까요?

한일문화교류회의를 할 때였는데, 회의를 서울에서 할 때는 일본 쪽이 자비로 왔고, 도쿄에서 할 때는 저희들이 한국의 돈으로 갔습니다. 한·중·일 삼국의 중요한 회의를 재정적으로 어떻게 꾸려나갈 것인지도 역시 생각하지 않으면 안 된다고 생각합니다. 동아시아의 지식인들의 교류를 어떻게 활성화시켜 갈 것인지, 재정적인 부담을 가능한 줄일 수 있는 방법은 없을까요?

호리 그렇지요. 공적 원조의 문제는 별개로 하고, 연구자 동료들은 가벼운 마음으로 교류를 한다는 정신을 가져야만 한다고 생각합니다. 일본은 학문적 후진국이어서 외국, 특히 서구 연구자들이 오면 융숭하게 대접을 하고 환대를 하고 사례도 후하게 합니다만….

제가 케임브리지대학 다윈 칼리지에 있을 때, 다윈 세미나라는 세계의 지식인들을 정기적으로 초대하는 공개강연이 있었습니다. 남아프리카의 투투 주교 등도 거기에서 훌륭한, 지금도 잊히지 않는 이야기를 한 적이 있었는데, 끝나고 동료들이 열어 주는 위로모임도 항상 간단한 식사였습니다. 물론 사례도 없었고요. 지知의 향연이 다였습니다. 유럽의 지식인들은 도버 해협을 쉽게 넘어 와서 이야기를 하고 그냥 돌아갑니다. 자크 데리다Jacques Derrida도 그랬습니다. 그런 교류방식, 스타일을 한・중・일 사이에서 만들 수 있다면, 지 선생님이 말씀하시는 재정부담의 경감도 가능할 것입니다.

서정완 좀 더 이야기를 계속하고 싶습니다만, 약속했던 시간도 많이 지났기 때문에 일단 여기에서 끝을 맺고 싶습니다. 지 선생님과 호리 선생님께 더 말씀을 듣고 싶고 저희들도 더 논의를 하고 싶은 이야기들이 많이 있습니다만, 오늘 좌담회는 본래의 취지였던 『한 망명자의 기록 — 지명관에 대하여』를 쓰신 의도와 내용을 둘러싼 이야기가 활기를 띠었을 뿐만 아니라, 지 선생님의 사상과 발자취에 대해서 선생님의 말씀을 통해서 더 선명하게 들을 수 있었다는 점에 커다란 의의가 있었다고 생각합니다. 그리고 한국의 일본 연구의 현상과 의의, 이후의 한일관계, 더 나아가서는 동아시아의 새로운 관계구축을 시야에 넣은 일본학 연구자들과 이 연구소의 사명, 한일 연구자들의 교류방식 등에 대해서도 논의되었다는 것이 큰 수확이어서 주최자로서 대단히 기쁘게 생각합니다. 오늘의 좌담회를 끝맺으면서 다시 한 번 참석해주신 지 선생님과 호리 선생님, 양 선생님께 감사의 말씀을 드립니다. 대단히 감사합니다.

이 좌담회는 2009년 10월 8일, 춘천시 한림대학교 일본학연구소에서 진행되었습니다. 함께 이야기한 사람은 지명관 선생님(한림대학교 일본학연구소 초대 소장), 서정완 교수님(동 연구소 현 소장), 양기웅 교수님(동대학교 정치행정학과, 이 책의 한국어 번역자) 그리고 필자. 그 밖에 안정화 씨(동 대학교 국제교육원 소속, 이 책의 한국어 번역자), 심재현 씨(동 연구소 연구원)가 자리를 했습니다. 서정완 소장님과 심재현 씨는 이 책의 한국어판을 위한 심포지엄부터 좌담회에 이르기까지, 더욱이 한국어판 작업 등에 관련한 모든 일에 신경을 써 주셨음을 밝히는 바이며, 마음으로부터 감사드립니다. 그리고 한국어판에 대한 축하의 말을 보내 주신 서울대학교 일본연구소 소장님을 비롯한 학계 지도자 선생님들께 사의를 표합니다.

일본어판의 간행에 즈음해서 지명관 관계 자료를 제공해 주신 히구치 요코 씨(전 한림대학교 일본학연구소 근무), 영문요지를 읽어 봐 주신 앤서니 뉴웰 교수님(와세다대학교), 초고 점검에 협력해 준 도비다 마이코 씨와 이 책의 원고 단계부터 협력을 해 준 쇼타 히로요시, 한국에 연락해서 책에 실을 사진을 얻기 위해 노력해 주신 심호섭 군(이상 와세다대학원생), 이 책의 출판뿐만 아니라 한국어판 간행을 기쁜 마음으로 기다려 주신 와세다대학교 본부 문화추진부 문화기획과의 여러분, 이 책을 맡아 주신 와세다대학교 출판부의 사사키 유타카 씨와 가나마루 아쓰시 씨 그리고 야마시타 데쓰 씨 이상의 분들께 감사를 드립니다.

마지막으로 제 결혼식에서 축사를 해 주신 지명관 선생님께 아직까지도 감사한 마음을 잊지 않고 계시는 어머니와 후지이 마모루, 히토미 부부와 유코 그리고 누구보다도 돌아가신 아버님께 "드디어 지명관 선생님의 지적 평전이 완성되었습니다" 하고 말씀드리고 싶습니다. 한림대학교에 책을 보내는 운동에 협력해 준 미도리와 선생님의 훈육을 잘 따라 주는 마사토에게도 고맙다는 말을 전합니다.

Record of Korean Political Refugee: The Thought and Struggle of Chi Myong Kwan

Hori Makiyo

" 'The historian tells of hope. He is not a historian who tells of despair.' Thus said Meinecke. I also want to tell of hope." (Chi Myong Kwan)

It was Francis Bacon who commented that as far as the masterpieces of the political sciences are concerned, all are the product of struggle. In the democratzation process in Korea, what is the most significant book of this kind? Without hesitation, we nominate "Correspondence from Korea", written by T.K., the pen name of Chi Myong Kwan.

Chi's articles in Japanese from May 1973 to March 1988, printed in the monthly magazine Sekai, were read avidly in Japanese reading circles. They were not only the most important reports to make clear the political situation in Korea under the military regime of the time, but also the most valuable documents available that spoke of the resistance movement there. His work filled in the gaps of contemporary Korean history left by the restraints under which the free press had to operate.

Chi had to live in Tokyo as a political refugee for 20 years. During this long and arduous experience, he spoke out against the Korean military government and dedicated himself to democratization in his home country using his pen and his speeches as highly effective weapons. At the same time, he made great efforts towards conciliation between the Koreans and the Japanese, whose relations as a result of previous Japanese imperialistic rule on the Korean peninsula, suffered greatly from mutual distrust and hostility. The historical and social problems between the two countries are still difficult to resolve, even today, but Chi's efforts in this dual regard continued untiringly. In his own mind, his endeavors all served the same purpose.

The question is how to change present society into a better one — how to build a worthwhile society where the people share hope for a better life and all members of society are treated as having a meaningful existence.

We strongly believe that his struggle against the military regime in Korea and his efforts to build a bridge of understanding between Japan and Korea deserve to be recorded, in order to commemorate the democratization movements of his fellow citizens and to sustain the spirit of democracy in both of these countries, as well as in China.

This book was written by a Japanese citizen well acquainted with Chi. For nearly 40 years, Chi and the author enjoyed a form of teacher-disciple relationship. But in this intellectual biography of Chi, the author has tried to maintain a certain distance from the subject himself. After all, Chi deserves in every respect to be depicted and evaluated as a major historical figure of contemporary Asia.

부록 2

지명관 선생님의 양해를 구해 지명관 선생님께서 망명 중에 쓰신 시 7편과 귀국한 후에 쓰신 시 1편을 함께 싣는다. – 역자

오헤라 空港을 떠나며

시카고 상공에 눈이 내린다
옆에 앉은 젊은이는 에티오피아에서 왔다고
그게 무슨 사회주의인가고 조국을 저주한다
철학을 가르친다고 했더니
마르크스와 레닌을 가르쳐야 한다고

이처럼 눈보라 치는 날이면
그는 무엇을 생각할까
뜨거운 태양 아래 조국을 그리고
이국 땅 추위에 몸을 떨고 있을 텐데

나도 멀리 눈 내리는 서울 거리를 헤맨다
그리고 이제는 가고 없는 벗들을 그리며
나는 어느 땅에 묻힐 것인가 생각한다

고향도 피부도 나이도 다르건만
떠나온 사람들의 理念은 하나이겠지

곧 눈은 어둠에 삼키우고
세일 수 없는 불빛만이 저 밑에서 땅을 지킨다
그러면 나는 헤어짐이라는 운명을 생각하고
죽음을 그리게 된다

에티오피아 젊은이의 검은 얼굴에도
침묵만이 흐른다.
나는 문득 이런 인생에 權力慾이란 하고 탄식한다

아직 저 어둠 속에서도 눈은 내리겠지만
소음의 孤獨 속에 삼켜버렸어도
유랑하는 마음에는
검은 어둠 속 흰 눈이 희망으로 피어오른다
에티오피아 젊은이의 상념도
그렇게 얼룩진 것이겠지

나도 눈을 감는다

(1988년 3월 12일)

孤獨

나는 어쩌자고 일본 미우라(三浦) 海岸에 서 있는가
푸른 몸체가 몰려와서 깨어질 때면
황홀하게 피어난다
정녕 여기는 太平洋 바다일 텐데
겨울 바다가 좋아

그것은 시들어가는 몸 때문만도 아니겠지
여름 환락이 지나간
荒凉한 겨울 바다
저 검은 바위에 고독과 회상이 조개껍질처럼 얽힌다

그러나 고독 속의 열락이라는 것도 있어
그 열기가 지나면 더 꺼질 수 없는 고독

그리하여 고독에서 고독으로 전락하는
겨울 바다도 있다는 것을 알겠어
그런 회상도 다만 검푸른 바다에 젖어

이 미우라 海岸 드높은 파도소리에
아득한 그날 黃海 겨울 바다를 나는 생각하는 거야

(1988년 11월 2일)

六月抗爭

멀고도 외로운 길
그래도 함께 걸어가자고 했다
殺人者가 正義를 연설하는 고함소리
그렇게 쟁쟁하게는 들리지 않았을 테지
현해탄 파도소리에 막혔을 테니까

승리의 함성이 들려왔을 때
정말 그것은 머나먼 곳 메아리였다
세월이 눈을 가리고 귀를 막았으니까
역사란 뒤늦게야 찾아오는 천사
그 많은 피를 삼키고
戰士는 노쇠하여 일어서지 못하는데

다음 세대에 전해야 한다
가나안에는 여호수아가 들어가지 않았느냐
고난의 세대와 영광의 세대는 다르다
승리는 우리의 탓이 아니고
다만 역사가 가져다준 것이라고

너무 슬픈 눈으로 바다 너머를 바라보지 말자
역사는 내 생각과는 다른 것
그 아픔을 딛고 서는 諦念이 서려
날은 어두워가고 눈이 내린다

(1989년 1월 5일)

狂氣

젊음의 오뇌 속에서 벗어나려고
타다 남으면 정열이란 식어지고
맑은 체념만이 흐를 것이라고
나는 차라리 이날을 동경했었다

저 석양너머에서 부르는 소리
이제는 눈감으면 들려오지만
왜 그것을 거부하는 것일까
다하지 못한 아름다움에 대한 상념 때문일까
지나간 정열의 날이 남긴 기억 때문일까
운명을 거스르려는 듯
자연을 거부하려는 듯
하염없는 번뇌의 길을 오늘도 간다

그리하여 갈등에서 일어나는 것은
언제나 저 쓰디쓴 비애라는 것
불빛은 휘황하고 색깔은 현란한
그 속에 혼자 남아 있는 나를 물끄러미 쳐다본다
그리고는 소스라쳐 놀라야 한다

그것은 정녕 광기라는 것이다

(1989년 1월 5일)

다시 시카고 상공에서

또 실패의 한 날이 끝나가려는데
거대한 氷山처럼
흰 구름이 검푸른 하늘 위에 떠 있다
그 너머는 희미한 연분홍 머리띠
저녁노을이라는 것일까

이것이 하늘 위에서 보는 하늘
시카고로 가는 비행기 안에서
언젠가 눈 오는 오하라 비행장에서 내리던
고독한 기억을 아득히 되새긴다
그때도 나는 왜 이처럼 헤매는가고 물었었지
이제 더해가는 삶이란 실패라는 것
삶이 왜 이다지도 슬픈 것인가
남은 人生에 대한 집념보다는 체념
그러니까 억척같이 살려는 인간들을 향해
끝없는 哀傷이 피어오른다

그리고 무너져가는 인간들에 대한 共感이 서린다
내 이 미국 땅의 삶을 증오하는 것도
그들의 천박한 삶에 대한 집착이
구토증을 강요하는 탓인지도 몰라
이제는 짙은 黑闇이 내린다

밤이란 누구에게도 오는 것
밤이란 어떤 문명에도 오는 것
그럼 그래서 역사란 역시 좋은 거야

비행기가 땅을 찾아 몸부림친다
저 줄지은 불빛 아래서 누가 기다린다는 거냐

(1989년 8월 3일)

미국

찾아올 때마다
낯설어지는 나라
홍수처럼 달리는 것은
야수의 咆哮처럼만 들리고

삶이란 여기서는
먹고 마시고 뛰고
나 혼자만의 폭발이라고 할 거야

뜻 하나의 삶이 있다면
죽음에로의 誘惑이라고 할까
그래서 마약을 피워야 하겠지

그 옛날에 이상향을 찾았다
그러나 그것은 허무에로의 旅路
이제는 타다 남은 욕망만이 헤매고

그렇다
우리에겐 순간밖에 없어
오늘 만나는 네가 전부야
그러나 미국은 영혼을 잃은 나라

(1990년 8월 22일 L.A.에서 S.F.로 가는 US Air 機上에서)

눈 내리는 밤

눈 내리는 밤이면
잠을 이루지 못했다.

눈보라 휘몰아치던
두고 온 땅이 아련하게 피어올랐다.
얼어붙는 것 같은 그 밤에도
나는 大同江 뚝 위를 거닐었다.
그리고 이름도 잊은 지 오랜
하잘것없는 우리말 책방
난로가에서 밤 가는 줄을 몰랐다.

나는 수안보에서 忠州로 넘어오는
고갯길을 응시하고 있었다.
장작과 숯을 싣고 씨근 거리는
그런 트럭에 몸을 실어야만 했던 시절
異國 아닌 땅에 살며
눈 속에서 피어날
화사한 웃음을 기다렸다.

明洞거리를 걸으면서 우리는 얼마나
화이트 크리스마스를 그렸던가.
그러나 그 무겁던 가슴

언제나 저물어가는 한 해는 서글펐지만
그 유난히 차갑던 해에도
우리는 그리운 벗들을
그 방에 가두어 둔 채 괴로워했다.

東京에서는 그렇게도 드문 눈
그러나 어떤 해에는 오늘처럼
이 화려한 거리를 原始로 되모는 듯
모두가 눈과 눈에 쌓인 채 전율했다.
그런 때면 이제 自由를 얻었다고
나는 거리를 헤매야 했다.
때로는 두 줄기 눈물이 흐르는데도.

그러면 언제나 한 가지 꿈을 그렸다.
모든 눈 내리는 밤을 한데 묶어서
한 가슴에 꼭 껴안은 채 永劫으로
点처럼 사라지는 것을.

(1992년 1월 31일 눈 내리는 밤 東京에서)

菊花

남은 서리 맞고 떨어지는데
연분홍 국화만이 혼자 화사하게 피었네

나를 자랑하려는 것일까
나는 그래도 지켜야 한다는 말일까

버티다 못해 쓰러질 때
국화는 머리 풀고 울었네

그날은 소복히 흰 눈이 깔리고
누군가가 세상의 종언 같다고 했네

(1999년 11월 11일 춘천역에서)

추천사

지명관 선생님을 뵌 지 10년이 넘은 것 같다. 내게는 일본 연구자로서의 성장에 중요한 계기들을 제공해주셨던 분이다. 내 마음 한편에 자리하고 있는 선생님의 존재감은 '감사', '존경' 같은 단어로 표현하기 어려운 독특한 것이다. 선생님의 근황에 마음이 쓰이면서도 왠지 찾아뵙거나 살가운 안부 인사를 올리지는 못한 채, 선생님을 문득문득 떠올리면서 지내왔다. 그러던 차에 지 선생님에 대한 평전이 번역 출판된다는 소식을 듣고, 우선 개인적으로 반가운 마음을 금할 길이 없었다. 더구나, 그 소중한 지면을 내게도 일부 할애해주셔서, 적조했던 세월을 이렇게나마 메울 수 있게 된 것 너무도 감사하다.

『한 망명자의 기록－지명관에 대하여』－이 평전은 해방, 한국전쟁, 산업화와 민주화라는 격동의 역사 속에서 일본에 장기체류하게 된 한 지식인이 그곳에서 한국의 역사를 살아내고, 그 과정에서 사상을 심화시키고 실천을 만들어나간 궤적을 그리고 있다. 솔직히, 이 책 제목을 접할 때까지 나는 지명관 선생님을 '망명자'라는 단어와 연관 지어 생각해본 적이 없다. 선생님은 오랜 일본 생활을 접고 귀국하여 그동안의 당신의 삶을 바탕으로 한국에서 새로운 일본연구, 일본인식을 만들어내기 위해 진력하신 큰 어른으로 내 마음 속에 자리잡고 있다. 그분이 펼친 꿈의 여러 줄기들 중에 나도 가지 하나쯤 되리라, 그런 생각을 해보

곤 한다. 그런데, 평전의 제목에서 '망명자'라는 단어를 접한 순간, 나는 그동안 그분에 대해 알려 하거나 그분을 이해하려는 마음조차 갖지 못하고 있었음을 깨달았다. 부끄럽고, 송구스런 마음에 사로잡혔음을 고백하지 않을 수 없다. 선생님을 알게 된 지 햇수로 18년, 순전히 나이 덕에 '중견' 대열에 한 자락 걸치게 된 지금, 오히려 더 조심스런 마음으로 책을 통해 그분을 다시 만나 뵈었다.

내가 지명관 선생님을 처음 만나 뵌 것은 1994년 여름 부산 해운대에서 열린 한일문화교류기금 주최 한일 공동학술회의에서였다. 나는 유학을 마치고 귀국한 지 3년 남짓한 신진 연구자였는데, 당시 서울대 동양사학과 교수로 계시던 김용덕 선생님의 요청으로 '한국 초기사회학의 일본을 통한 이론 수용의 양상'이라는 주제로 발표를 하게 되었다. 그때 학술회의에서 지 선생님을 처음 뵈었고, 그 만남이 인연이 되어, 이듬해 한림대학교 일본학연구소가 주관하는 지성사 연구팀에 참가하게 되었다.

당시 한림대학교 일본학연구소는 매우 획기적이고 선구적인 존재였다. 1990년대 초 김영삼 정권의 '세계화' 정책을 배경으로 한국에도 '해외지역연구'가 새로운 영역으로 대두하여, 서울대학교에는 1991년 지역종합연구소가 설치되었다. 그리고, 이곳을 거점으로 본격적인 '일본 지역연구'라고 할 수 있는 공동 연구가 사회학자와 인류학자를 중심으로 조직되어, 1992년부터 1994년까지 3년간 가나가와(神奈川)현의 가와사키(川崎)시 연구를 수행했다. 나도 그 연구팀의 일원으로 참여하여 새로운 연구 영역을 개척한다는 자부심과 즐거움을 함께 맛볼 수 있었다. 일본에서 학업을 마치고 귀국한 신진 연구자에게 이것은 매우 의미 있고, 중요한 계기였으나, 아직 '일본' 지역을 집중적으로 다루는 연구소가 만들어질 단계에는 이르지 못하여, 가와사키 연구팀은 서울대학교 지역종합연구소에서 당시 한국정신문화연구원(현 한국학중앙연구원)으로 거점을 옮겨 가며 3년간 연구를 계속하였다. 그런 가운데서 탄생한 한림대학교 일본학연구소는 대학의 전폭적 지원에 의해 설립되고 운영된 최초의 일본 전문 연구소로서, 일본 연구자들 사이에서 선망과 더불어 큰 기대를 받았다. 이 연구소 탄생의 중심에는 지명관 선생님이 계셨다.

당시 한국에서는 지역학으로서의 '일본학'이라는 개념이 등장한 지 얼마 되지 않았고, 대학에 일본학과라는 이름의 학과가 두어 개 정도 만들어진 정도였다. 사회학 전공인 나는 주로 사회학계에서 학술활동을 하고 있었는데, 지명관 선생님의 권유로 참가한 지성사 연구팀에서 처음으로 '일본'을 축으로 한 학제적 연구를 하게 되었다. 그 연구팀의 주제는 <근대 조선지식인의 민족아(民族我) 형성에 관한 연구>였는데, 지성사를 10년간의 장기 프로젝트로 운영하고자 한다는 포부를 밝히셨다. 당시, 그런 장기 프로젝트를 생각하신다는 것 자체가 새롭고, 그 큰 스케일에 깊은 감명을 받았던 기억이 새롭다. 얼마만큼씩 모였는지는 정확히 기억나지 않지만, 한림대에서 지성사팀 세미나를 열 때면, 설레는 마음으로 춘천행 열차나 버스에 몸을 싣곤 했다. 경춘가도의 아름다운 풍경도 세미나 후 춘천에서의 저녁식사와 달밤 야외에서의 대화들도, 지명관 선생님과 겹쳐지는 나의 그리운 청춘 시절의 추억이다.

일본 연구자로서 나의 지 선생님과의 인연은 지성사 연구에서 끝나지 않는다. 1995년에 지 선생님은 사회학, 인류학, 민속학, 정치학, 국문학 등 다양한 분야를 포괄하는 학제적인 일본지역연구팀을 조직하셨고, 마침 3년간의 가와사키 연구가 종료된 직후였던 나는 그 팀에 참여하여 지성사와는 다른 맥락에서 선생님과 인연을 이어가게 되었다. 1996년부터 3년간 가나자와(金沢), 야마가타(山形), 오이타(大分) 등의 지방 도시를 돌며 현지조사 연구를 할 수 있었던 것은, 가와사키 연구의 연장선상에서 나의 시야를 확장시켜주고, 일본 연구자로서 나 자신의 성장에 중요한 밑거름이 되었다. 다니는 곳마다 '지명관'이라는 인물이 일본에 만들어놓으신 토대가 나 같은 후학들에게 어떤 자산이 되는지 실감하였다.

한림대 일본학연구소를 거점으로 만들어졌던 지성사 연구팀과 지역연구팀에는 현재 학계 각 분야에서 맹활약을 하고 있는 중견 연구자들이 많이 참여하였다. 지면의 여유가 없는 듯하여 여기서 그분들을 일일이 거명하지는 않겠으나, 그 면면을 보면, 한림대 일본학연구소를 한국의 젊은 일본 연구자들에게 널리 개방하고, 나아가 일본 연구자를 발굴하고, 학제적인 연구 네트워크를 만들어 다양한 연구 기회를 제공해주신 지 선생님의 큰 뜻을 알 수가 있을 것 같다.

추천사를 쓴다면서 너무 개인적인 회고에 치우친 것 같다. 그러나, 지명관 선생님이 내게 어떤 분이신지를 말하지 않고는, 『한 망명자의 기록－지명관에 대하여－』이라는 이 책에 대해 뭔가 말할 자신이 없다. 나 자신이 서울대학교 일본연구소의 책임을 맡고 있는 지금, 한림대학교 일본학연구소에서 큰 나무를 쳐주셨던 지명관 선생님을 다시 생각하는 것은, 현재의 위치에서 나 자신과 일본연구의 방향에 대한 성찰이기도 하다. 이 책을 읽는 독자들은 각자의 지점에서 서로 다른 울림을 느끼고 메시지를 받을 것이다. 이 책이 내게 준 울림과 메시지는 '그리움'과 '성찰'이다.

이런 기회를 만들어 주신 저자 분께 감사드린다.

무엇보다도 지명관 선생님의 건강을 기원하며, 선생님께 큰 인사를 올린다.

2011. 5. 30.

서울대학교 국제대학원 한영혜(현 서울대학교 일본연구소장)

이 책은 한 망명자에 대한 시간 여행의 이야기입니다. 주인공은 공간의 망명자, 시간의 망명자입니다. 지명관 님의 출생, 성장, 삶의 체험과 실천을 소재로 하여 그의 희망과 좌절과 성취와 남겨진 꿈이 이 책 곳곳에서 다양한 형식으로 속살을 드러냅니다. 그 이야기는 한 망명자에 관한 차분한 기록이면서, 바로 우리의 이야기이자 미래의 세대에게 남기는 메시지이기도 합니다. 이 책이 독자를 끌어당기는 강한 힘은 우리 사회에 대한 의문에 답해주고, 우리의 지적 허기를 채워주며, 절망을 위무하여 앞을 생각하게 만드는 진정성이 담겨 있기 때문입니다.

이 책은 밖의 풍경을 직접 바라보는 것이 아니라 액자를 통해서 풍광을 감상하는 식의 서술 구조를 취하고 있습니다. 일본인 학자이자 40년간의 가까운 지인인 호리 마키요 님은 지명관 님의 굴곡진 삶의 역경과 성과와 미완의 과제를 한 편의 거대한 세밀화처럼 놀랍도록 수려하게 펼쳐갑니다. 그의 묘사는 유동적 시대의 한 망명자에 대한 행록을 통해 한국 사회가 걸어온 길과 민주화 운동을 생생하고 자연스럽게 조망해 보도록 해줍니다.

지명관 님의 마음으로 쓴 여러 유형의 글들과 학문적, 정치적 활동을 빠짐없이 소재로 하여 호리 마키요 님은 사회와 맞닿아 있고 사회와 숨을 함께 쉬는 학문의 존재성의 원형을 모색해 갑니다. 기억의 공동체의 수립과 확산, 공공재로서의 지의 공유라는 접점에서 망명자와 그의 관찰자는 서로 만나게 됩니다. 이 지점에 이르기 위해 지명관 님은 무섭고 무거운 시대를 때로는 몹시 외롭게 때로는 응원을 받으며 걸어왔던 것이고, 호리 님은 평전을 통해 그것을 밝힌 것입니다.

그 울림은 매우 큽니다. 여기서 우리는 아직 잉태되지 못하여 아쉽지만 여전히 열려 있는 가능성의 길을 발견합니다. 인간애에 기반한 사회를 향해, 씨를 뿌리고 열매를 거두는 과정을 의연하게 실행해 가는 것의 의미를 찾습니다. 동행과 소통과 공동체의 가치가 어떻게 우리의 정신과 에토스에 스며들어 삶의 방식으로 나타나게 할 수 있겠는가를 깊이 생각하지 않을 수 없습니다.

우리는 현실과 역사가 중첩되며 생기는 큰 틈 사이에서 살아가고 있습니다. 현재와 과거를 비교해 보아도 그렇고 한국 사회와 다른 사회를 비교해 보아도 그렇습니다. 모든 사람은 자신이 속한 사회에 빚을 지고 있고, 그 사회의 온갖 폐해에 대해 일정한 책임이 있다라는 말이 생각납니다. 그것을 늘 기억하며 엄중한 자기 성찰과 공감대의 형성을 위해 성실한 노력을 경주하며 지나온 지명관 님, 그분의 삶이 전해주는 소리가 책의 곳곳에서 명징하게 들려왔습니다.

2011. 5.

이화여자대학교 정치외교학과 최은봉(전 현대일본학회 회장)

역자후기

이 책은 호리 마키요(堀 眞淸) 교수의 『一亡命者の記録』(早稻田大學出版, 2010)을 번역한 것이다. 호리 교수는 와세다대학 정경학부의 교수로 재직하는 정치학자로서 일본 정치사상 연구의 대가이다. 이 책의 서문을 읽어 보면 호리 교수는 지명관의 인물과 사상을 통해서 한국 사회가 겪어 온 현대사를 새롭게 검토하려는 집필 동기를 밝히고 있다. 이 책은 일종의 지적 평전이다. 책을 다 읽어 보니 지명관이라는 큰 인물을 통하여 한국 근현대사와 한일관계를 새롭게 읽어 내려는 호리 교수의 집필 목적은 상당 부분 달성되었다는 생각이 든다.

나와 지명관 선생님과의 인연은 한림대학교 일본학연구소의 다양한 연구 활동을 통하여 맺어졌다. 선생님의 권유로 사카모토 요시카즈坂本義和 교수의 『상대화의 시대』, 마쓰시타 게이이치松下圭一 교수의 『일본의 자치분권』을 우리말로 번역하였고, 한국 근대지식인 연구 프로젝트에도 참가했다. 나는 지명관 선생님의 귀국 이후의 활동을 목격한 셈이다.

나와 호리 교수님의 인연도 10년이 넘었다. 호리 교수님이 10여 년 전에 한림대학교에 오셔서 강연을 하실 때 지정 토론을 맡았던 것이 인연이 되었고, 그 이후 호리 교수님의 초청으로 와세다대학 정치행정학부에서 특강을 한 적이 있고, 2004년 도쿄대학에서 1년간 객원교수로서 강의를 하기 위해서 도쿄에 머물 때 종종 만나서 식사를 하거나 차를 마시면서 한일관계, 일본 정치사상 등의 주제로 많은 이야기를 나눌 수 있었다. 지명관 선생님에 대한 책을 쓰고 있다는 이야기를 들은 것은 그때였고, 그러다가 2009년 2월 말 와세다대학 앞의 한 찻집에서 한국어와 일본어의 동시 출판 이야기가 나왔는데 마침내 2010년 봄 와세다대학 출판부에서 일본어판이 출판되었다. 한편 2009년 봄 춘천에 돌아와서 한림대 일본학연구소의 서정완 교수님에게 책 출판을 의논드리면서 안정화 선생님에게 공동 번역자가 되어 달라고 부탁을 드렸는데 두 분 모두 기분 좋게 공동 번역과 출판을 수락해 주셔서 이 책의 한국어판이 탄생하게 된 것이다. 안정화 선생님에게 번역을 부탁드린 것은 안 선생님이 지명관 선생님으로부터 대학원에서 가르침을 받은 학생이었고 당시 대학원의 내 수업에서도 수준 높은 일본어 실력을 보여 준 기억 때문이었지만 역시 안정화 선생님에게 번역을 부탁한 것은 최고의 선택이었다. 이 번역으로 번역자들이 받을 수 있는 좋은 평가가 있다면 그것은 안정화 선생님의 몫이고 잘못된 부분은 대표번역자인 내 책임이다.

한국어판 출판이 2010년 봄 내가 낙상하여 다리를 다치는 사고를 당하는 바람에 예정보다 반년이 늦어졌다. 인내심을 가지고 기다려 주신 호리 교수님, 안정화 선생님, 일본학연구소의 서정완 교수님, 심재현 선생님에게 사과와 감사의 말씀을 드린다.

2011. 6

양기웅

내가 처음 지명관 선생님을 뵌 것은 한림대학교 국제학대학원에 입학하고서이다. 내가 입학할 당시, 선생님은 이미 연세가 지긋하신 할아버지셨다. 간혹 어떤 학생은 지명관 선생님이 이 학교에 계셔서 이 학교로 오게 되었다고 말하는 사람도 있었다. 그러나 나는 그 말뜻을 이해하지 못했다. 내게 선생님은 너그럽고 연세가 지긋하신, 밥을 잘 사주시는, 커피를 잘 사주시는 따뜻한 할아버지 교수님이었을 뿐이었다.

그리고 그후 나는 일본 사이타마埼玉시에 있는 세이가쿠인聖學院대학이라는 곳에서 공부할 기회를 얻게 되었는데 선생님께서는 심포지엄 등의 일로 일본에 오실 때마다 나에게 연락을 하셨고 도쿄의 갤러리, 영화관, 맛집 등을 데리고 다녀주셨다. 연락을 받고 나온 학생이 나 하나가 아닐 때도 있었다. 이런 저런 인연으로 지 선생님을 알고 있는 학생들에게 한결같은 정을 베풀고 계셨던 것이다. 그리고 그때마다 관심분야에 대한 학문적인 접근 방법이나 일본 생활에 필요한 조언 등을 들려주셨다.

지명관 선생님을 알게 된 지 그럭저럭 10년이 넘어간다. 부모님의 존재가 당연하듯 내게는 선생님도 당연한 존재였다. 그래서일까. 나는 선생님께서 지내오신 삶에 대해서 그다지 알려고 노력하지 않았다. 그런데 이 책이 내게로 왔다. 양기웅 교수님의 권유로 이 책의 번역에 참가하게 되었고, 번역 작업을 하면서 언젠가 그 학생이 왜 '지명관 선생님이 여기에 계셔서 이 학교로 왔다'고 말했는지를 알게 되었다.

이 책의 번역이 거의 갈무리가 되어갈 무렵, 한국과 일본의 지식인 각 100인이 서울과 도쿄에서 각각 '100년 전 한일병합조약은 무효'라는 성명을 발표했다는 뉴스가 터져 나왔다. 정말 이런 날이 오는구나 하는 생각에 나는 가슴이 뭉클해지면서, 제일 먼저 지 선생님의 얼굴을 떠올렸다. 나는 식민지 경험도, 전쟁 경험도 없으면서 사실은 지 선생님께서 그리고 있는 밝은 미래에 대해서 반신반의하고 있었던 것이다. 나도 이제는 "씨를 뿌려라. 그러면 언젠가는 그 씨가 싹을 틔울 것이다"라는 선생님께서 하신 말씀의 의미를 알 것 같다.

다시 한 번 이 책을 함께 번역할 수 있게 기회를 주신 양기웅 선생님과 호리 마키요 선생님께 머리 숙여 감사의 마음을 전하고 싶다.

2011. 6

안정화

지은이 호리 마키요(堀 眞淸)

1946년생.

와세다 대학교 정치경제학부 졸업.

Diploma in Historical Studies, University of Cambridge.

세이난가쿠인(西南學院)대학 법학부장(1995)을 거쳐서 와세다대학교 정치경제 학술원·대학원 정치학 연구과 교수. 케임브리지 대학 객원교수 등 역임.

저서: 『니시다 미쓰기와 일본 파시즘 운동』(2007, 이와나미쇼텐) 외

역서: 『파시즘을 넘어서 — 한 정치학자의 투쟁 — 』(2009, 와세다대학교 출판부) 외. 오노아즈사(小野梓) 기념학술상(1974), 정치연구 사쿠라다카이(櫻田會) 특별공로상 및 오쿠마(大隈) 학술기념상(모두 2009) 수상.

옮긴이 양기웅(梁基雄)

서울대학교 외교학과 졸업

도쿄대학(東京大學) 국제관계학과 석사, 박사

현재 한림대학교 정치행정학과 교수

도쿄대학, 하와이주립대학교(UHM) 객원교수

저서: 『미일통상협상』, 『일본의 외교협상』, 『한국의 외교협상』 외 다수

역서: 『상대화의 시대』, 『일본의 자치분권』

옮긴이 안정화(安正花)

강원대학교 심리학과 졸업

한림대학교 국제학대학원 일본학 전공 수료

일본 세이가쿠인대학(聖學院) 대학원 일본정치정책학과 수학

현재 전문번역가, 외국어로서의 한국어 강사로 활동 중

한 망명자의 기록

-지명관에 대하여-

초판 1쇄 발행 | 2011년 8월 24일

지은이 | 호리 마키요
옮긴이 | 양기웅 · 안정화
펴낸이 | 한림대학교 일본학연구소
펴낸곳 | 도서출판 소화
등 록 | 제13-412호
주 소 | 서울시 영등포구 영등포동 7가 94-97
전 화 | 02) 2677-5890
F A X | 02) 2636-6393
홈페이지 | www.sowha.com

ISBN 978-89-8410-415-0 03100

값 15,000 원